职业教育·铁道运输类专业教材

Dongchezu Fuzhu Shebei Weihu yu Jianxiu

动车组辅助设备维护与检修

李秋梅　主　编

栾婷婷　李志平　张永昂　副主编

罗　伟　主　审

人民交通出版社股份有限公司

北京

内 容 提 要

本书为职业教育铁道运输类专业教材。本书在编写过程中,针对职业院校技能型人才培养的特点,结合我国现有主流动车组车型而编写,每个项目都融入维护检修的知识,详细介绍了动车组不同辅助设备的原理和维护检修内容,具有可读性强和操作性强的特点。全书共分 6 个项目:动车组辅助供电系统维护与检修、动车组空调系统维护与检修、动车组给排水卫生系统维护与检修、动车组车门系统维护与检修、动车组驾驶室维护与检修、动车组车内其他电气设备维护与检修。

本书为高职、中职院校动车组检修技术专业教材,可供铁路行业培训使用,亦可供从事动车组检修工作人员参考。

* 本书配有教学课件,读者可加入职教铁路教学研讨 QQ 群(教师专用)211163250 免费获取。

图书在版编目(CIP)数据

动车组辅助设备维护与检修/李秋梅主编. —北京:
人民交通出版社股份有限公司,2020.2 (2025.1重印)
ISBN 978-7-114-15278-8

Ⅰ.①动… Ⅱ.①李… Ⅲ.①动车—辅助系统—车辆
检修—高等学校—教材 Ⅳ.①U266

中国版本图书馆 CIP 数据核字(2019)第 204714 号

职业教育·铁道运输类专业教材

书　　名:**动车组辅助设备维护与检修**
著 作 者:李秋梅
责任编辑:袁　方
责任校对:赵媛媛
责任印制:刘高彤
出版发行:人民交通出版社股份有限公司
地　　址:(100011)北京市朝阳区安定门外外馆斜街 3 号
网　　址:http://www.ccpcl.com.cn
销售电话:(010)85285911
总 经 销:人民交通出版社股份有限公司发行部
经　　销:各地新华书店
印　　刷:北京建宏印刷有限公司
开　　本:787×1092　1/16
印　　张:11.5
字　　数:268 千
版　　次:2020 年 2 月　第 1 版
印　　次:2025 年 1 月　第 3 次印刷
书　　号:ISBN 978-7-114-15278-8
定　　价:38.00 元

(有印刷、装订质量问题的图书由本公司负责调换)

P 前言
Preface

　　我国高速铁路的快速发展,经历了从技术引进到自主创新、走出国门、走向世界的发展历程,我国已经成为名副其实的高铁大国。为了保证动车组的运行安全,则需要大量的维护检修专业技术人员。为了认真贯彻落实高速铁路主要行车工种岗位准入制度的相关要求,快速提升企业在职人员和职业学院学生的实际运用和检修专业水平,我们精心编写了本教材。

　　本教材具有以下几个特点:

　　(1)内容实用,重点突出。

　　动车组车型较多,本教材选取我国现有主流动车组车型而编写,每个项目都集理论知识和检修知识于一体,使学生在学习中体会岗位要求,理解所需专业知识和职业技能,提高学生岗位适应能力。

　　(2)问题导入,任务驱动。

　　本教材采用项目任务式教学模式,每个项目包含多个任务。每个项目均以"任务描述→知识储备→任务实施"的形式编排,让学生带着问题去思考学习专业知识;同时提供了具体的任务场景和操作步骤,便于师生操作和实施。

　　(3)图文并茂,强化互动。

　　本教材配有大量的结构图、原理图、实物图及实训操作图,学生在学习过程中更利于理解和掌握相关知识;同时设置了"课堂讨论"环节,不仅调动学生的学习积极性,以互动的形式活跃课堂氛围,更能提高学生思考问题、解决问题的能力。

　　本教材由湖南铁道职业技术学院李秋梅担任主编,湖南铁道职业技术学院栾婷婷、湖南铁路科技职业技术学院李志平、四川铁道职业学院张永昂担任副主编,湖南铁道职业技术学院罗伟担任主审。具体的编写分工如下:李秋梅编写项目一、项目二、项目三,张永昂编写项目四,栾婷婷编写项目五,李志平编写项目六。

　　由于编者水平有限,加之时间仓促,难免有疏漏和不当之处,恳请读者批评指正。

编者

2019 年 7 月

C 目录
Catalogue

项目一 动车组辅助供电系统维护与检修

Project one

项目描述

　　通过本项目学习,使学生熟知动车组辅助供电系统的特点、作用、供电模式等基础知识。同时,掌握 CRH380A、CRH380B 动车组辅助供电系统的组成、分布、输出电压及工作过程等,并能遵守安全操作规程进行辅助供电系统设备的检查与维护作业。

教学目标

【知识目标】

(1)熟知动车组辅助供电系统的基础知识。

(2)掌握 CRH380A 动车组辅助供电系统的组成及工作过程。

(3)掌握 CRH380B 动车组辅助供电系统的组成及工作过程。

【技能目标】

(1)能说出辅助供电系统相关的基础知识。

(2)能描述 CRH380A、CRH380B 动车组辅助供电系统的供电过程。

(3)能正确使用作业工具。

(4)能对 CRH380A、CRH380B 动车组辅助供电系统设备进行检修维护。

【素质目标】

(1)培养安全作业与自我保护能力。

(2)培养团结协作的职业态度。

任务一　认知动车组辅助供电系统

任务描述

　　动车组辅助供电系统是为哪些设备供电的呢?有什么样的供电模式?主要包含了哪些

设备？它又有怎样的特点和要求呢？

知识储备

一、辅助供电系统组成和作用

辅助供电系统是指除为牵引动力系统之外的所有需要用电力的负载设备提供电能的系统，包括辅助供电系统和蓄电池系统。辅助供电系统的电力主要来自牵引供电电网，经列车顶部的受电弓进入主变压器的次级绕组或者牵引变流器给辅助变流器供电，当电力不能来自牵引供电电网时，采用外接电源或者蓄电池供电。

1.辅助供电系统的组成

辅助供电系统包括交流电源和直流电源。辅助供电系统的结构和具体电源制式由负载特点决定。目前，国内动车组辅助供电系统的交流电源制式主要有单相 AC 400V 50 Hz、三相 AC 400V 50Hz、三相 AC 440V 60Hz、三相 AC 380V 50Hz 单相 AC 220V 50Hz、单相 AC 230V 60Hz 和单相 AC 100V 50Hz。直流控制电源制式有 DC 110V、DC 100V 和 DC 24V。

2.辅助供电系统的作用

(1)提供三相交流输出。向牵引变流器通风机、牵引电机通风机、牵引变压器通风机、压缩机等车上设备提供三相交流输出。

(2)提供单相交流输出。向空调控制、显示器、水泵装置、辅助制动等提供单相交流输出。

(3)提供直流输出。给辅助电路、监视装置、制动装置、关门装置、牵引交流器控制等电力设备提供直流输出。

蓄电池系统还需为列车控制系统提供不间断安全电源，所以辅助供电系统是与牵引动力系统同等重要的系统。

二、辅助供电系统工作原理

动车组通过受电弓将接触网单相 AC 25kV 高压电输入牵引变压器，经过次级绕组降压为辅助变流器(独立绕组方式)供电，或经牵引变流器中间直流回路给辅助变流器供电(共用绕组方式)。辅助变流器输出多种电压制式，通过供电母线为动车组各车设备供电。根据工作原理可以将辅助供电系统分为两类：牵引变压器辅助供电绕组供电模式(独立绕组供电模式)和牵引变流器直流环节辅助供电模式(共用绕组供电模式)。

1.牵引变压器辅助供电绕组供电模式(独立绕组供电模式)

这类辅助供电系统由牵引变压器辅助绕组、辅助电源装置、辅助整流器、扩展供电用接触器、辅助回路过流检测互感器、辅助回路接地检测继电器、外接电源连接器和蓄电池组成。

由牵引变压器辅助绕组为辅助电源装置提供电源，具有代表性的为 CRH2/CRH380A系列动车组。AC 25kV 的高压电经牵引变压器降压变成单相 AC 400V 50Hz，为列车空调装置、换气装置和辅助电源装置提供电源。辅助电源装置经过整流、逆变、滤波和降压后输出 5 种电压制式,为列车中低压设备供电。辅助供电系统由多个供电单元组成,采用干线供电方式,各车负载挂在不同电压制式母线上。CRH380A 型动车组辅助供电系统工作原理,如图 1-1 所示。

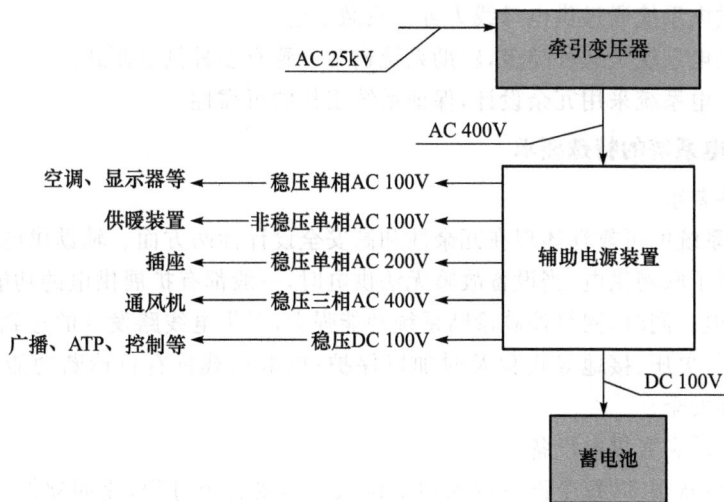

图 1-1　CRH380A 型动车组辅助供电系统工作原理图

2.牵引变流器直流环节辅助供电模式(共用绕组供电模式)

该辅助供电系统由牵引变流器中间直流环节提供电源,具有代表性的有 CRH1/CRH380D 系列动车组、CRH3/CRH380B 系列动车组和 CRH5 系列动车组。由牵引变流器、辅助变流器、蓄电池、充电机、单相逆变器、辅助变压器等组成。

在 CRH3/CRH380B 系列动车组中,AC 25kV 高压电经牵引变压器降压后输入牵引变流器,辅助变流器将牵引变流器的中间直流电压 DC 3000V 变换成为三相 AC 440V 60Hz,向列车交流干线并联供电。车载电源箱内装有小变压器,将三相 AC 440V 60Hz 中的 2 根线电压降压为 AC 230V 60Hz 单相交流电,向本车的供热等交流负载供电。CRH380B 型动车组辅助供电系统工作原理,如图 1-2 所示。

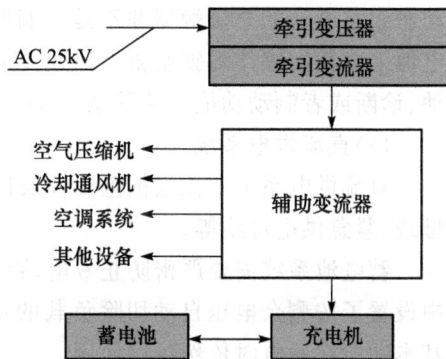

图 1-2　CRH380B 型动车组辅助供电系统工作原理图

课堂讨论1-1

　　两种不同供电模式的设备组成是不同的,请讨论分析它们在过分相和再生制动方面的优缺点有哪些?

三、辅助供电系统的特点和特殊要求

1.辅助供电系统的特点

辅助供电系统通常具有以下特点：

(1)辅助供电系统通过供电母线为各车负载供电。

(2)辅助供电系统负载种类多,辅助系统通常设置有多种供电制式。

(3)辅助供电系统采用冗余设计,保证系统工作的可靠性。

2.辅助供电系统的特殊要求

(1)可靠性要求

辅助供电系统的可靠性体现在冗余性和高安全设计性两方面。辅助供电系统采用干线供电方式,实现了联网供电,当设备故障无法供电时,一般都有扩展供电的功能,其余的冗余设备可继续供电。同时,网络控制诊断系统功能强大,对供电线路发生的过载、短路、瞬时大电流冲击、过压、欠压、接地等现象及时加以保护;供电负载具有自诊断功能和故障保护措施,确保了旅客安全。

(2)列车起动和直供电设备

动车组上设备很多,每个设备进入到工作状态需要有个过程,比如软件初始化配置、中间直流环节的预充电,空调系统预冷、设备自诊断等,所以动车组的起动有一个过程,并不是主控钥匙一激活,动车组就可以开动。

动车组断电拔出主控钥匙后,至少还需要保留识别钥匙激活的电能供给,否则动车组就再也无法激活了。所以,还是有些负载依然在"加班",这些负载被称为直供电设备。所以,动车组蓄电池的总接触器并不是控制所有的直流负载,有些负载绕过总接触器直接接到蓄电池上。我们操作驾驶室蓄电池开关是无法断去所有负载的。这些直供电系统是一些与起动、诊断或者制动功能有关的系统,不同型号的动车组略有区别。

(3)直流供电系统

直流供电系统往往根据重要性及控制要求分组分级供电,设置不同的母线,比如直供电母线、紧急供电母线等。

蓄电池系统需要严密防止亏电,否则列车无法起动。为了监控蓄电池电量,在控制系统中设置了按剩余电压自动切除负载的功能。但是要保证紧急照明、紧急通话等涉及安全的基本功能在亏电时依然可以使用。

(4)外接供电

动车组上都设置有外接供电的功能,不同的动车组安装位置和电压都有区别。在地面上设置外接电源,可以解决检修过程中的一些作业条件的矛盾,比如空调机组检修,如果检修人员需要到车顶上去,此时必然无法通过接触网给动车组供电,无法对空调机组进行有电测试,通过外接电源就可解决这个问题。

任务二　CRH2C 二阶段 CRH380A(L)动车组辅助供电系统维护与检修

任务描述

CRH380A 动车组辅助供电系统是采用哪种供电模式呢？它的设备组成有哪些？又是如何分布的呢？它的输出电压究竟有几种？分别给哪些用电设备供电？万一供电设备有故障，它是如何保障供电的可靠性呢？CRH380A 动车组辅助供电系统的维护与检修作业会用到哪些工具？又有哪些注意事项和作业步骤呢？

知识储备

CRH2C 二阶段 CRH380A(L)动车组辅助供电系统都是独立绕组供电模式，它们的设备组成和输出电压制式都是一样的。但 CRH380A 动车组辅助供电系统比 CRH2C 动车组辅助供电系统原理要复杂一些，故下面将以 CRH380A 型动车组辅助供电系统为例讲解。

一、辅助供电系统组成和分布

CRH380A 型动车组辅助供电系统由牵引变压器辅助绕组、辅助电源装置、辅助整流器、蓄电池等组成。采用干线供电方式，电源系统贯穿全列车。每列车设置 3 台辅助电源箱（APU），分别安装在 1、5、8 号车下；2 台辅助整流器（ARf），分别安装在 1、8 号车下；6 组蓄电池，分别安装在 2、3、5、7、8 号车下；外接电源插座，分别安装在 2、6 号车。设备具体分布，如图 1-3 所示。

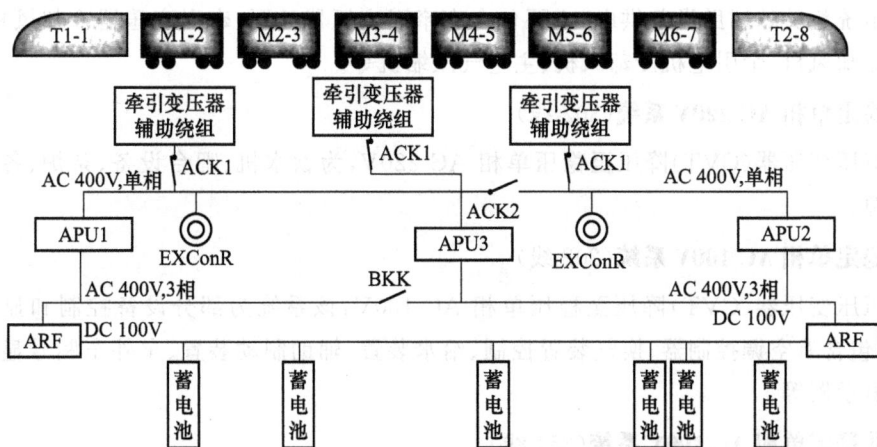

图 1-3　辅助供电系统供电结构和设备分布图

1、8 号车的辅助电源装置分别向 1～4 号车和 5～8 号车的牵引变流器通风机（4、5 号车除外）、牵引变压器通风机（4 号车除外）、电动空气压缩机等负载提供三相交流电源，向列车信息控制装置、制动装置、车门装置、烟火报警装置等负载提供直流电源,向辅助制动装置、上水装置等负载提供单相交流电源。5 号车辅助电源箱(APU3)向 4 号车的牵引变流器通风机、牵引电机通风机和牵引变压器通风机提供三相交流电源;同时也向 5 号车的牵引变流器通风机和牵引电机通风机提供三相交流电源。

动车组设置 6 组蓄电池,满足应急情况下紧急通风、列车无线通信及其他直流负载用电需求。动车组辅助电气系统设置 2 台辅助整流器(ARf),为列车提供 DC 100V 电源,同时对蓄电池进行浮充电。

当接触网无电时,可通过列车外接电源插座,2 号车和 6 号车上各有一处,为列车提供单相 AC 400V 50Hz 电压,此时列车空调和辅助电源装置可正常工作。

课堂讨论1-2

　　查阅资料,对比 CRH2 型动车组和 CRH380A 型动车组的辅助供电系统,讨论分析它们在组成和分布的相同和不同之处有哪些?

二、辅助供电系统的输出电压

牵引变压器的 3 次绕组输出单相 AC 400V 50Hz 电源,直接给驾驶室空调、客室空调、换气装置、辅助电源装置提供电源。

辅助电源装置的辅助电源箱(APU)和辅助整流器箱(ARf)可以输出下述 5 种制式的电源系统:

1. 稳定三相 AC 400V 系统(771、781、791 线)

由逆变器(SIV)将牵引变压器辅助绕组的 AC 400V 电压逆变为三相 AC 400V,该系统为牵引系统相关的辅助设备供电,主要包含有牵引变压器油泵、牵引变压器冷却风机、牵引变流器冷却风机、牵引电机冷却风机、主空气压缩机等。

2. 稳定单相 AC 220V 系统(302 线)

由恒压变压器(CVT)降压至稳压单相 AC 220V,为饮水机、吧台设备、茶炉、各车插座提供电源。

3. 稳定单相 AC 100V 系统(202 线)

由恒压变压器(CVT)降压至稳压单相 AC 100V,该系统为部分设备控制和显示器供电,主要包含有空调控制器、换气装置控制、给水装置、辅助制动装置、车外车厢号显示器和目的地显示器等。

4. 非稳定单相 AC 100V 系统(251 线)

由辅助变压器(ATr)将牵引变压器辅助绕组的 AC 400V 电压直接降压至非稳压 AC 100V,为车上各类加热器供电。该系统主要有驾驶室前窗玻璃加热、车下水箱和污物箱防寒伴热线加热等。

5.稳定 DC 100V 系统(102、103、103B、115、118A 线)

由辅助整流器(ARf)将 APU 的三相 AC 400V 电压变压后,通过三相全波整流器,输出 DC 100V。该系统为车辆的控制电路、旅客信息系统及绝大多数辅助用电设备供电,包括信息控制装置、制动装置、关门装置、广播装置、客室照明、标志灯、刮水器、逆变电源、应急通风装置、蓄电池等。

CRH380A 型动车组辅助供电系统负载电压框图,如图 1-4 所示。

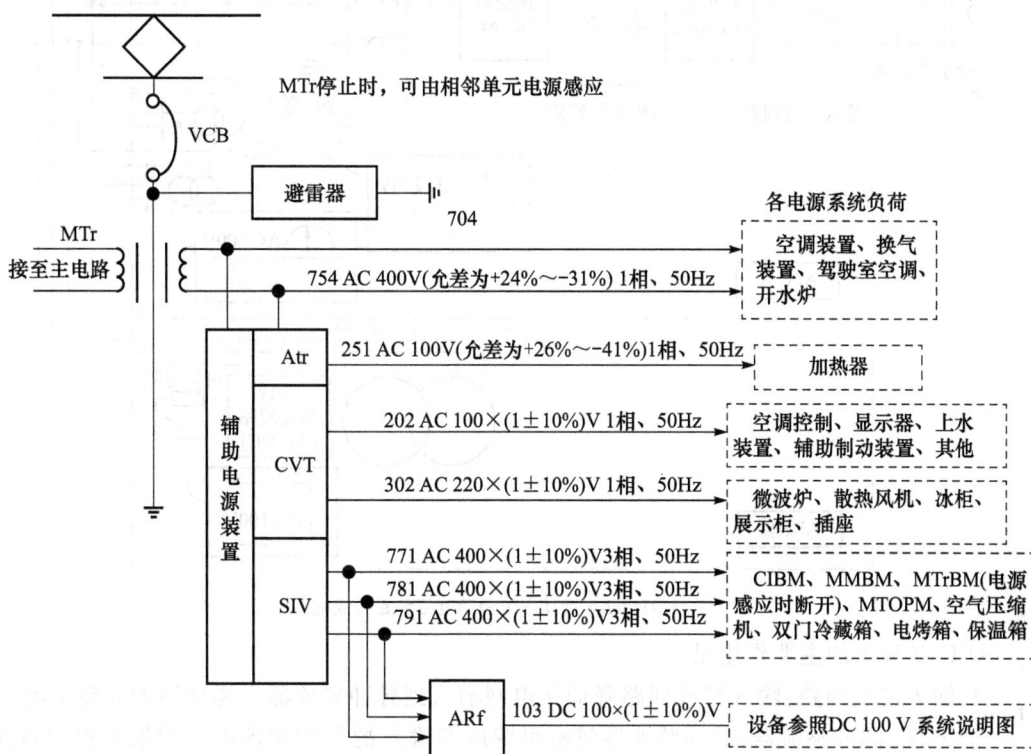

图 1-4 CRH380A 型动车组辅助供电系统负载电压框图

三、辅助电源系统主要设备

(一)辅助电源装置

辅助电源装置由辅助电源箱(APU)和辅助整流器箱(ARf)组成,由牵引变压器 3 次绕组输出的非稳定单相 AC 400V 50Hz 供电。

1.辅助电源箱 APU

1)辅助电源箱 APU1/APU2

辅助电源箱 APU1/APU2 安装在 1、8 号车下,主要由输入变压器(TR1)、输入滤波电容器(ACFC)、输入滤波电抗器(ACL1)、变频器、逆变器、输出滤波电抗器(ACL2)、输出滤波电容器(ACC)、辅助变压器(ATr)等构成。CRH380A 型动车组辅助电源装置构成框图,如

图 1-5 所示。

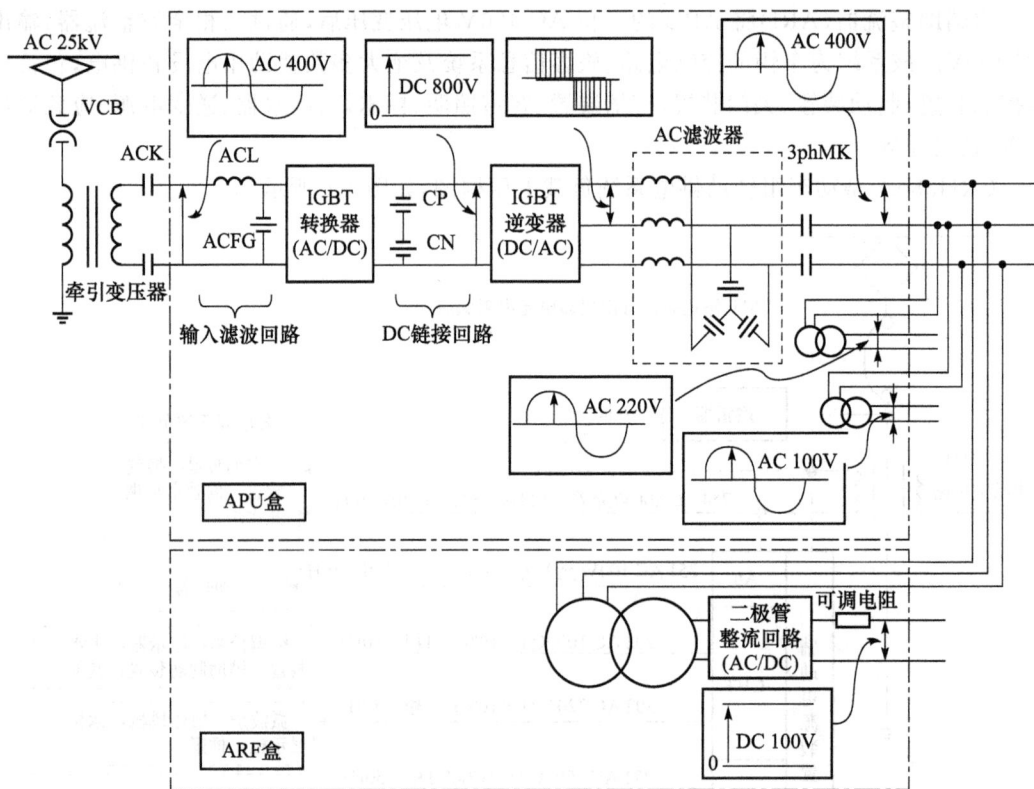

图 1-5　CRH380A 型动车组辅助电源装置构成框图

APU 各环节的主要作用是：

(1)输入滤波回路：输入滤波回路降低从电网输入到脉冲整流器及逆变器的高频电流。

(2)IGBT 脉冲整流器：脉冲整流器将牵引变压器输入的单相交流电压变换成恒定直流电压。控制方式采用脉冲宽调制方式。

(3)DC 中间回路：滤波电容器将稳定的直流电压供给后段的逆变器。APU 停止时,滤波电容的放电由 DCHK 和 DCHKR 完成。

(4)IGBT 逆变器：逆变器将直流电压变换成为恒频恒压(CVCF)的三相交流电压。

(5)输出 LC 滤波回路：LC 滤波回路降低逆变器输出电压中由于切换所产生的高频电压,使其输出畸变很小的正弦波。

(6)输出接触器：输出接触器 3phMK 担负接通和切断负荷的作用。

2)辅助电源箱 APU3

辅助电源装置 APU3 安装在 5 号车下,主要由输入充电电路(K2、R1)、单相输入变压器(T1)、单相输入脉冲整流器、三相输出逆变器、正弦波滤波器(FLT1)、输出接触器(K4)以及转换接触器(BKK2)等构成。

APU3 的输入电源是牵引变压器 3 次绕组输出的 AC 400V,通过单相整流器变换成为直流电。该直流电通过三相逆变器变换成为交流电,经正弦滤波器输出稳定三相 AC 400V

50Hz 电源。除了向自身冷却风机供电以外,主要向 4、5 号车的牵引变压器、牵引变流器和牵引电机等冷却风机和餐车保温箱供电。

与 APU1/APU2 不同的是,APU3 没有辅助变压器 ATr,输出的稳定三相 AC 400V 电源系统也不向 ARf 供电,因此不能输出其他形式的电源。

2. 辅助整流器箱 ARf

辅助整流器箱 ARf 由整流器、三相变压器(TR2)、辅助整流器(Rf)、2 个辅助变压器(TR3、TR4)等构成。

辅助整流器箱 ARf 安装在 1、8 号车下,将 APU 输出的稳定三相 AC 400V 通过整流、变压分别转换成 DC 100V、稳定单相 AC 220V 和稳定单相 AC 100V 电压。辅助整流器箱工作原理,如图 1-6 所示。

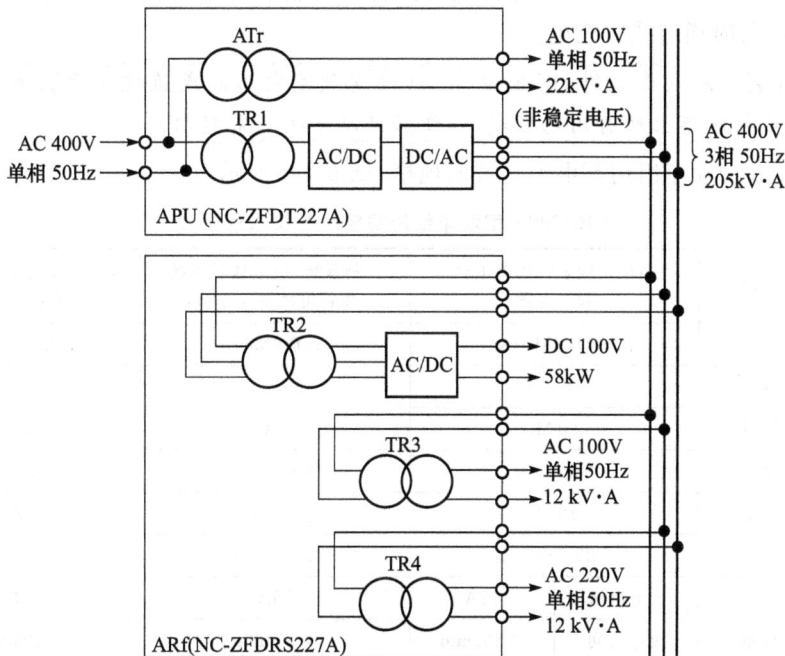

图 1-6 辅助整流器箱工作原理图

3. BKK、ACK 扩展供电

在列车运行过程中,有时会发生辅助电源装置或牵引变压器故障而导致列车辅助供电系统不能正常工作和车上各用电设备不能正常使用的情况,影响旅客乘坐列车的舒适性。

为了更好地解决以上存在的问题,辅助供电系统针对辅助电源装置故障和牵引变压器故障设计了 BKK 和 ACK 两种扩展供电模式,最大限度地恢复车上辅助用电设备的供电。

1)BKK 扩展供电

当 1、8 号车的其中一台辅助电源装置(APU1/APU2)发生故障时,列车可通过另外一台辅助电源装置进行 BKK 扩展供电;当 5 号车的辅助电源装置(APU3)发生故障时,可由 8 号车的 APU 向 APU3 通过 BKK2 扩展供电。

2)ACK 扩展供电

列车在运行过程中,当车上的牵引变压器发生重大故障而无法正常工作时,根据需要,采用 ACK 扩展供电的方式连通正常单元与故障单元的 704、754 线,从而使其带动的负载可以正常工作。

ACK 扩展供电其实指的就是切除故障的牵引变压器,使 ACK2 常开触点闭合,并且只能够在 2 车和 6 车之间进行扩展供电。

(二)蓄电池

CRH380A 型动车组装配 6 组容量为 100Ah 的 6M100B 型碱性蓄电池,分别为控制、应急通风和列车无线供电。2、3、5、8 号车各装有一组蓄电池,7 号车装有两组蓄电池。具备能够使应急通风工作 90min,应急照明、广播装置、应急显示及通信装置工作 2h 以上的容量。蓄电池组在运行时通过线路充电。

注意:在蓄电池电压低到 DC 87V 时(通过驾驶室电压表或监视显示器观察),必须立即给其充电或切断车上所有用电负载,以便保证动车组正常起动。

CRH380A 型动车组用蓄电池的技术规格,见表 1-1 所示。

CRH380A 型动车组用蓄电池的技术规格表   表 1-1

序号	项 目		列车无线系统用蓄电池额定参数	控制系统、应急通风系统用蓄电池额定参数	控制系统、应急通风系统用蓄电池额定参数
1	电池型号		AFB 6M60A	AFB 6M80B	AFB 6M100B
2	公称电压		86.4V	86.4V	86.4V
3	公称容量		60Ah	80Ah	100Ah
4	标准充电		6A×15h	8A×15h	20A×8h
5	最大放电电流		100A	160A	200A
6	周围环境温度		−25~+45℃	−25~+45℃	−25~+45℃
7	公称容量	放电电流	12A	16A	20A
		放电时间	>300min	>300min	>300min
		放电终止电压	72V	72V	72V

四、辅助电源系统供电回路

CRH380A 动车组辅助供电系统的供电回路,包括交流供电回路和直流供电回路。

1.交流供电回路

交流电源系统中各种车辆、电源各用电设备的汇总表,见表 1-2。

交流电源系统各种车辆、电源各用电设备的汇总表   表 1-2

电源系统	电 源	电 压	车 辆	负 荷
704、754 线	牵引变压器辅助绕组	单相 400V、50Hz	各车	空调装置、换气装置、电开水炉
			各车	辅助电源装置(APU)、驾驶室空调

续上表

电源系统	电 源	电 压	车 辆	负 荷
771、781、791 线	T1-1、M4-5、T2-8 APU-SIV	三相 400(1±10%)V、50Hz	M2-2、M3-4、M2-6	变压器油循环泵(MTOPM)、变压器电动送风机(MTrBM)
			M 车	牵引变流器电动送风机(CIBM)、牵引电机电动送风机(MMBM)
			M2-3、M6-7	空气压缩机
			M4-5	厨房设备
			T1-1、T2-8	辅助整流器
302 线	T1-1、T2-8 APU-ARf-CVT	单相 220(1±10%)V、50Hz	M4-5	厨房设备、吧台设备
			各车	插座
202 线	T1-1、T2-8 APU-ARf-CVT	单相 100(1±10%)V、50Hz	各车	空调设置、显示设定器
			各车	给水装置
			T1-1、T2-8	辅助制动
251 线	T1-1、T2-8 APU-ATr	单相 59～126V、50Hz	各车	电加热器、温水器

从表 1-2 中可以看出：

(1)704、754 电源母线(非稳压单相 AC 400V 50Hz)由 2、4、6 车牵引变压器的 3 次绕组从 701、751 通过 ACK1 到 704、754 线,全列贯通,挂有空调装置、换气装置、开水炉。

(2)771、781、791 线(稳压三相 AC 400V)由单相非稳压的 704、754 线经过辅助电源 APU 静态逆变器后所得到,整流逆变为三相稳压 AC 400V 的电,贯穿全列。线上挂有牵引变压器油泵、牵引变流器风机、牵引电机风机、牵引变压器风机空压机。

(3)302 线(稳压单相 AC 220V):挂有微波炉、消毒柜、展示柜、双门冷藏箱、备用插座、散热风机。1～5 车为一个单元,5～8 车为一个单元。

(4)202 线(稳压单相 AC 100V):771、781、791 线经过 ARf 辅助整流器 CVT 变为 202 线,挂有空调控制、显示器、上水装置等,1～5 号车为一个单元,5～8 号车为一个单元。

(5)251 线是从辅助电源箱的辅助变压器 ATr 输出的单相非稳压的 AC 100V 50Hz 电源母线,向整列车的电加热设备提供电源。

课堂讨论1-3

查阅 CRH380A 动车组辅助供电系统电路图,请同学们讨论输出交流电源的路径有哪四种?

2.直流供电回路

直流电源系统主要通过蓄电池和辅助电源装置来实现对动车组各设备的控制和供电。直流供电系统框图,如图 1-7 所示。直流电源系统中各种电源、车辆用电设备汇总,见表 1-3。

DC 100V系统说明图

102 | 通过来自蓄电池的电源、保持经常加压 | 102

辅助电源装置

· 103的说明

通过投入制动器设定器操作，BatK1产生励磁，103线开始加压

BatK1 | 蓄电池

· 受电弓上升
· VCB、辅助电动空气压缩机

ARfK 103

直流输出接触器
(辅助整流器用接触器)

蓄电池接触器1

103

ARfKR

114

· 103B线的说明

可由102、103线两条线供电。通常是由103线供电，无高压电源和外接电源时，通过操作应急灯切换接触器，在将电源由103线切换到102线的同时，即可向广播装置、应急灯等最低限度所需的设备供电

· 115线的说明

通过辅助电源装置直流输出接触器ARfK的动作，启动BatK2，通过103线的供电，115线开始加压

BatR2

RrLpCgK

应急灯切换接触器

BatK2

蓄电池接触器2

· 客室灯
· 空调
· 服务设备、其他

115

103

· 监控器
· ATP
· 其他控制装置

103B

· 播放装置
· 应急灯、标志灯
· 监控器、制动装置

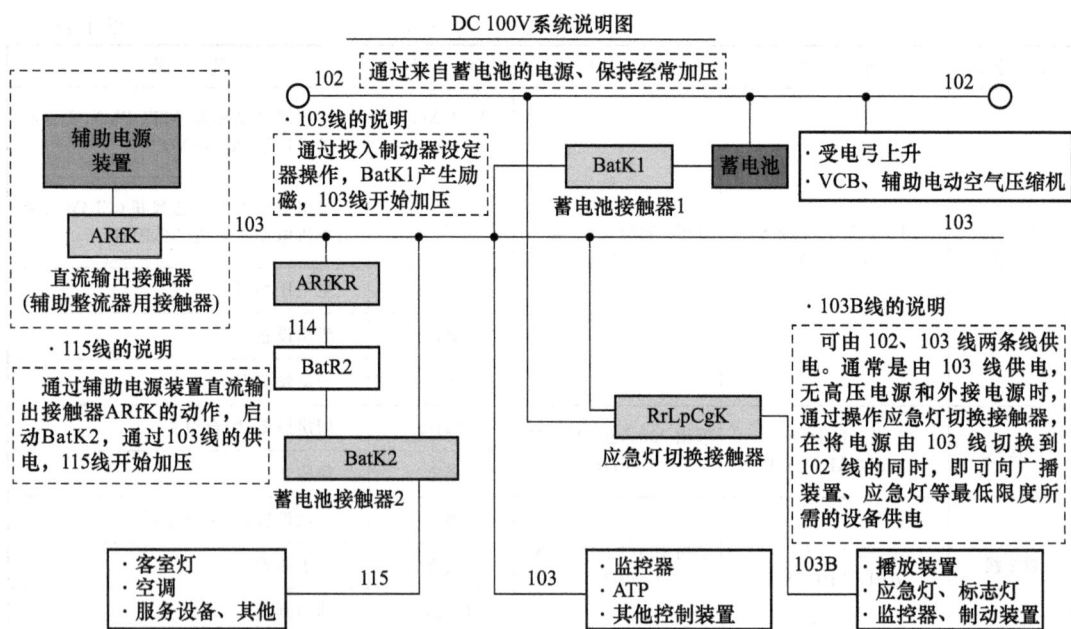

图 1-7 直流供电系统框图

直流电源系统各种电源、车辆用电设备汇总表 表 1-3

电源系统	电 源	电 压	车 辆	负 荷
102 线	M1-2、M3-4、M6-7 蓄电池(Bat)、103 线(Batk1,ON 时)	DC 90～120V	T1-1、T2-8	运转控制(含受电弓升弓、VCB 控制)
			各车	辅助空气压缩机、蓄电池
103 线	T1-1、T2-8ARF	DC 100(1±10％)V	各车	辅助电路、监控装置、制动装置、关车门装置
			M 车	牵引变流器控制
			T1-1、T2-8	ATP
			T2-8	列车无线用、专用蓄电池
103B 线	102 线(RrLpCgK,ON 时) 103 线(RrLpCgK,OFF 时)	DC 100(1±10％)V	各车	广播、预备灯
			各车	污物处理装置
			各车	自动广播
			T1-1、T2-8	标志灯、摘挂装置、刮水器装置
115 线	103 线(Batk2,ON 时)	DC 100(1±10％)V	各车	空调控制、自动门装置、客室照明、客室(空调)电动送风机
118A 线	专用蓄电池 103 线	DC 100(1±10％)V	T1-1、T2-8	列车无线装置

从表 1-3 中可以看出：

(1)102 线系统从 M1-2、M4-5、M6-7 号车蓄电池组输出电源，为列车运转控制、辅助空气压缩机提供电源。当完成受电弓升弓时，VCB 闭合，辅助电源装置启动之后，接通蓄电池接触器 BatK1 与 103 线连接，蓄电池从辅助整流器 ARf 得到充电。当电压检测电路检测到蓄电池电压异常下降时，断开蓄电池接触器 BatK1，停止蓄电池向负载供电。102 线以单元为单位进行贯通，非全列贯通(1、2 号车为一个单元，3、4 号车为一个单元，5、6 号车为一个

单元,7、8 号车为一个单元)。

(2)103 线系统在整列车中贯通,在动车组起动初期,受电弓没有升起,APU 没有启动,通过闭合蓄电池接触器 BatK1 与 102 线电源系统连接,从蓄电池获得 DC 90V 电压。动车组上电完毕,闭合辅助整流器接触器 ArfK,103 线从辅助整流器获得 DC 100V 电源。

(3)103B 线系统主要为车上应急设备提供 DC 100V 的电源。供电分为两路:一路正常投入主控的情况下,由 103 线通过 RrLpCgK 常闭触点给 103B 线供电;另一路在应急情况下,通过应急灯切换开关将 102 线的电直接给 103B 线。应急设备主要包括:广播装置、应急灯、污物处理、应急通风、其他等。

(4)115 线系统经由蓄电池接触器 BatK2 闭合与 103 线接通,给空调控制、自动门、影视系统等提供电源。

(5)118A 线系统给 1、8 号车的列车无线装置供电,正常情况下,经由无线电蓄电池切换接触器 TWEmCgK 的常闭触点从 103 线系统得 DC 100V 电源。当接触网停电时,无线电蓄电池切换接触器 TWEmCgK 常闭触点断开,常开触点闭合,从无线电蓄电池 TWBat 供电。无线电蓄电池 TWBat 经由 103 线充电,在母线与蓄电池之间有一个功率二极管,避免反充。

课堂讨论1-4

查阅 CRH380A 动车组辅助供电系统电路图,请同学们讨论正常供电时、非正常供电时各种直流线的关系?

任务实施

(1)下发任务单,明确任务内容,学生课前按要求完成预习任务。

(2)教师先演示操作过程及说明注意事项,学生分组模拟完成演练任务。

(3)学生分组讨论演练心得。

(4)教师和各组长担任本次任务的评价工作,评判同学们的任务完成情况。

实训 1-1 CRH380A 动车组辅助电源装置检查及清洁

1.修程:二级修。

2.维修周期:3 万 km/30 天。

3.作业人员:机械师 2 名。

4.作业时间:30min/辆(01、05、00 号车)。

5.供电条件:无电 & 有电。

6.作业工具:基本工具、棘轮扳手、扭矩扳手、毛刷、万用表、空气压缩机。

7.注意事项:

(1)不得触摸接线端子。

(2)禁止触摸发热部件。

8.作业程序:

(1)确认无电后,拆卸下 01、05、00 号车辅助电源装置处对应的裙板和底板,并对其进行清理,进、出风口格栅无松动、损坏。

(2)检查箱体外观及安装状态良好,悬挂部件状态良好,固定螺栓防松标记清晰、无松动。

(3)拆卸下辅助电源装置滤网及单元模块柜门,并对其进行灰尘清理;检查辅助电源线外观状态无异常,无碰磨,密封泥无脱落,密封良好。

(4)清理辅助电源装置散热器上的杂物,用高压风或者吸尘器清理。

(5)检查辅助电源装置接触器及控制模块外观状态良好;安装紧固,接线端子无松动、变色,接插件插接到位、无松脱。

(6)柜门无变形,密封良好;密封胶条无脱落,无老化。

(7)安装各部柜门和滤网,紧固到位,确认安装状态。

(8)安装辅助电源装置对应位置处裙板和底板,并对安装状态进行确认;裙板固定螺栓紧固扭力符合要求。

(9)升弓供电或连接外接电源线。

(10)在车下设备位置确认设备工作状态正常,风机运转正常,无异音。

实训1-2　CRH380A动车组蓄电池装置检查及清洁

1.修程:二级修。

2.维修周期:3万km/30天。

3.作业人员:机械师2名。

4.作业时间:30min/辆(02、03、05、07、00号车)。

5.供电条件:无电。

6.作业工具:基本工具、棘轮扳手、扭矩扳手、毛刷(干湿布)、万用表。

7.注意事项:

(1)作业时戴绝缘手套。

(2)禁止触摸发热部件。

8.作业程序:

(1)降下受电弓、放电并将制动手柄放置"拔取"位,打开蓄电池箱安装部位的裙板和底板,并对其进行灰尘清理。

(2)断开02、03、05、07、00号车配电盘蓄电池接触器。

(3)检查蓄电池箱外观及安装状态良好,悬挂部件状态良好,固定螺栓放松标记清晰、无松动。

(4)用挤干水的布来清理蓄电池箱及蓄电池。

(5)检查蓄电池固定良好,确认蓄电池箱及蓄电池无破裂、变形、漏液。

(6)检查接线端子和连接线端子无腐蚀、发锈、碰磨,连接线无挤压,连接牢固。

(7)测定蓄电池电压,不带负载时总电压不低于87V。

(8)将02、03、05、07、00号车蓄电池轻轻推入蓄电池箱内,固定牢固,连接线无挤压。

(9)用扭矩扳手安装对应位置处的裙板和底板,螺栓扭力符合要求,确认安装紧固。

(10)在运行配电盘合上蓄电池接触器,电压表电压显示不低于87V。

(11)将00车的列车无线NFB(TWCN)和列车无线蓄电池用断路器(TWBatN)[断开]。

（12）按下电压表切换开关（VCgS），显示电压表 V3 电压应为 90V 以上（118D～大地间）。

（13）作业完毕后，恢复各开关。

（14）操作驾驶室配电盘上的应急蓄电池合上自复位旋转开关（EVCS），观察应急通风系统是否启动；正常启动后再旋转应急蓄电池切除自复位旋转开关（EVOS）。

任务三　CRH3C、CRH380B（L）、CRH380CL 动车组辅助供电系统维护与检修

任务描述

　　CRH380B 动车组辅助供电系统与 CRH380A 动车组辅助供电系统有何区别呢？它的设备组成、分布、输出电压、用电设备是怎样的？它的供电可靠性如何实现？CRH380B 动车组辅助供电系统的维护与检修作业又是怎样的呢？

知识储备

　　CRH3C、CRH380B（L）、CRH380CL 动车组辅助供电系统都是共用绕组供电模式，它们的设备组成和输出电压制式都是一样的，故下面将以 CRH380B 型动车组辅助供电系统为例进行讲解。

一、辅助供电系统组成和分布

　　CRH380B 型动车组辅助供电系统由牵引变流器的中间直流电路、单辅助变流器（ACU）、双辅助变流器（D-ACU）、充电机、蓄电池、辅助及控制用电设备、地面电源等几部分组成。每列车设有 4 台辅助变流器，2 台充电机和 2 组蓄电池。CRH380B 型动车组采用干线供电方式，由分散布置在若干车辆的各辅助电源设备向干线供电。交流供电采用三相 AC 440V 60Hz 制式；直流供电采用 DC 110V 制式。CRH380B 型动车组辅助供电系统，如图 1-8 所示。

　　CRH380B 型动车组每节动车上都配备一台牵引变流器，辅助供电系统的输入电压取自牵变流器的中间直流环节，标称电压为 DC 3000V。辅助变流器将 DC 3000V 变换成三相 AC 440V 60Hz，分别供给辅助风机、主空压机、客室空调、驾驶室空调、前风挡加热、电池充电机。

　　在 TC02、TC07 变压器车上分别配备一个单辅助变流器，它们与头车 EC01、EC08 的牵引变流器中间电路相连。在中间车 BC04、FC05 上分别配备了一个双辅助变流器，它们分别与中间车 IC03、IC06 的牵引变流器内的中间电路相连。在双辅助变流器和单辅助变流器的输入端都与一根电缆相连接，这样可以实现从一个持续有效的牵引变流器同时给辅助变流器供电（这种情况是考虑两个牵引变流器中一个失效时）。所有的辅助变流器通过供电总线向 8 辆车同时输出三相交流 AC 440V 60Hz 电源。在正常情况下，列车供电总线贯通整列车。如果供电总线出现故障，可以通过打开辅助变流器中的连接开关来隔离部分的单个区间的供电。

在中间车 BC04、FC05 分别配备了一组蓄电池和一个充电机,电池充电机通过三相 AC 440V 60Hz 总线获得供电,充电机给蓄电池充电。同时,给 DC 110V 系统以及与之连接各种负载设备供电。在每节车里各有一个逆变器从 DC 110V 系统中获取电能,输出单相 AC 230V 50Hz 电源给旅客插座等供电,车与车之间相互独立。一个单相 AC 230V 60Hz 供电网络给列车一些低功率的加热设备供电,这个供电网络由三相 AC 440V 60Hz 供电的变压器产生。

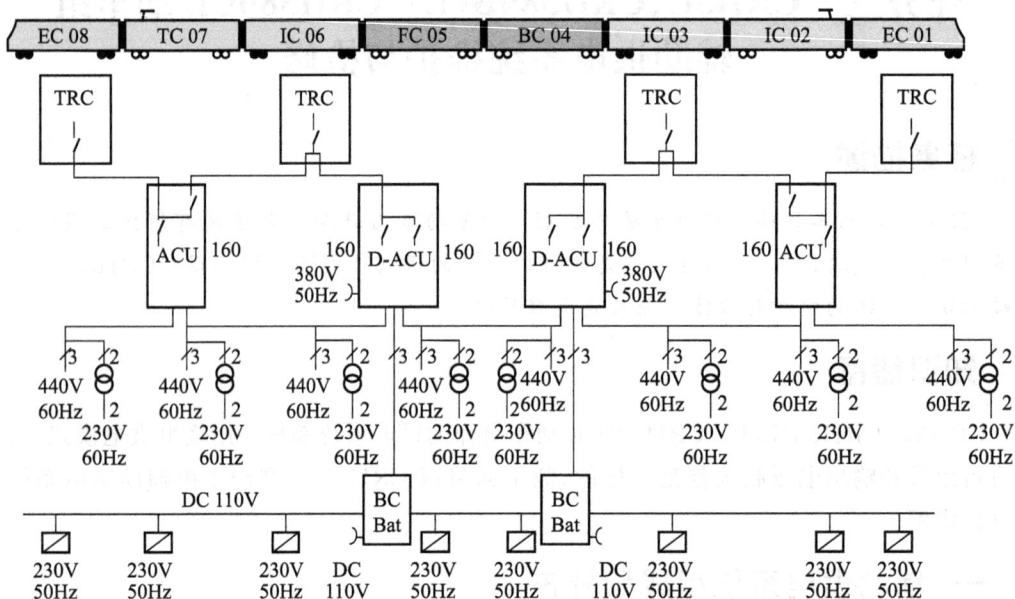

图 1-8　CRH380B 型动车组辅助供电系统图

TRC –牵引变流器;ACU –辅助变流器;D-ACU –双辅助变流器;BC –电池充电机;Bat –蓄电池

当接触网无电时,可通过列车外接电源插座供电,分别设置在 4 号车和 5 号车上。在双辅助变流器箱体一侧,设置外接三相 AC 380V 电源为三相 AC 440V 列车总线供电;另在每一个电池箱内有一个 DC 110V 外接电源供电插座。

二、辅助供电系统的输出电压

辅助供电系统的输入电压取自牵变流器的中间直流环节,经辅助变流器将 DC 3000V 变换成三相 AC 440V 60Hz,向充电机给蓄电池充电,同时给 DC 100V 系统以及与之连接各种负载设备供电。这是两条干线供电,贯通整个列车。同时每车还有独立的供电,三相 AC 440V 60Hz 经过变压器降压为单相 AC 230V 60Hz,向本车的伴热等交流负载供电;DC 110V 经过逆变器逆变成单相交流 AC 230V 50Hz,给插座等供电。

课堂讨论1-5

　　对比 CRH380A 型动车组和 CRH380B 型动车组辅助供电系统,讨论分析它们在输出电压上的区别有哪些?

三、主要设备

(一)辅助变流器

辅助变流器为辅助供电系统的核心电源设备,主要有功率半导体、开关装置、保险丝、控制系统组件、冷却系统组件以及感应元件。辅助变流器通过强制风冷系统冷却。辅助变流器的脉宽调制逆变器采用先进的 IGBT 技术,脉宽调制逆变器采用 PWM 工作原理。

单辅助变流器(ACU)和双辅助变流器(D-ACU)的输出端都为整个列车的母线同步提供三相 AC 440V 60Hz 电源,正常操作中母线贯通整个列车。每个双辅助变流器由两个单辅助变流器组成,双辅助变流器的结构和原理与单辅助变流器类似。下面主要介绍单辅助变流器。

1.结构

辅助变流器安装在车辆的地板下面,所有电气元件置于钢制外壳中,通过 4 个支撑座弹性连接到车体边梁上。单辅助变流器包括开关和保护部件、各种监控设备和电源模块。单辅助变流器外部接口的位置,如图 1-9 所示;单辅助变流器主要部件的位置,如图 1-10 所示。

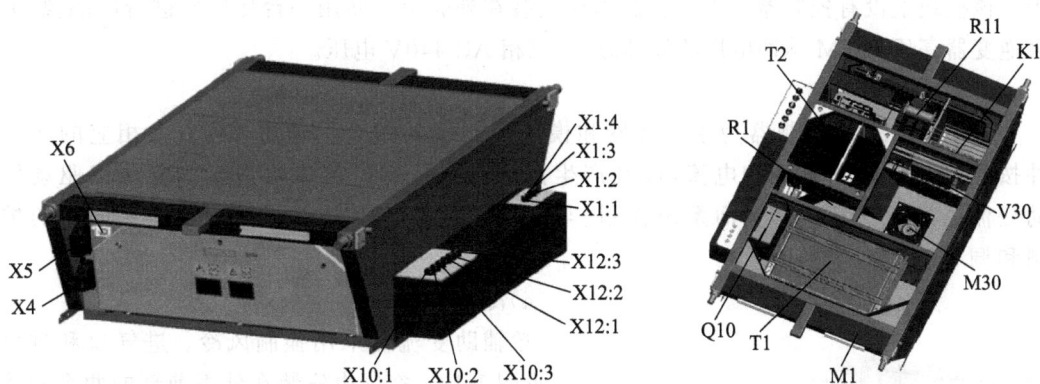

图 1-9　单辅助变流器外部接口的位置
X1-DC 3000V 输入;X10、X12-3AC 440/60Hz 输出;X4-控制输入和输出;X5-MVB 总线和接口;X6-服务接口

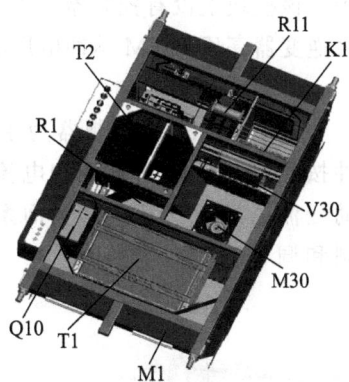

图 1-10　单辅助变流器主要部件的位置
K1-Sibcos-M2500 主控制器;M1-内置风扇;M30-主风扇;Q10-耦合断路器;R1-滤波扼流圈;R11-预充电电阻;T1-脉冲宽调逆变器;T2-变压器;V30-电容

1)输入部分

输入部分包括滤波电容器、输入熔断器、主接触器、预充电装置、滤波电感、输入电压和电流传感器。

预充电装置的功能是限制辅助变流器的浪涌电流。它包括一个预充电电阻、一个预充电接触器和多个主接触器。辅助变流器启动时,预充电接触器关闭,DC 连接电容器通过预充电电阻充电。DC 连接电压达到一定水平时,主接触器关闭,辅助变流器无电阻工作。安装滤波电感的目的在于平稳由 IGBT 的开关操作引起的输入电流的波动,吸收线路上的冲击电压,从而防止对辅助变流器造成损坏。

2)脉冲调宽逆变器

脉冲调宽逆变器是辅助变流器的核心部分。逆变器模块包括一个受控三相桥,该桥式逆变电路将来自牵引变流器的 DC 3000V 电压逆变为三相脉冲调宽(PWM)三相 AC 440V 60Hz 输出电压,如图 1-11 所示。由于采用并联输出,脉冲调宽逆变器以恒定频率模式工作。

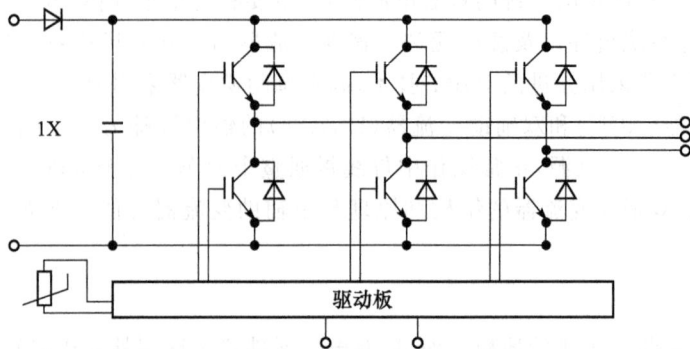

图 1-11　脉冲调宽逆变器框图

脉冲调宽逆变器包括一个散热器,上面安装有 IGBT、二极管、DC 连接电容器和驱动板。该模块上没有控制器。主控制器单独安装在外壳上。使用一台变压器进行电隔离,并将逆变器高压 PWM 脉冲电压滤波、降压为三相 AC 440V 电压。

3)主控制器

Sibcos-M2500 控制器为主控制器和模块控制器的组合。通过 IGBT 和相应的元器件按照测量的输入电压和电流,以及产生的输出电压和电流来形成正确指令以驱动辅助变流器运行。它负责全面系统控制、与上级控制通信以及不同类型功率变流器的控制和调节。

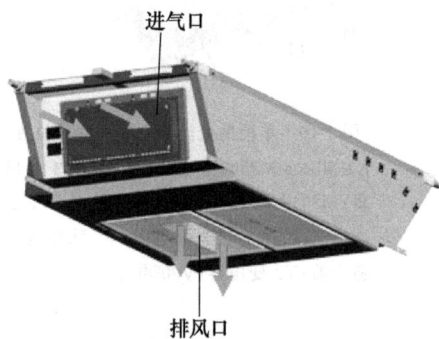

图 1-12　进气口和排风口

4)冷却系统

单辅助变流器采用强制风冷。进气口和排风口,见图 1-12。空气由安装在外壳前部的两个滤清器进入,然后被引导进入电源模块的散热片,主风扇将冷风吹到中间的隔室,通过变压器,最后通过位于底部的两个排风口排出。

主风扇由主控制器 Sibcos-M2500 根据温度进行控制,各模块将散热器的温度反馈给控制器;控制器对温度进行监控,并依据温度情况直接打开或关闭主风扇。

2.工作原理

单辅助变流器的基本原理,如图 1-13 所示;双辅助变流器的基本原理,如图 1-14 所示。

单辅助变流器直接连接到牵引变流器的中间电路上。标称电压为 DC 3000V。操作单辅助变流器需要满足下列两个条件:单辅助变流器从列车控制系统收到了触发信号;输入电压在有效电压范围内。

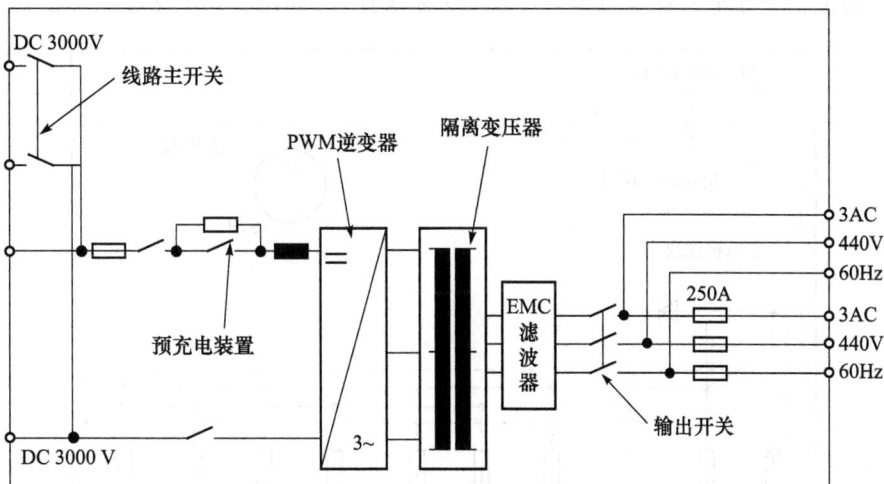

图 1-13　单辅助变流器的基本原理图

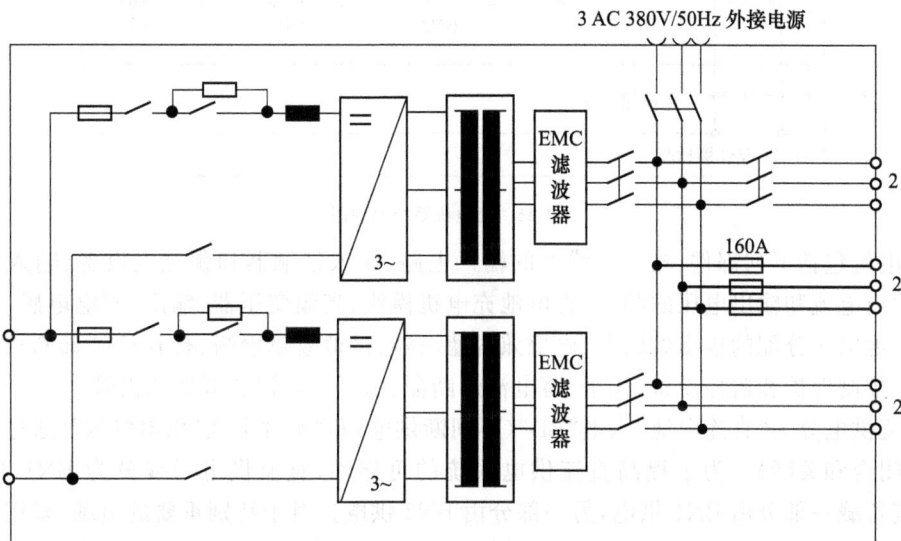

图 1-14　双辅助变流器的基本原理图

如果满足了接通条件,则直流输入电压经由滤波电容器、主接触器和预充电接触器供给脉冲调宽逆变器模块(PWMI),PWMI 接通并启动。如果脉冲调宽逆变器的输出电压处于规定范围内,则输出接触器关闭,单辅助变流器的控制器则向控制器发出信息,表明三相交流输出已经准备好。三相 AC 440V 输出则经由变压器、EMC 滤波器以及输出熔断器进行供电。

(二)充电机

充电机功能是把三相交流电转换为车载电源系统的直流电,对蓄电池组进行充电,向所有与充电机并联的直流负载供电。电池充电机由三相 AC 440V 60Hz 车载电源供电,充电机机箱分别位于一等车和餐车的车下。充电机系统原理,如图 1-15 所示。

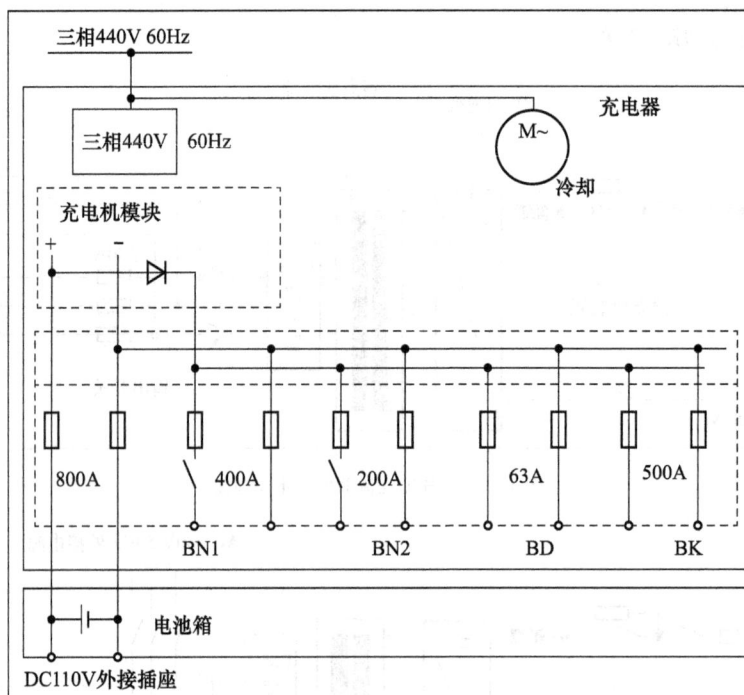

图 1-15　充电机系统原理图

充电机包括下列部件:输入接线柱的输入电路、输入接触器和预充电设备、输入电压的测量、输出电流和输出电压的测量、蓄电池充电机模块、高频变压器、输出、蓄电电感、主接触器、蓄电池电压分配的输出熔断器、电磁兼容滤波器、接地故障检测、有 RS232 诊断接口的微处理器、控制保护和监控设备、风扇、蓄电池熔断器、断开蓄电池负载的二极管。

直流供电分为"直连电池"供电"BD"(不间断供电)和"常规电池"供电"BN"(通过主电池接触器闭合和关断)。为了提高直流供电系统的可靠性,直流供电干线分为 BN1、BN2 两路,直流负载一部分由 BN1 供电,另一部分由 BN2 供电。对于特别重要的负载,采用直连电池不间断供电。

(三)蓄电池

CRH380B 型动车组上配备 2 组镍镉蓄电池,分布于 4、5 号车,其标称电压为 DC 110V。当列车在无网压或系统故障情况时,蓄电池系统能够使列车内部照明、外部照明、紧急通风、车载安全设备、广播、通信系统等辅助设备保持供电。

电池组由 2 个电池座盘组成,每个电池座盘上装有 84 节串联的 FNC 1502 HR ＊型单体电池。单体电池的互联使电池组的标称电压达到 100.8V。

单体电池的装配方式能够确保 100.8V 电池组的爬电间隙规范符合 DIN EN 50272-2 和 IEC 50124 标准的要求。蓄电池外形,如图 1-16 所示。

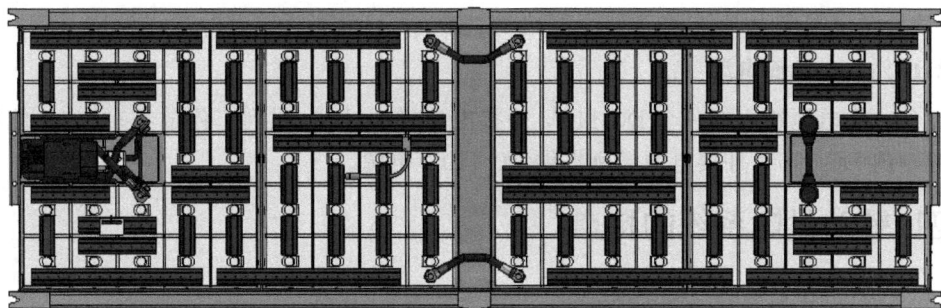

图 1-16　CRH380B 型动车组蓄电池外形

课堂讨论1-6

对比 CRH380A 型动车组和 CRH380B 型动车组辅助供电系统，讨论分析蓄电池类型和组成分布的区别有哪些？

（四）地面电源

1.概述

为了确保在高压设备接地或列车停车时，原来由三相 AC 440V 50Hz 总线供电的设备继续工作，可以使用外接三相 AC 380V 电源为三相 AC 440V 列车总线供电。因此，在双辅助变流器箱体一侧中间位置，设置了外接电源输入插座 X20。外接电源输入插座，如图 1-17 所示。由于双辅助变流器安装在餐车和一等车的车下，动车组的外接电源插座布置在动车组的中间位置，每侧一个。

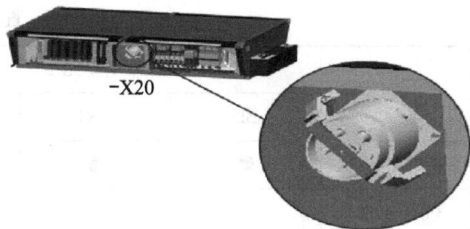

图 1-17　外接电源输入插座 X20

在每一个电池箱内有一个 DC 110V 外接电源供电插座，在列车停放在车库时，能够通过电池箱内 DC 110V 外接电源插座提供 DC 110V 电源。

2.三相 AC 380V 地面电源供电负载与外接电源供电操作

外接电源供电负载包括：充电机、采暖和空调系统、其他三相 AC 440V 负载。

对于动车组（包括重联动车组），只能通过一个外接电源插座给整列车供电。外接电源供电通过一等车（FC05）控制面板上的一个钥匙开关来操作。钥匙开关有 3 个位置："440V ON"（正常位）、"OFF"（关闭位）、"External power supply"（外部供电）。

如果钥匙开关从"440V ON"位置通过"OFF"位置转到"外部供电"位置时，外部供电激活。在钥匙开关从"440V ON"位置到"OFF"时，主断路器断开、受电弓降弓。另外，除了最小电压监控，所有交流负载断开。

在"外部供电"位置，当所有必需的开关和控制功能完成后，"外部供电准备"指示灯亮。钥匙只能从"外部供电"位置取出，用钥匙打开两个双辅助变流器外接电源供电插座中的一个,开始外接电源供电。

3. DC 110V 地面电源

在每一个电池箱内有一个 DC 110V 外接电源供电插座,在列车停放在车库时,能够通过电池箱内 DC 110V 外接电源插座提供 DC 110V 电源。

四、辅助供电系统的特点

(一)辅助供电系统冗余设计

1. 三相 AC 440V 60Hz 供电冗余

当一个单辅助变流器或一个牵引变流器故障时,交流供电母线由其余的辅助变流器供电,此时不会减少供电。当双辅助变流器中的一个辅助变流器单元故障时,另一个单辅助变流器单元能够继续工作,此时只减少与旅客舒适性相关的负载(空调或部分取暖)。

2. DC 110V 供电冗余

每个牵引单元的一部分负载由 BN1(电池常规供电 1)供电,另一部分负载由 BN2(电池常规供电 2)供电,当一个充电机故障时,另一个充电机完全负责向所有的直流负载供电。还有一部分特别重要的负载如应急照明、列车广播、无线电等采用 BD(电池直接供电)供电。直流供电分配,见表 1-4。

直流供电分配表   表 1-4

	牵引单元 1			牵引单元 2		
	BD	BN1	BN2	BD	BN1	BN2
餐车充电机	●	●				●
一等车充电机			●	●	●	

(二)辅助供电系统保护

1. 三相 AC 440V 60Hz 供电

通过有效供电控制来确保最大可用供电输出,当检测辅助变流器的最大输出电流超过额定输出电流时,控制将减少空调系统或采暖系统的输出。

按照接入负载最大功率 800kV·A,接入负载平均功率为 500kV·A 计算,供电功率管理如下:

一个单辅助变流器故障:功率不限制。两个单辅助变流器或一个双辅助变流器故障:供主采暖输出功率减少到 1/2,空调系统输出功率减少到 1/2。

2. DC 110V 供电

当充电机故障时,为保证重要负载的供电,需要切除部分负载。直流关断时间,见表 1-5。

直流关断时间表 表1-5

序号	电池充电器故障后的时间范围(min)	说　明	工作负载
1	0~4	通过分相区,短时电源中断	所有直流负载
2	5~30	长时间的电源中断	紧急通风(减少新鲜空气); 应急灯(紧急照明及外部照明的紧急尾灯信号); 重要的控制装置; 司机人机界面; 列车乘务员人机界面; 广播扬声器
3	31~90	较长时间断电	紧急通风(减少新鲜空气); 应急灯; 广播扬声器
4	91~120	永久性电源中断(由司机切换电池为"断开"以及切换紧急系统为"接通")	应急灯; 广播扬声器

五、辅助用电设备

交流负载设备和直流负载设备,分别见表1-6和表1-7。

交 流 负 载 设 备 表1-6

电压	三相 AC 440V 60Hz	230V 60Hz	230V 50Hz
负载	客室空调	厨房的一些负载	交流插座
	驾驶室空调	水系统加热	
	主空气压缩机	撒砂管加热	
	主变压器的冷却系统	车钩加热	
	牵引变流器冷却系统		
	前风挡加热		
	辅助变流器冷却单元		
	充电机		

直 流 负 载 设 备 表1-7

供电模式	BN1	BN2	BD
负载	中央控制单元 CCU1	中央控制单元 CCU2	应急照明
	KLIP 站(冗余 1)	KLIP 站(冗余 2)	旅客信息系统
	MVB 转发器-电源线 A	MVB 转发器	司机/乘员 MMI
	牵引变流器控制 1	牵引变流器控制 2	紧急尾灯信号
	空调控制系统	紧急照明(组 2)	制动防滑保护
	控制柜通风机(左)	控制柜通风机(右)	列车无线通信
	前风挡加热控制		
	主照明		
	阅读灯		
	应急照明(组 1)		
	驾驶室顶灯		

续上表

供电模式	BN1	BN2	BD
负载	辅助变流控制		
	充电机控制		
	车门控制		
	旅客信息系统显示器		
	卫生设备用水系统控制		
	撒砂管加热器控制		
	辅助空气压缩机控制		
	轮缘润滑		
	制动(阀)		
	制动控制单元		
	列车控制系统		
	火警		
	驾驶室的显示器		
	列车广播		
	外部照明		
	安全环		
	厨房控制		
	受电弓/主开关/控制		

🕐 任务实施

(1)下发任务单,明确任务内容,学生课前按要求完成预习任务。

(2)教师先演示操作过程及说明注意事项,学生分组模拟完成演练任务。

(3)学生分组讨论演练心得。

(4)教师和各组长担当本次任务的他人评价工作,评判同学们的任务完成情况。

实训 1-3 CRH380B 动车组单辅助变流器检查

CRH380B 动车组单辅助变流器检查的前期准备,见表 1-8;具体作业内容和标准,见表 1-9。

CRH380B 动车组单辅助变流器检查的前期准备   表 1-8

维修项目:单辅助变流器检查			
修程	二级修	周期	2 万公里/20 天
车厢号	02、07	供电条件	无电
作业人员	机械师 2 人	作业时间	30min/辆
作业工具	四角钥匙、套筒头(10mm)、清洁用风枪、卷式风管、接地线(3 爪)、棘轮扳手、万用表、力矩扳手(6.5Nm、30Nm 各一把)、吸尘器、标记笔(绿色、黄色、红色各一支)、一字批		
物料清单	无纺布、尼龙扣		
注意事项	①接触网断电并接地。 ②动车组放电接地。 ③断电后,储能电容器需放电 5min,方可作业		
人员分工	1 号主要负责安全防护及检查作业;2 号主要负责清洁及拆装作业		

CRH380B 动车组单辅助变流器检查具体作业内容和标准　　　　　　表 1-9

序号	作业项目	作业内容、标准及图示
1	工前准备	
1.1	车组状态确认	⚠ 触电风险：检查辅助变流器前，必须先降弓断电，进行中间直流环节放电，并待 5min
1.2	降弓	①作业前，必须断主断，降下受电弓，1 号通过 HMI 屏，确认车组已降弓断电，并进行车组放电接地作业。 ②1 号将驾驶室故障开关面板内的"A"钥匙打到"锁闭"位，并拔出，妥善保管 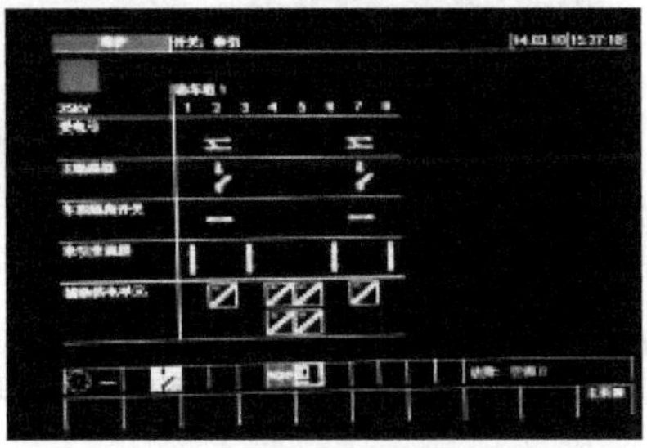 
1.3	中间直流环节放电	①1 号在 HMI 高压界面，选择"维护"→"中间直流环节"，查看中间直流环节电压，将方向开关打到"0"位放电，确认电压存在降低到 0 的过程。 ②1 号主控钥匙退出占用后，关闭蓄电池开关 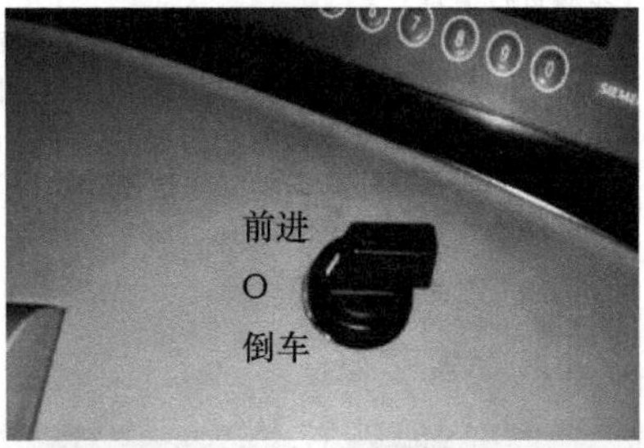 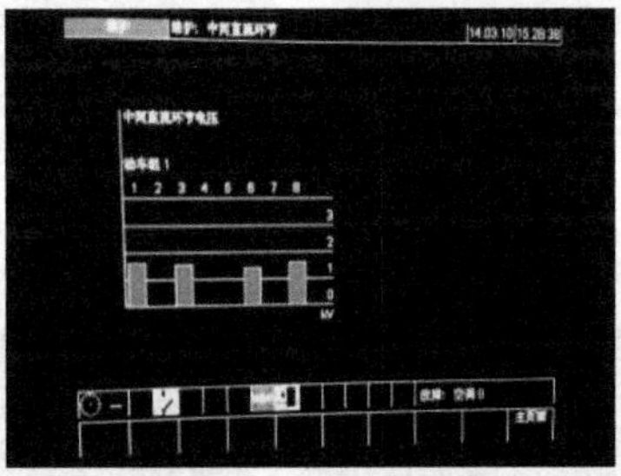 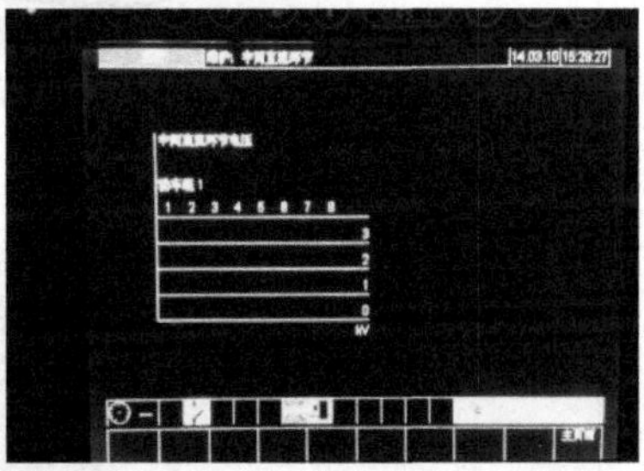
1.4	等待 5min	为进一步确保作业安全，让模块中的储能电容器放电 5min
2	单辅助变流器检查	① ⚠ 故障风险：清洁作业时，过多灰尘、异物进入内部电气部件内会引起辅变故障。 ②卡控措施：使用高压风枪进行清洁作业时，该侧辅助变流器的盖板必须处于关闭状态
2.1	打开裙板	2 号使用一字批将单辅助变流器处裙板锁上的尼龙扣取下，使用四角钥匙打开单辅助变流器处裙板。需打开裙板：车体两侧各 1 块，从车厢 1 位端算起，大裙板第七块，见下图  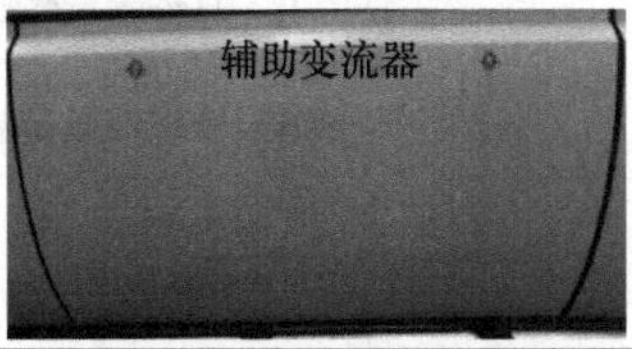

续上表

序号	作业项目	作业内容、标准及图示
2.2	接地防护	①2 号打开单辅的小盖板（车厢左侧）。 车厢左侧小盖板 ②1 号使用需外接高压测量针的万用表测量 E1、E2 点电压，电压测量值不得超过 36V。 ③2 号使用 3 爪的专用接地线，将单辅助变流器内部的 E1、E2、E3 球形接地电极连接
2.3	清洁进风口护栅	①2 号检查进气口护栅，如果进气口护栅处存在少量污垢，用压缩空气（5～6MPa）按以下步骤进行清理： a.2 号使用压缩空气对进气口护栅的外侧进行清洁； b.1 号、2 号共同将进气口护栅外侧的一圈（11 颗）M6 螺栓拧下，取下进气口护栅，2 号使用压缩空气对进气口护栅的内侧进行清洁； c.1 号、2 号共同装上进气口护栅，M6 螺栓力矩 6.5N·m，并涂打防松标记； d.撤除接地。 进气口护栅外侧清洁 进气口护栅外侧的一圈 M6 螺栓　　　　进气口护栅内侧清洁 ②如果进气口护栅处污垢较多，按照以下步骤进行清理： a.1 号、2 号共同将进气口护栅外侧的螺栓拧下，取下进气口护栅，2 号使用压缩空气（5～6MPa）或高压吸尘器对护栅进行清洁； b.1 号检查导气管，如污垢较多，则打开风扇室底板，使用工业用吸尘器对导气管、风扇区域进行清洁； c.1 号、2 号重新装上进气口护栅，盖上风扇室底板，M6 螺栓力矩 6.5N·m，并涂打防松标记； d.撤除接地

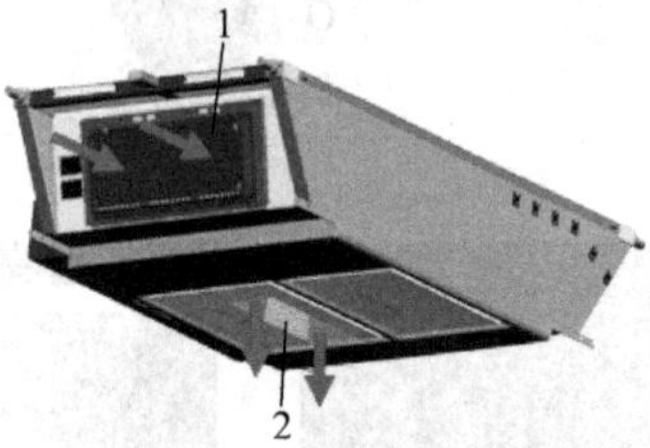

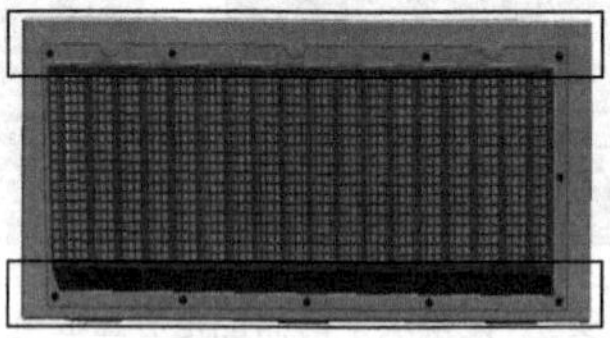

续上表

序号	作业项目	作业内容、标准及图示
3	恢复作业	
3.1	撤除接地线，恢复盖板	2号撤除连接 E1、E2、E3 球形接地电极的 3 爪接地线；1号恢复单辅助变流器上打开的盖板，并确认锁闭到位，密封良好 锁好状态
3.2	恢复裙板	⚠ 存在风险：不按要求锁闭裙板，可能会使裙板在运行中松脱。 卡控措施：裙板恢复时，严格按要求做好四级卡控。一级修时地勤机械师认真检查动车组裙板安装状态，确认锁闭到位、安装螺栓无松动。动车组出库时，送车人员从车组非出库端进行平推检查，确保裙板锁尼龙扣防松标记无错位。此外，具体注意下述几点： ①2号使用四角钥匙将裙板拧紧； ②1号使用力矩扳手对裙板锁施加 30N·m 力矩； ③2号安装尼龙扣，并涂打绿色防松标记
4	收车作业	1号装回驾驶室内的"A"钥匙，并打到"开"位

实训 1-4　CRH380B 动车组蓄电池检查

CRH380B 动车组蓄电池检查的前期准备，见表 1-10；具体作业内容和标准，见表 1-11。

CRH380B 动车组蓄电池检查的前期准备　　表 1-10

维修项目：蓄电池检查			
修程	二级修	周期	80 万公里/720 天
车厢号	04、05	供电条件	无电
作业人员	机械师 2 人	作业时间	40min/辆
作业工具	四角钥匙、手电筒、万用表、玻璃管、人字梯、风枪及风管、毛刷、防护眼镜、棘轮手套		
物料清单	无纺布		
注意事项	①电池组附近不得出现明火、灰烬或火花，以免引起爆炸和火灾危险。 ②由于电池组电池的金属部件始终带电，因此，不得将任何异物或工具放在电池上，避免爆炸和火灾危险，避免短路。 ③电解液具有高度腐蚀性，处理电池组时应佩戴眼保护装置且穿着防护服。 ④确保电池室内具有良好的通风，这样可以将充电时产生的爆炸性气体排出		
人员分工	1号主要负责安全防护，2号主要负责裙板拆装，检查作业；1号、2号两侧同步进行		

CRH380B 动车组蓄电池检查具体作业内容和标准　　表 1-11

序号	作业项目	作业内容、标准及图示
1	工前准备	作业前,确认车组已停稳,并已降弓断电
1.1	车组状态确认	1号打开电池所在裙板

续上表

序号	作业项目	作业内容、标准及图示
2	检查清洁蓄电池	(1)1 号检查蓄电池清洁度：用风枪清除蓄电池表面的灰尘，用毛刷清洁单体电池、螺栓、连接器和绳索眼等处污物，使用清洁布清除在维护工作过程中溢出的所有液体。 (2)1 号负责检查蓄电池组部件无损坏。 (3)2 号负责检查并清洁蓄电池箱导轨。 (4)2 号负责确定蓄电池接线柱上的螺栓和螺母安装牢固：如发现蓄电池接线柱的螺栓松动、防松标记错位，或连接片破损，必须更换，螺栓力矩为 20N·m±1N·m，紧固时必须使用棘轮，为避免触电，不能使用扳手；更换部件及紧固后重新涂打防松标记 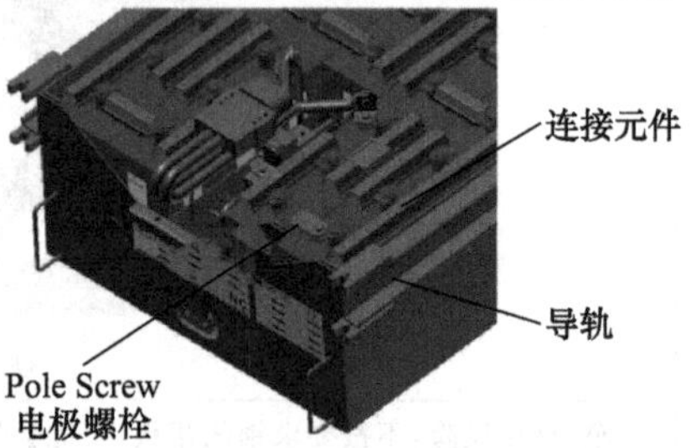 连接元件 导轨 Pole Screw 电极螺栓
3	测量电池电压	(1)测量单体电池电压： a. 2 号拆除电池组连接装置并且尽力将座盘从电池箱中拉出，以便可使用万用表的测量表笔接触到单个电池； b. 1 号通过绝缘盖的小孔将万用表的测量表笔连接至单体电池的电池螺栓连接器测量触点； c. 1 号按顺序测量(从正极开始计数)，2 号记录单体电池电压(单体电池标准电压 1.2V)； d. 2 号对电压变化超过所有单体电池电压平均值 50mV 的单体电池进行标记； e. 1 号将座盘重新推入电池容器。 (2)测量电池组电压： 1 号将万用表的测量表笔连接至电池组的测量触点(电池组电压不得小于 90V)；如果存在电压变化大于 50mV 的单体电池，则应将电池组拆下，对电池组进行重新调整 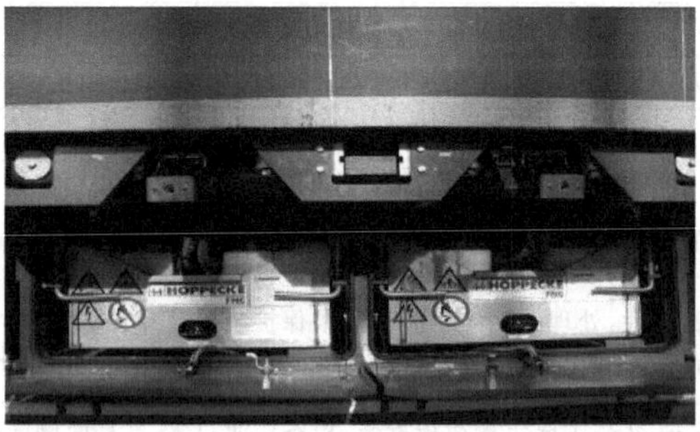 HOPPECKE HOPPECKE 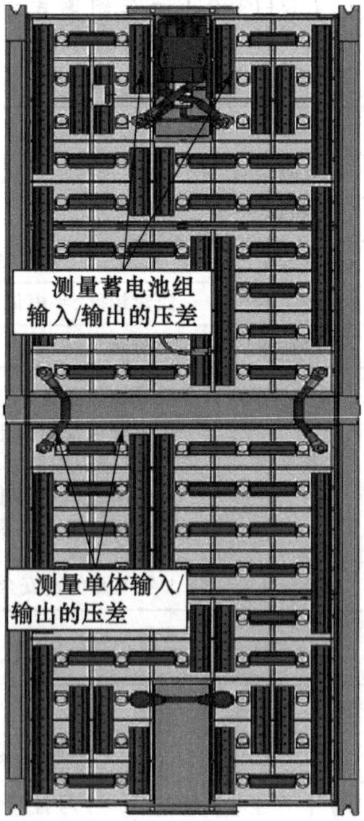 测量蓄电池组 输入/输出的压差 测量单体输入/ 输出的压差

续上表

序号	作业项目	作业内容、标准及图示
4	检查电解液液位	1号打开翻转式顶端通风塞,插入玻璃管,用食指堵住管上面的开口,并从电池开口处取出玻璃管,之后可通过残留在玻璃管中的电解液确定电解液的液位;测量完成后将玻璃管中的电解液重新置入电池中
5	整理工具物料清理现象	⚠ 裙板松脱风险: ①一级修时地勤机械师认真检查动车组裙板安装状态,确认锁闭到位、安装螺栓无松动。 ②动车组出库时,送车人员从车组非出库端进行平推检查,确保裙板锁闭良好。 检查完毕后,2号将所有裙盖板安装好,1号进行确认

复习思考题

一、填空题

1. CRH380A 型动车组在其蓄电池低到_____ V 时,必须立即给其充电或切断车上所有用电负载,以保证动车组可正常起动;当蓄电池电压低于 77V 时,蓄电池亏电保护启动。

2. CRH380A 型动车组 01 车辅助电源无法工作时,可以通过_____扩展供电从 2 单元引入 771、781、791 三相电源。

3. 根据牵引变压器辅助绕组的设置形式,动车组辅助供电系统可分为_____供电和_____供电两种方式。

4. CRH380B 型动车组分单辅助变流器和双辅助变流器。单辅助变流器安装在_____车下,双辅助变流器安装在_____车下。

5. CRH380B 型动车组辅助供电系统输出的交流电源有_____、_____、_____三种。

二、选择题

1. CRH380A 型动车组辅助电源装置分布在(   )车。
   A. 1、8　　　　　B. 2、4、6　　　　　C. 1、5、8　　　　　D. 2、6

2. CRH380A 型动车组给室内日光灯供电的线号为(   )。
   A. 105　　　　　B. 115　　　　　C. 103　　　　　D. 102

3. CRH380B 型动车组的辅助外接电源插座设在(   )车。
   A. Bc03 和 Fc05　　B. Bc05 和 Fc04　　C. Bc04 和 Fc05　　D. Bc05 和 Fc03

4. CRH380B 型动车组的空调设备采用(   )交流电源。
   A. 三相 380V,50Hz　　　　　　B. 单相 400V,50Hz
   C. 三相 440V,60Hz　　　　　　D. 单相 220V,50Hz

5. CRH380A 型动车组的空调设备采用(   )交流电源。
   A. 三相 380V,50Hz　　　　　　B. 单相 400V,50Hz
   C. 三相 440V,60Hz　　　　　　D. 单相 220V,50Hz

三、简答题

1. 简述充电机功能是什么？
2. 简述辅助电源电路系统提供的五种电源系统。

项目二 动车组空调系统维护与检修

Project two

项目描述

    通过本项目学习,使学生熟知动车组空调系统的总体构成、作用及其类型;同时,掌握 CRH380A、CRH380B 动车组空调系统的组成、技术参数、设备分布、压力保护原理、控温系统、通风系统和控制系统工作原理等,并能遵守安全操作规程进行空调系统设备的检查与维护作业。

教学目标

【知识目标】

(1)熟知动车组空调系统的总体构成、作用、类型等基础知识。

(2)掌握动车组空调系统制冷工作原理和基本组成。

(3)掌握 CRH380A、CRH380B 动车组空调系统的组成、分布及其工作原理。

【技能目标】

(1)能说出空调系统相关的基础知识。

(2)能分析 CRH380A、CRH380B 动车组空调系统的工作原理。

(3)能操作动车组空调设定器。

(4)能正确使用作业工具。

(5)能对 CRH380A、CRH380B 动车组空调系统设备进行检修维护。

【素质目标】

(1)培养安全作业意识。

(2)培养沟通协调能力。

(3)培养认真负责的职业态度。

任务一　认知动车组空调系统

📋 任务描述

　　动车组空调系统究竟由哪几部分构成？空调机组究竟安装在车顶还是车底？快速飞驰的动车组是如何进行换气的呢？气压的快速变化如何做到不影响乘客的舒适性？客室内的温度又是如何做到均衡分布的呢？

⚙ 知识储备

一、空调系统的总体构成及类型

(一)空调系统的总体构成

　　车内空气环境控制系统,通常称为空气调节系统,它是列车的"呼吸器官"。其主要目的:在任何气候和行驶条件下,通过强迫通风、人工制冷或供暖的方法,调节车内的温度、湿度、气流速度等参数指标,从而为旅客提供舒适的车内环境。空调系统与乘客的感受最为密切,只有具有了可靠的空调系统,乘客才能呼吸到清新的空气,才能享受到舒适的温度。

　　车内环境控制系统的功能是将一定量的车外新鲜空气和车内再循环空气混合后,经过过滤、冷却或加热、减湿等处理,以一定的流速送入车内,并将车内一定量的污浊空气排出车外。车内环境控制系统为司乘人员提供舒适的工作和生活环境条件,并在列车出现火灾的时候,提供紧急通风排烟功能。

　　动车组空调系统为完成上述任务,通常由通风系统、制冷系统、供暖系统以及控制系统组成。

　　通风系统的作用是将车外新鲜空气吸入并与车内再循环空气混合,在滤清灰尘和杂质后,再压送分配到车内;同时排出车内多余的浑浊空气,以保证车内空气的洁净度以及合理的流动度和气流组织。

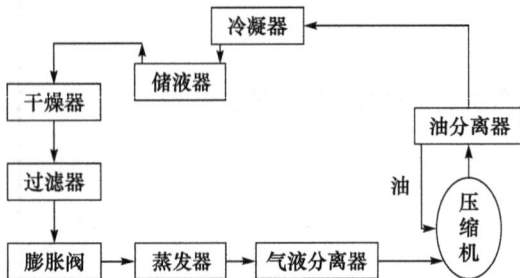

图 2-1　制冷系统的组成框图

　　制冷系统的作用是在夏季对进入车内的空气进行降温、减湿处理,使夏季车内空气的温度与相对湿度维持在规定的范围内。为保证制冷系统安全、有效地工作,制冷系统除压缩机、蒸发器、冷凝器、节流装置四大件外,还配有储液器、干燥过滤器和气液分离器等辅助设备。制冷系统的组成,如图 2-1 所示。

　　采暖系统的作用是在冬季对进入车内的空气进行预热和对车内的空气进行加热,以保证冬季车内空气的温度在规定的范围内。供暖系统通常由空气预热器和空气加热器组成。

　　控制系统的作用是控制各系统按给定的方案协调地工作,使车内的空气参数控制在规定的范围内,并同时对空气系统起自动保护作用。

课堂讨论2-1

在日常生活中,家中空调是我们非常熟悉的产品,请大家谈谈动车组上的空调系统与家中的空调有哪些不同呢?

(二)空调系统的类型

动车组空调系统按空调系统的安装方式主要分为两类:一类为分体式空调系统;另一类为单元式空调系统。

1.分体式空调系统

分体式空调系统分为两个部分,将压缩冷凝单元(制冷压缩机、冷凝器、冷凝风扇、储液器)集中装在一个箱中,并悬挂在车底架下;而将空气调节单元(蒸发器、通风机、膨胀阀、空气预热器等)安装在车顶内部,用铜管将制冷系统的各设备连接,组成封闭循环系统。

2.单元式空调系统

单元式空调系统是指将压缩机、冷凝器、节流装置、蒸发器、通风机、冷凝风机以及空气预热器等安装在一个箱内,组成一个完整的单元后安装在车顶或者车底。单元式空调系统多采用全封闭式压缩机。

课堂讨论2-2

根据对分体式空调系统和单元式空调系统的描述,请讨论分析它们各自有什么优缺点?

二、动车组空调通风系统概述

通风系统是空调装置的重要组成部分,它的作用是将经过处理的空气输送和分配到客室并获得合理的气流组织;同时还将客室内污浊的空气排出室外,使室内的空气参数满足设计的要求。列车的通风系统除了可以给乘客提供新鲜空气外,它的另一项功能就是保证车厢内具有适当的气压,即当车外气压发生明显变化时,通风系统会将车厢内的气压维持在一个让人们感到舒适的水平。

(一)组成

动车组通风系统是由通风机组、风道、风口、进排风装置、空气净化设备和空气压力波动控制装置等组成。

1.通风机

通风机有轴流式、离心式和贯流式三种。在车辆通风系统中常常采用离心式风机送风,而废排风机和冷凝风机一般采用轴流式风机。

通风机组是通风系统的动力装置,它由离心式通风机和电动机组成,一般安装在车辆端部平顶板上部空间,也可以安装在车下部。其安装处所主要取决于空气处理设备的位置。在安装通风机时,应采取有效的隔音减振措施,以减少噪声传入车内客室。

2. 风道

风道的作用是输导空气。送风系统通过风道,把处理好的新鲜空气输送到客车车厢内;排风系统通过风道,把需要排除的污浊空气输送至车外。风道的形状和布置将直接影响车内的气流组织和空调效果。

空调列车的风道可以由各种不同的材料制成,也可以有很多不同的构造和断面形式。在客车空调装置中,风道应满足经济性、耐腐蚀、隔热性好、重量轻和易于加工等方面的要求。常用的材料由镀锌铁板、铝合金板、玻璃钢和胶合板等。

风道主要分为三种:主风道、回风道、排风道。

(1)主风道。它的作用是将经过空气冷却器或预热器处理后的空气输送到客室内。在主风道中常装有调风机构,用以调节通过风道的风量,达到向每个送风口均匀的目的。其结构形式根据风道截面形状而定,调节方式可以手动或自动。风道应该注重隔热性、耐腐蚀性、经济性、易加工性和轻型化等因素。

(2)回风道。它是车厢与通风机之间用于传输再循环空气的通道。回风道的断面形状一般根据其在车内的安装位置和空间大小而确定。回风道在客室一端与回风口相连。客车上的回风口大部分设在客室内通风机端端壁的下部,采用集中回风方式。

(3)排风道。它是用来排除车内污浊空气的,所以其一端是连接在排风口,而另一端与排风扇相连或与自然通风器连接。由于外界新鲜空气不断被送入车内,与其等量的车内污浊空气由排风口,经排风道被排出车外,以保持车内压力恒定。

3. 风口及调节板

1)风口

风口包括:吸风口、送风口、回风口和排风口。

(1)吸风口,也称新风口或进风口,它是新鲜空气的吸入口。吸风口一般布置在装有通风机端的车门上部,也有设置在车端上部和车顶上部的。

(2)送风口。其作用是给车厢分配空气。它的形式对射流的扩散及空间内气流流型的形成有直接影响。送风口处一般都装有散流器(送风器),它不但可以使送风均匀,达到室内气流分布合理和温度均匀,而且可以调节送风量的大小。集中送风的通风系统,其送风口一般都沿车顶棚或侧壁均匀布置。

(3)回风口。它是室内再循环空气的入口。客车上的回风口往往设置在通风机端的客室内端壁的下部,采用集中回风方式,在小走廊平顶板上开一总回风口,并设延续回风道。包间式客车包间内的回风则经过包间拉门下部或拉门两侧间壁下部的回风口流至走廊,利用走廊作回风道,在靠近一端的走廊平顶上有回风口,并由回风道将再循环空气引进通风机。

(4)排风口。它是排除车内污浊空气的出口。由于外界新鲜空气不断送入车内,为保持车内压力恒定,需将与其等量的车内污浊空气通过排风口排出车外。客车排风口一般设在与回风口相对的另一端车顶。客室内的排风口一般也设置在客室内端壁板上,外表面设有通风诱导格栅以保持美观,内部装有铁丝网以防杂物进入风道。

2)调节板

调节板的作用就是调节通过风道的空气流量,其结构根据风道截面形状而定。

4. 空气过滤器

空气过滤器是利用过滤材料把空气中的悬浮粒子滤除掉的设备。

空气中的尘埃不仅影响旅客的舒适和健康,还会影响生产工艺过程的正常进行和车内清洁,甚至恶化某些空气处理设备的效果(如加热器、冷却器的传热效果)。因此,通风系统中必须设置空气过滤器,一般设有新风过滤器、回风过滤器,并且应装在空气处理器的前端,以减少后面各设备的表面积灰。

空气过滤器的作用机理是:含尘气流在通过过滤器纤维层时,利用尘粒的重力作用、扩散作用、惯性作用、静电作用以及纤维层的筛滤作用等截留灰尘。

5. 空气压力波动控制装置

动车组高速通过隧道或交汇时,车体和隧道(车体)之间的空气流动速度很高,车内外的环境条件会发生变化,车内大气压力(正常大气压力)和车外的大气压力(小于正常大气压力)存在压力差,如果车内大气压力很快和车外大气压力一致,车内就会出现失压(低于正常大气压力)环境状态,车内人员可能会出现耳膜不适,因此动车组在设计制造方面首先要保证达到必要的气密性要求,同时在动车组的空调系统中设有压力保护功能。

动车组通过隧道或交会时引起的外气压力波动主要通过换气系统传到车内,一般在车速高于160km/h时,需要采用压力缓和装置解决车内压力波动问题。在动车组上的空气压力保护系统,一般可分为以下两种空气压力保护模式:

(1)主动式压力波保护系统。它是使用合适的风机来输送外部空气,进行空气交换,并抵消空气压力波动。

(2)被动式压力波保护系统。它是将列车内部空间的气压与外部环境气压相隔离,此时压力波阀门将会关闭与外部空间交换空气的通风口。

(二)应急通风

应急通风是指当交流电源失效时,空调系统由蓄电池作为电源供电,通过逆变器给风机供电,向车内送入新风的过程。应急通风的主要目的是保障旅客的生命安全,而不是提供舒适性环境,因此,应急通风是尽可能长时间地向客室提供旅客所需的最小新风量。

三、动车组空调控温系统概述

(一)动车组空调制冷系统

动车组空气冷却系统的作用是在夏季对进入车内的空气进行降温、减湿处理,使夏季车内空气的温度与相对湿度维持在规定的范围内。

目前,动车组都采用直接冷却方式,即利用蒸气压缩制冷原理,由蒸发器里面的制冷剂汽化吸热直接冷却空气。夏季,通风机将吸入的车内外混合空气经蒸发器冷却后送入车内,达到降温的目的。由于蒸发器表面的温度通常低于空气的露点温度,空气中的部分水蒸气就凝结成水滴。因此,空气在通过蒸发器冷却的同时也进行了减湿处理。

1. 制冷系统组成和工作原理

蒸气压缩制冷是通过制冷剂的相变,即液态—气态—液态来完成制冷的。制冷剂又称制冷工质,它是在制冷系统中不断循环并通过其本身的状态变化以实现制冷的工作物质。

蒸气压缩式制冷系统是由压缩机、冷凝器、节流装置、蒸发器等4个主要部分组成。制冷剂循环其中,用管道依次连接,形成一个完全封闭的系统;制冷剂在这个封闭的制冷系统中循环,通过相变,连续不断地通过蒸发器吸取流经蒸发器的空气热量,并在冷凝器中放出热量,从而实现制冷的目的。

其工作过程是低温低压制冷剂气体进入压缩机,压缩出高温高压的气体进入冷凝器,冷凝放热成高压高温的液体进入节流装置,节流降压成低温低压的气液混合物进入蒸发器,吸收空气中的热量蒸发成为气体,由压缩机再次吸入,如此周而复始来完成对车内空气制冷。因此在制冷系统中经过压缩、冷凝、膨胀、蒸发四个过程完成一个循环。空调机组制冷工作过程,如图2-2所示。

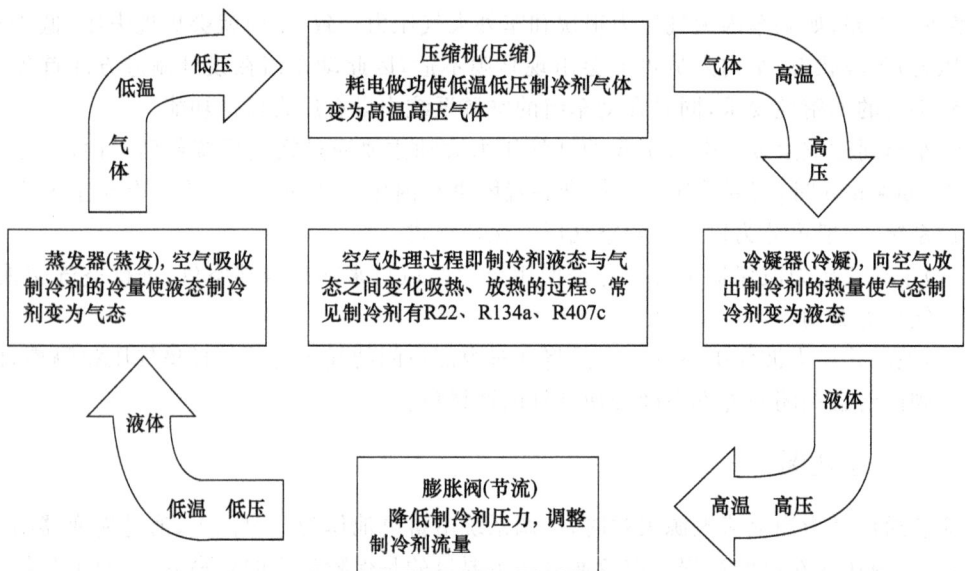

图 2-2　空调机组制冷的工作过程

制冷压缩机是蒸气压缩式制冷装置的一个重要部件,它起着压缩和输送制冷剂蒸气的作用,它是推动制冷剂在制冷系统中不断循环的动力。

冷凝器是制冷系统的另一个热交换设备,其作用是使从压缩机出来的高温高压制冷剂蒸气向冷却介质——水或空气放热,冷却、冷凝成高温高压的液体。

节流装置采用毛细管或者热力膨胀阀,其中有一个通道面积小的节流孔(阻力管)以控制制冷剂的流量;制冷剂通过节流后,使高压制冷剂液体变为低压的气液混合状态,进入蒸发器盘管内后,气液混合状态的制冷剂将吸收管外流经空气的热量,蒸发成气态制冷剂。

蒸发器是制冷系统的主要热交换设备。在蒸发器中,来自节流装置的制冷剂液体在较低温度、压力下蒸发吸热而转变为蒸气,利用制冷剂的蒸发潜热,吸收流经蒸发器空气的热量而使车内空气的温度降低。

课堂讨论2-3

制冷剂为什么可以实现循环制冷?物质的状态改变与气压是什么关系?

2.其他辅助设备

为保证制冷系统安全、有效地工作,制冷系统除压缩机、冷凝器、节流装置、蒸发器四大件外,还配有储液器、干燥过滤器、气液分离器、油分离器和连接管道等辅助设备。

1)干燥过滤器

在客车空调装置制冷系统节流装置前的输液管上,都装有干燥过滤器,它是制冷系统的净化设备。其作用是消除制冷剂中的水分和机械杂质,如金属屑末、氧化皮等,以防止水和杂质在膨胀阀(毛细管)、电磁阀处产生冰塞、堵塞。干燥过滤器主要由壳体、滤网、干燥剂、进出液管接头等组成。

2)储液器

储液器亦称储液筒,用来储存制冷循环中的制冷液体,以适应工况变动时制冷剂流量的变化。另外,在检修制冷设备及在制冷设备较长时间不工作时,可将系统中制冷剂全部储存在储液器中,以免泄漏而造成损失。

3)气液分离器

气液分离器是用来分离蒸发器出口的蒸气中的液体,从而保证压缩机为干压缩。对于毛细管节流的制冷装置,由于制冷剂流量不能自动调节,当负荷减小时,蒸发器中制冷剂就有可能不能完全蒸发;如果制冷压缩机吸入了带有液滴的制冷剂蒸气,就有可能产生液击,使阀片、活塞、连杆等损坏。因此,为避免制冷压缩机吸入液体制冷剂,在制冷压缩机的回气管上可装设气液分离器,对制冷剂蒸气中的液体分离储存。

4)分油器

在空调制冷系统中,压缩机是唯一需要冷冻润滑油的地方,但是压缩机排气中都带有润滑油,润滑油随高压排气一起进入排气管,并有可能进入冷凝器和蒸发器内。在氟利昂制冷系统中,由于润滑油在氟利昂中的溶解度大,一般都要用油分离器将压缩机排气中的润滑油分离出来。

(二)动车组空调供暖系统

为了使客车在寒冷的季节运用时车内保持一定的温度,车上必须安装有供暖系统。供暖系统通常由空气预热器和地面空气加热器组成。供暖系统主要有两个作用:对送入车内的空气进行预热和对车内空气进行补偿加热。空气的预热是使空气在空调系统的空气处理室内流过空气预热器来实现的。根据热媒不同,空气预热器有温水空气预热器和电热空气预热器两种。空气的补偿加热,由设在车内两侧地板面上的加热器来完成。

四、动车组空调控制系统概述

(一)空调系统的基本电气控制原则

电气控制系统的作用是控制各系统的电器设备,按给定的方案协调地工作,使车内空气参数满足设计的要求;同时对各系统进行自动保护和故障显示。

1.运行控制原则

(1)通风与制冷及制暖联锁。

(2)冷凝风机与压缩机联锁。

(3)制冷与制暖互锁。

(4)控制通风机低速与高速运行的电路互锁。

(5)防止压缩机频繁启动及多台压缩机同时启动,在每台压缩机的控制电路中均设有时间继电器,控制每台压缩机在冷凝风机启动后延时启动,并使多台压缩机顺序启动。

(6)为了使同一机组中的两台压缩机运行时间尽量一致,在控制电路中设有转换开关,控制两台压缩机在单机工作时轮流工作。

(7)不同的车型应安装不同数量、不同制冷量的空调机组;同样也应配有不同形式的电气控制系统。

2.常见保护功能

(1)主电路过、欠压保护。为防止供电干线电压波动对机组造成损坏,设置过、欠压保护电路。

(2)压缩机低温保护。压缩机控制电路中串联有压缩机低温运行保护继电器,以防止压缩机在蒸发器前进风温度低于20℃时运转,产生液击现象。

(3)低吸气压保护。采用低压继电器以防止制冷系统泄漏、吸气压力低于190kPa时压缩机运转产生过热现象。

(4)高排气压保护。采用高压继电器以防止排气压力高于2.65MPa时压缩机运行,产生阀片损坏、高压部分管路破裂等现象。

(5)过流保护。采用过流继电器以防止压缩机工作电流超过额定电流时烧坏压缩机的现象出现。

(6)电加热器过热保护。为防止通风机停转或转速达不到规定值,风道有堵塞现象,机组内电加热器上部的温度过高而引起火灾事故,电加热器控制电路中设有温度继电器及熔丝式温度保护熔断器。

(7)故障显示。为便于了解机组的工作状态,控制系统还设置了各种故障显示装置。

(二)制冷自动控制元件

1.热力膨胀阀

热力膨胀阀是一种能自动调节供液量的节流降压机构,它是利用蒸发器出口处的制冷剂蒸汽的过热来调节制冷剂流量的。

2. 毛细管

当流体沿管内流动时,由于管道摩擦阻力而产生降压,管径越小、管子越长则流动阻力就越大,产生的压降也越大。毛细管利用通道截面非常小的管的阻力,把高压冷媒液体变为低压的气液混合状态,冷媒在减压的同时也降温。

3. 电磁阀

电磁阀是一种开关式的常闭自动控制阀门。阀门的打开是依靠线圈在通电以后所产生的电磁力,而阀门的关闭是依靠复位弹簧及阀芯的重力。电磁阀串联在制冷系统的管路中,用以控制系统管路中流体的通或断。

4. 温度控制器

温度控制器主要是温度继电器,用电接点水银温度计、感温包、热电阻等做感温元件,通过继电器控制压缩机的启动和停止。

5. 压力保护器件

制冷剂的压力保护包括:高压保护、低压保护和油压保护等。

(1)高压保护的作用是保护高压系统压力不要超过规定限度。高压过高,其后果是压缩机负荷变大,排气温度过高甚至高压系统爆破,所以系统中设置了高压保护器,使压缩机在高压压力超高时停止工作。

(2)低压保护的作用是保护压缩机吸气压力不要过低。吸气压力过低会导致半封闭或全封闭压缩机不能得到良好的冷却造成压缩机温度过高而烧损,所以系统中设置了低压保护器,在吸气压力低于限度时,切断压缩机电源。

(3)油压保护的作用就是当压缩机润滑油路系统出现故障时,会使油泵输出压力降低。当输出压力低于一定限度时,意味着油路润滑系统不能正常供油,所以系统中设置了油压保护器,在压缩机润滑油路出现故障时,切断压缩机电源。

任务二　CRH2C 二阶段 CRH380A(L)动车组
空调系统维护与检修

📋 任务描述

CRH380A 动车组空调系统采用哪种压力保护模式?它的设备组成有哪些?又是如何分布的呢?它的制冷系统采用什么制冷剂?通风系统的风道是如何分布的?送风流程究竟又是怎样的呢?空调机组如何保证正常的运行控制?万一供电设备有故障,它是如何保障乘客的通风需求?CRH380A 动车组空调系统的维护与检修作业会用到哪些工具?又有哪些注意事项和作业步骤呢?

知识储备

一、CRH2C 二阶段 CRH380A(L)动车组空调系统概述

CRH2C 二阶段 CRH380A(L)动车组空调系统,主要由客室空调机组及显示设定器、换气装置、风道系统、应急通风系统、驾驶室空调机组及驾驶室暖风机等组成。它们都采用主动式压力保护装置,设备数量和分布非常相似。下面以 CRH380A 型动车组空调系统为例进行介绍。

(一)空调系统的组成

CRH380A 型动车组空调系统每节车厢车下设备舱内安装 2 台客室空调机组、1 台换气装置,通过连接风道与设置在车内的风道相连接,调节车厢各部位对送风量、回风量和新风量的需求,保证车内的温度、湿度、气流速度、压力等参数指标,为旅客提供舒适的车内环境。CRH380A 型动车组空调系统空气传输流程,如图 2-3 所示。

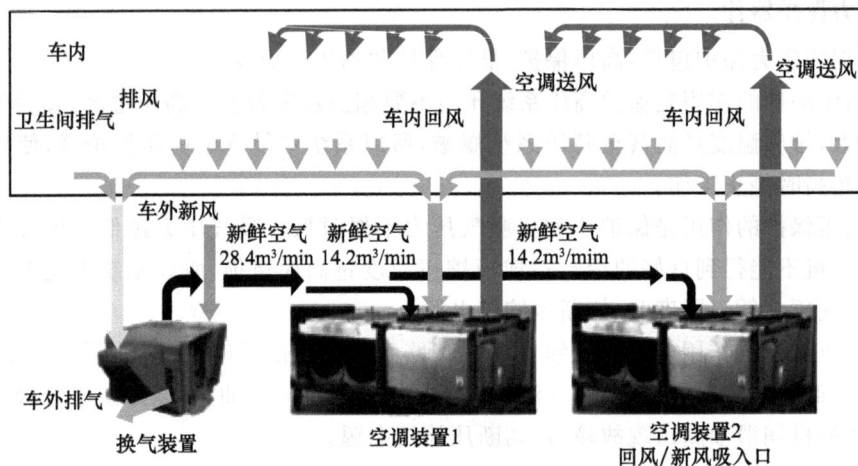

图 2-3　CRH380A 型动车组空气传输流程示意图

头尾车驾驶室设单独的 1 套分体式空调和 2 台暖风机;无独立新风,室内新风由客室空调机组通过独立风道供给,以保证驾驶室的舒适性。

每节车设单独的应急通风系统,用于空调系统供电故障时的应急通风。应急通风系统主要包括应急释放阀、车内压力开放阀及应急通风机。每车设置 4 台应急通风机,中间车设有 2 台应急释放阀;对于头尾车,设有 1 台应急释放阀及 1 台车内压力开放阀,车内压力开放阀安装在驾驶室端。应急通风系统能够保证紧急情况下车辆的应急通风量。

空调系统各部件主要功能如下:

(1)客室空调机组:制冷、采暖、送/回风。

(2)换气装置:车内新风供给、车内废气排出、车内压力保护。

(3)驾驶室空调机组:实现驾驶室内的制冷、通风。

(4)风道:实现车内各区域送风、回风。

(5)应急通风:在正常交流电源供电发生故障时,向客室提供乘客所需的最小新风量。

(二)空调系统的主要设备配置

CRH380A 型动车组空调系统主要设备配置,见表 2-1。

CRH380A 型动车组空调系统主要设备配置表   表 2-1

车辆 名称	数　　量							
	T1	M1	M2	M3	M4	M5	M6	T2
客室空调机组	2	2	2	2	2	2	2	2
换气装置	1	1	1	1	1	1	1	1
风道系统	1	1	1	1	1	1	1	1
驾驶室空调系统	1							1
驾驶室暖风机	2							2
应急通风系统	1	1	1	1	1	1	1	1

(三)空调系统的主要特点

CRH380A 动车组空调系统的主要特点如下:

(1)空调系统主要设备(空调机组、换气装置)采用车下安装。

(2)采暖方式完全采用内置于空调机组的电加热装置,客室内不另布置电加热器。

(3)空调机组送风机外静压大:68mmAq(666Pa),一般在 180~280Pa 之间。

(4)空调机组总风量相对较小,机组制冷量 37.21kW,风量为 3600m³/h,而国内机组 29kW 时,风量最少也有 4500m³/h。

(5)空调机组采用变频控制。

(6)空调机组内冷凝水采用排水泵排出(一般靠排水管排出)。

(7)空调机组主电路输入:单相 AC 400($+24\%$~-37%)V、50Hz,国内车为三相交流 380V。

(8)采用新风、废排气排送一体的换气装置。

(9)采用主动式压力保护装置(换气装置),实现压力保护、持续提供新风。

(四)动车组空调系统参数指标

CRH380A 型动车组空调系统参数指标如下:

(1)夏季制冷。室外温度为 40℃、定员条件下,室内温度不高于 28℃;室外温度 33℃、相对湿度 80%、定员 150%条件下,室内温度不高于 26℃。

(2)冬季采暖。室外温度-20℃条件下,室内温度不低于 20℃。

(3)新鲜空气量(定员条件下)。

正常通风:10~20m³/人/h;应急通风:10m³/人/h;驾驶室新风量不低于 30m³/人/h。

(4)车厢内温度分布:±2℃以内。

(5)CO_2 浓度。二氧化碳的容积浓度(在定员状态下):≤0.15%。

(6)空气清净度(粉尘浓度)。客室内空气中含尘量:≤0.5mg/m³。

(7)室内空调微风速。客室、驾驶室及端部房间：<0.4m/s；通过台：<2.0m/s。

(8)车内压力控制。车内的压力变化率在800Pa/s以下。

二、主要设备

(一)客室空调机组

客室空调机组设置在车辆地板下，具有通风、制冷及采暖等功能。它采用单元式结构，其机构示意，如图2-4所示。空调机组分为室内部分、室外部分和控制部分。室内部分采用密封结构，内部设有客室热交换器、室内送风机、电加热器、节流装置、直流电抗器、排水泵、空气过滤网等部件；室外部分设有压缩机、高压开关、室外热交换器、室外风机、冷凝器、交流电抗器等部件；控制部分也采用气密构造，内部设有变频器、接触盘器等部件。

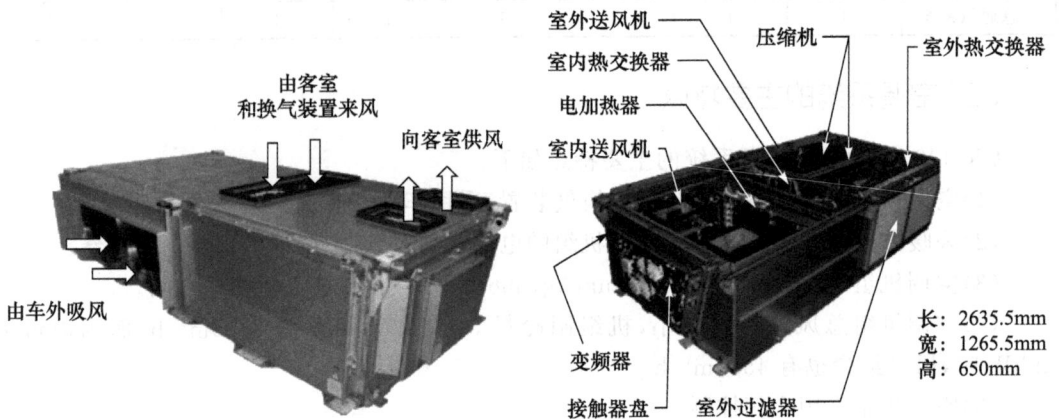

图 2-4　客室空调机组机构示意图

客室空调机组的主要参数如下：

(1)主电路：单相交流 AC 400(＋24％～37％)V、50Hz。

(2)控制电路输入：单相交流 AC 100±10％V、50Hz；直流：DC 100±10％V。

(3)制冷控制方式：逆变器频率变频控制及压缩机运行台数控制。

(4)制热控制方式：电热器多级控制。

(5)制冷能力：额定条件时制冷能力为 37.21kW(32000kcal/h)/台以上。超负荷条件为以下条件时制冷能力为 29.07kW(25000kcal/h)/台以上。(客室外热交换器吸入空气干球温度为 50℃)。

(6)制热能力：24kW/台以上。

(7)循环风量：65m³/min(65Hz)，60m³/min(60Hz)。

(8)机外静压 490Pa。

(9)机组底部设排水泵排出冷凝水。

(二)换气装置

换气装置具有提供新风及排出废气的功能。它主要由送风机、电机、变频器、连接风道、换气装置本体、变频器箱等部分组成。换气装置采用双向风机原理,由一台变频控制的双出轴电机带动两台高压的高速离心风机进行动车组客室的进、排气。车外新风经过装有风量调节板的给风侧,被高压送风机吸入,分别送到两台空调机组中,客室内回风被高压排风风机吸入,进入装有电机的换气装置内部,在冷却风机电机后从装有调节板的出风口排出车外。正常运行时,从室内排出风量与吸入新风量相等,保证实现车内客室内空气压力变化率满足舒适性要求。其原理,如图 2-5 所示。

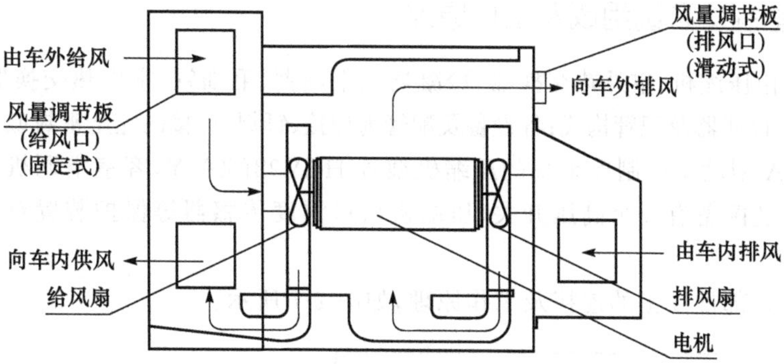

图 2-5 换气装置原理图

换气装置的主要参数如下:

(1)主电路:单相交流 AC 400(+24‰~37‰)V、50Hz。

(2)控制电路输入:单相交流 AC 100±10‰V、50Hz。

(3)额定新风风量:1800m³/h(外温<33℃且列车速度≥160km/h)。

(4)最大功率:15kW。

(5)送风机静压:送风侧约 4.5kPa;排气侧约 4kPa。

(6)电动送风机形式采用 10 片扇叶轮,有效减少灰尘堆积。

(7)最大风机静压:8kPa。

(三)驾驶室空调机组

KLF4.9 型驾驶室空调机组是为驾驶室提供辅助制冷,采用 R134a 制冷剂。它具有通风和制冷功能;两台 WHCR-2 系列暖风机为驾驶室实现夏季辅助供暖。

驾驶室空调机组的室外机安装在车下,如图 2-6 所示;室外机由机箱、压缩机、冷凝器、冷凝风机、压力开关、干燥过滤器、气液分离器组成。室内机安装在驾驶室操作台下方,通过管路连接在一起;室内机由机箱、蒸发器、通风机、节流装置等组成。

电源箱和变压器安装在驾驶室气密舱内,它是空调系统的逆变兼控制部分。控制电源把从车辆输入 AC 400V/50Hz 电源

图 2-6 室外机(压缩冷凝单元)

逆变成三相交流 440V/60Hz 和直流 24V 后供给空调压缩机、室内风机和室外风机;并按空调要求控制空调系统的正常工作,完成通风和制冷的运行。

WHCR-2 型暖风机主要由加热单元、箱体组成,采用 PTC 发热元件作为发热体,具有升温快、耗电省、寿命长等特点,采用轴流风机能迅速把发热元件产生的热量散发出来。

三、空调系统原理

(一)客室制冷系统组成及工作原理

制冷系统由压缩机、室外热交换器(冷凝器)、干燥器、毛细管、室内热交换器(蒸发器)、气液分离器、进气过滤器及配管构成;各设备及配管为焊接(钎焊)连接的完全密封型,内充制冷剂。

CRH380A 型动车组制冷系统的压缩机型号 HEV92FZA-Y,客室空调机组采用 R407C 制冷剂。系统还配备有 2 个高压开关、压缩机出口温度传感器等保护装置对压缩机进行有效保护。

制冷系统各部件设备的连接及工作原理,如图 2-7 所示。

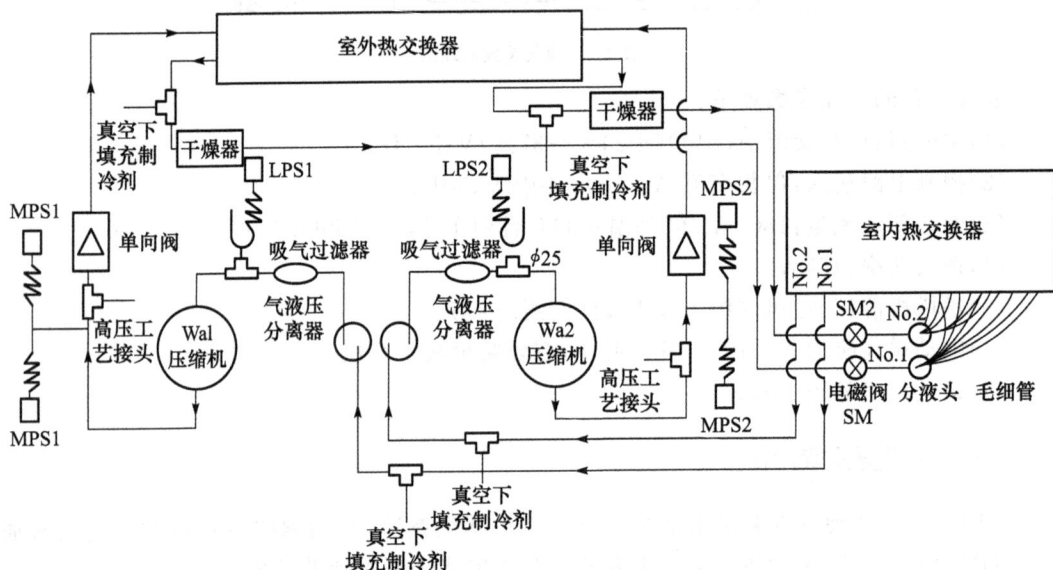

图 2-7 制冷系统各部件设备的连接及工作原理图

课堂讨论2-4

    根据制冷系统的工作原理,指出四大主要部件和辅助部件的名称和作用有哪些?

(二)采暖系统

列车采暖系统通常采用室内布置电加热器、空调机组内设预热电加热器共同实现;另外风道内也可布置辅助电加热器。

CRH380A 动车组客室采暖全部由集成于客室空调机组内的电加热器实现;驾驶室内采暖由客室空调机组和暖风机组成。部分采暖设备,如图 2-8 所示。

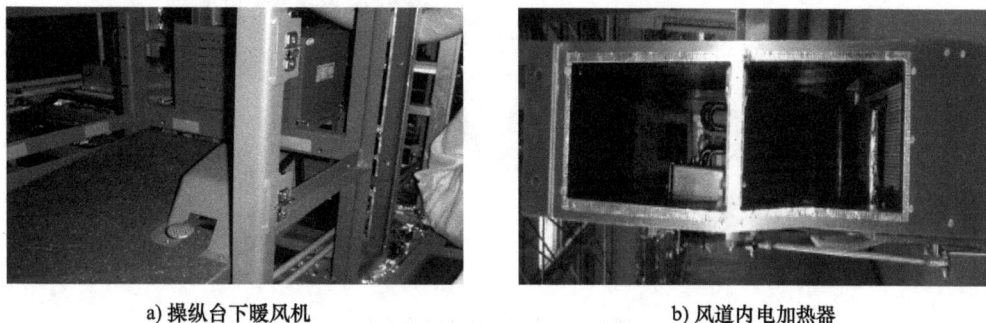

a) 操纵台下暖风机

b) 风道内电加热器

图 2-8　部分采暖设备

(三)通风系统

1.通风风道

通风风道设在车底铝地板与车内铝蜂窝地板之间,共设 5 个风道,都为纵向通长风道。两侧风道成对称分布,车体横向方向靠两侧两风道为送风风道,最中间风道为新风风道,其余两节风道为回风风道。空调机组安装在车下,空调机组的送风口与车下送风风道相连,车下送风风道又与布置在地板中的送风风道连通,送风口设在客室两侧顶送风道上,顶送风道通过窗间风道与设在客室地板中部的送风风道连通;回风口设置在回风风道上,回风风道通过车下风道与空调机组的回风口连通。

车体横断面风道布局,如图 2-9 所示;通风风道的三维结构,如图 2-10 所示。

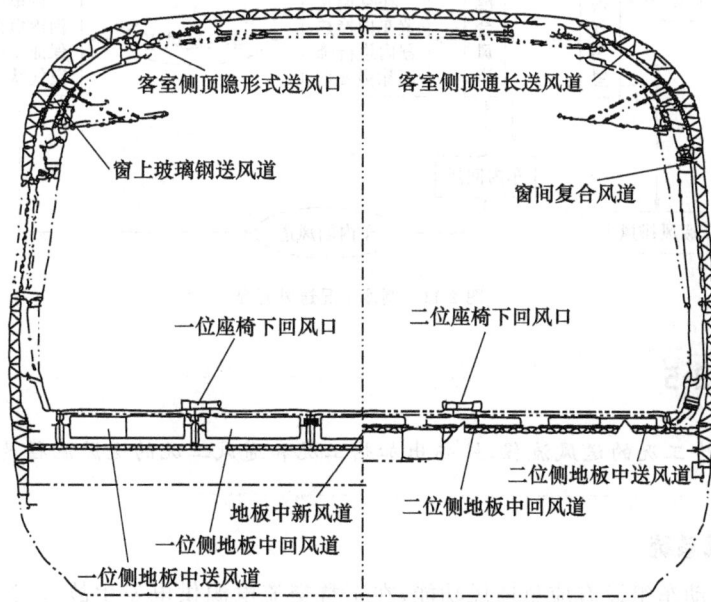

图 2-9　中间车通风风道横截面的布局图

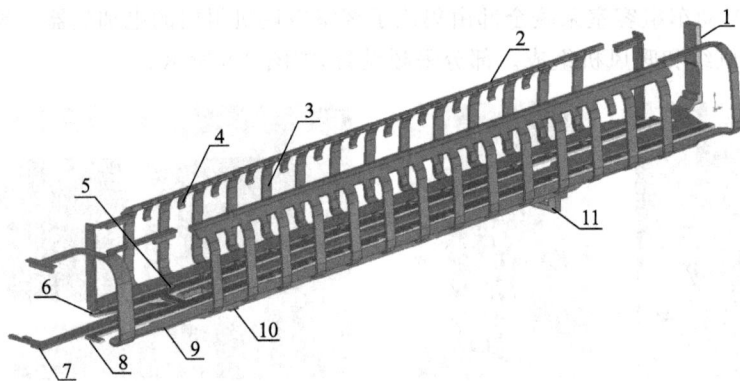

图 2-10　头车三维结构示意图

1-端部新风道；2-玻璃钢风道；3-软风道；4-窗下支送风道；5-座椅下回风装置；6、8-地板中铝板回风道；7-地板中铝板废排风道；9-地板中铝板送风道；10、11-车下铝板送风道

2. 通风流程

通风系统完成动车组空调系统在夏季制冷送风、冬季采暖送风和过渡季节通风的任务。

下面以制冷工况为例说明通风系统的送风流程。夏季制冷送风时，从回风风道吸入的客室内空气与换气装置通过新风风道送入的新鲜空气混合，经设置在空调机组回风口处的回风过滤网，进入空调蒸发器，在蒸发器内进行热交换，冷却为冷空气。该冷空气经车下风道、地板中送风道、窗间风道、客室送风道从客室行李架下送风口及窗上送风口吹入客室，向乘客提供冷风。制冷工况送风流程，如图 2-11 所示。

加热工况和通风工况流过的路径相同，在此不做重复说明。

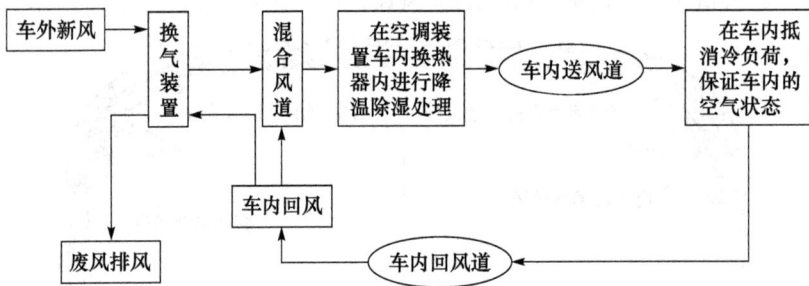

图 2-11　制冷工况送风流程

课堂讨论2-5

请根据制冷工况的送风流程，绘画出加热工况和通风工况的送风流程是怎样的？

3. 应急通风系统

CRH380A 动车组设有应急通风功能，在正常交流电源供电发生故障时，应急通风装置由司机启动，向客室提供乘客所需的最小新风量。

应急通风装置是在车体的一位端及二位端外端墙上设置通风装置。送风及排风采用相同的结构,区别为风机进出风方向不同:进风时风机从外端墙往车内送风,排风时风机从车内向车外通过外端墙排风。该系统主要由通风机、气密阀及其管路、风道组成。头车气密舱内与车内压力开放阀接合。应急通风气流方向示意图,如图2-12所示;通风机及气密阀的结构,如图2-13和图2-14所示。

图2-12 应急通风气流方向示意图　　　图2-13 通风机　　　图2-14 气密阀

气密阀工作原理:当电磁阀闭合时,气密阀的气路通,通过压缩空气将气密阀打开;当电磁阀关闭时,气路不通,同时气密阀内的气体排出,气密阀通过自身的弹簧作用将风口闭合。

4.压力保护系统

CRH380A动车组采用换气装置实现车内新风/废排的交换,即采用了主动式压力保护系统,可有效抑制高速等级下列车交会或穿过隧道时车内压力变化。

动车组连续换气装置运行模式分高低两挡:在车速160km/h以下时以频率53Hz、转速3180r/min低速运行;在车速160km/h以上时以频率60Hz、转速3600r/min高速运行。

四、运行控制

(一)客室空调机组运行控制

CRH380A型动车组可以通过驾驶室、机械师室内的车辆监控装置设置本列车或单车的空调机组工作目标温度;也可以通过单车服务配电盘内空调显示设定器设定本车空调机组的目标温度,目标温度范围为20～29℃。

CRH380A型动车组空调系统空调机组为变频空调。空调的控制由逆变器装置控制。逆变器装置比较由温度传感器得到的车内温度和空调设定温度,根据比较结果选择并控制空调机组的工作模式。

空调机组的运行模式分为:(强制)制冷、(强制)制热、通风、减半。

空调显示设定器显示车上监控装置传来的内容,同时向逆变器装置下达空调指令;同时显示由逆变器装置传来的空调机组工作状态信息,并向车上监控装置传递信息,即承担车上监控装置和逆变器装置之间数据传送的任务;可以通过显示设定器查看空调机组的运行状态参数,运行故障代码等。空调显示设定器面板,如图2-15所示。

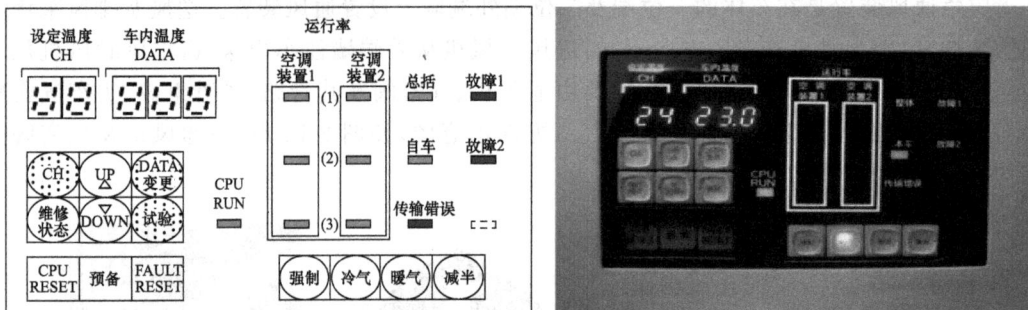

图 2-15　显示设定器面板布置图

1.温度传感器布置

CRH380A 型动车组在每节车厢内配置了 4 个温度传感器,均布置于回风口处。每台空调机组接收车内 2 个温度传感器采集的温度值并取平均值。逆变器通过将来自显示设定器的温度设定值和温度传感器检测值进行比较,控制压缩机和室内风机、室外送风机的运行。

2.制冷运行模式说明

空调机组逆变器将 2 个温度传感器测定的温度值平均后所得的车内温度和制冷设定温度比较,制冷运行模式见表 2-2,对压缩机进行 ON/OFF 控制,并决定压缩机运行频率,发给 VVVF 频率指令。

制 冷 运 行 模 式　　　　　　　　　　　　　　　　表 2-2

运行模式	压　缩　机		室内风机	室外风机		制冷能力	运 行 模 式		
	CP1	CP2	EF	CF1	CF2		自动制冷	强迫制冷	断开
P7	75Hz(70Hz)	75Hz(70Hz)	61Hz	61Hz	61Hz	100%	—	—	—
P6	65Hz	65Hz	56Hz	56Hz	56Hz	86%	—	—	—
P5	51Hz	51Hz	56Hz	56Hz	56Hz	68%	自动	强迫	—
P4	45Hz	45Hz	56Hz	56Hz	56Hz	60%			—
P3	65Hz/—	—/65Hz	56Hz	56Hz	56Hz	43%			—
P2	45Hz/—	—/45Hz	56Hz	56Hz	56Hz	30%	减半	减半	—
P1	停止	停止	56Hz	停止	停止	0%			断开

注:①运转模式 P7 时,在外温(空调装置外部)>43℃时为 70Hz 运转。
②本条件适用于自动运转/强迫运转/试验运转时。

在高于制冷设定温度以上的状态下,同一运行模式持续 3min 以上时,运行模式将提高一级。被提高一级的运行模式将持续运行到车内温度低于制冷设定温度为止。制冷运行模式,如图 2-16 所示。

3.制热运行模式说明

空调机组逆变器将 2 个温度传感器测定的温度值平均后所得的车内温度和制冷设定温度比较,制热运行模式见表 2-3,对压缩机进行 ON/OFF 控制。

制 热 运 行 模 式   表 2-3

运行模式	加 热 器			室内送风机	制热能力	运 行 模 式			
	加热器1	加热器2	加热器3	EF		自动制热		强制制热	闭
6	ON	ON	ON	56Hz	100%	自动	减半	强制	—
5	其中 2 台 ON			56Hz	66%				—
4	其中 1 台 ON			56Hz	33%				减半
3	其中 1 台 A 运行			56Hz	22%				—
2	其中 1 台 B 运行			56Hz	16%				—
1	停止	停止	停止	56Hz	0%				闭

注:①10min ON/5min OFF;
   ②5min ON/10min OFF。

在高于制热设定温度以上的状态下,同一运行模式持续 3min 以上时,运行模式将提高一级。被提高一级的运行模式将持续运行到车内温度低于制热设定温度为止。制热运行模式,如图 2-17 所示。

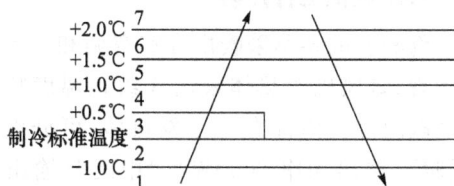

图 2-16　制冷运行模式图   图 2-17　制热运行模式图

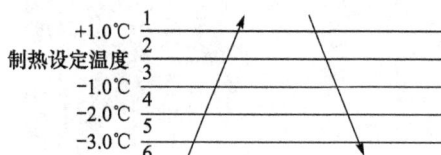

制热时加热器保护设有两级保护:一级保护为加热器出风温度不超过 60℃;二级保护是在主回路增加熔断器,温度不超过 180℃。当加热器出风温度超过 60℃,加热器将断开;其后 10min 保持断开状态,当温控开关检测温度降至 55℃以下时,加热器重新投入。当温控开关出现故障损坏,加热器采用二级保护,熔断器感知温度超过 180℃时将熔断,加热器断开,熔断保护为不可自动恢复保护。

4.减半运行模式说明

空调机组减半运行模式有如下两种情况:

(1)空调显示设定器如果 2min 以上没有接收到空调机组逆变器(或车辆控制装置)传送的信号,就判断为传输异常,空调机组执行减半运行。

(2)空调机组从车辆信息控制装置得到"减半运行指令"。

如果得到减半运行指令之前的状态是自动运行,就在运行模式 P1~P3 间自动运行;如果异常之前的状态是强制运行,就进行模式 P3 固定运行。如果是在模式 P3 以下运行就继续以前的状态运行。

5.强制制冷(制热)运行模式说明

强制制冷模式时,逆变器不将制冷设定温度与采集车内温度进行对比,将持续以 P6(7)模式进行制冷运行。

CRH380A 型动车组空调机组制热运行时,车内温度大于 20℃,将禁止以 P6 模式运行。

6.通风运行模式说明

正常条件下,由机械师或司机通过车辆监控装置设置整车空调机组工作模式为通风模式。空调机组仅室内风机工作,压缩机或电加热器将不启动。

(二)驾驶室空调机组运行控制

1.制冷系统控制

当回风温度高于设定温度时,驾驶室空调机组进入制冷模式;当回风温度降到设定温度时,驾驶室空调机组进入通风模式;当回风温度上升到比设定温度高 1.5℃时,再次投入制冷模式工作。

司机可通过控制面板调节设定温度和风速,设定温度调节范围 19～27℃,风速分为强、中、弱 3 挡。电源系统根据设定以及回风温度,通过调节电源的输出来控制空调机组压缩机和室内风机的运行。

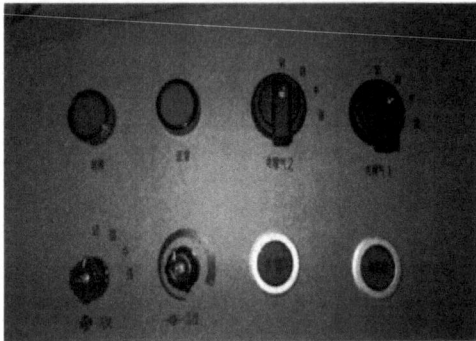

图 2-18　控制面板

2.暖风机运行控制

驾驶室的冬季采暖由客室空调和 2 台暖风机实现;暖风机发热体采用 3 组正温度特性的热敏电阻。其内部有 3 个发热体,可分别选用"强暖"(输出功率 2000W)、"中暖"(输出功率 1500W)、"弱暖"(输出功率 1000W);由司机单独控制。控制面板,如图 2-18 所示。

驾驶室暖风机以强暖模式运行时,输出功率为 2000W;当罩板表面任意点的最高温度超过 80℃,暖风机将降功率运行,进入弱暖模式(输出功率为 1000W);当表面温度降至 75℃以下,暖风机则自动进入强暖模式。

🕐 任务实施

(1)下发任务单,明确任务内容,学生课前按要求完成预习任务。

(2)教师先演示操作过程及说明注意事项,学生分组模拟完成演练任务。

(3)学生分组讨论演练心得。

(4)教师和各组长担当本次任务的他人评价工作,评判同学们的任务完成情况。

实训 2-1　CRH380A 动车组应急通风装置检查及清洁

(1)修程:二级修。

(2)维修周期:90 天。

(3)作业人员:机械师 2 名。

(4)作业时间:20min/辆。

(5)作业工具:基本工具、毛刷、垃圾袋、套筒扳手、扭矩扳手。

(6)作业程序:

①打开端部新风车内部分的格栅。

②用毛刷清扫格栅及应急通风机叶片。

③恢复格栅。

④闭合服务配电盘内 应急通风电源 开关,在 1 车驾驶室闭合 应急通风 开关,开启应急通风系统,检查 1～8 车端部新风装置的工作状态正常。其中单号车(1、3、5、7 号车)一位端进风,二位端出风;双号车(2、4、6、8 号车)二位端进风,一位端出风。换端驾驶室重复本步骤。

实训 2-2　CRH380A 动车组换气装置逆变器滤网清洁

(1)修程:二级修。

(2)维修周期:15000km/15 天。

(3)作业人员:机械师 2 名。

(4)作业时间:20min/辆。

(5)供电条件:无电。

(6)作业工具:基本工具、吸尘器、压缩空气、套筒扳手、扭矩扳手。

(7)作业程序:

①卸下换气装置逆变器滤网相应位置的底板,打开滤网卡子,取出滤网。

②将取出的滤网用吸尘器、压缩空气清理干净。

③清除过滤网周边底板上的灰尘、杂物。

④安装滤网。

⑤用扭矩扳手按 25N·m 力矩安装相应底板螺栓。

⑥检查底板螺栓齐全、紧固。

实训 2-3　CRH380A 动车组空调机组检测及清洁

(1)修程:二级修。

(2)维修周期:4～10 月:3 万 km/30 天、11～3 月:30 天。

(3)作业人员:机械师 2 名。

(4)作业时间:30min/辆。

(5)供电条件:无电 & 有电。

(6)作业工具:基本工具、棘轮扳手、扭矩扳手、毛刷、高压清洗装置。

(7)作业流程:

①拆卸下空调装置对应部位处的裙板和底板,并对裙板和底板进行清理。

②检查空调装置箱体外观及安装状态良好,悬挂件状态良好,固定螺栓防松标记清晰、无松动,各柜门安装状态良好。

③拆卸下空调装置冷凝器和蒸发器过滤网,并进行清理,如有破损或变形时更换。

④打开空调检查门排水螺栓排水,再打开空调检查门,并进行清理。

⑤检查空调装置冷凝器和蒸发器无脏堵,有积污时进行清理,管路无泄漏。

⑥静态检查空调装置冷凝器风机状态,转动平稳,无异音,表面如有积尘时进行清理,各固定螺栓防松标记清晰、无松动或脱落。

⑦打开接触器盒,各部连接线外观状态良好,接触器箱内各配件安装牢固,接线端子无变色。

⑧安装各部滤网、空调检查门、接触器盒柜门,并确认状态良好。

⑨用扭矩扳手按 25N·m 力矩安装相应底(裙)板螺栓,并确认其安装状态。

⑩在本车服务配电盘合上空调装置空气开关。

⑪在车体两侧对空调装置进行状态试验,设备工作正常,转动部件无异常振动,送风正常。

⑫检查车上空调出风口处的温度传感器,打开外罩清理灰尘,探头安装牢固。

⑬工作 10min 后,通过空调控制器确认压缩机工作电流正常。

任务三　CRH3C、CRH380B(L)、CRH380CL 动车组空调系统维护与检修

任务描述

CRH380B 动车组空调系统与 CRH380A 动车组空调系统有何区别呢? 它的设备组成、分布是怎样的? 它采用怎样的压力保护系统? 它的操作模式有哪些? CRH380B 动车组空调系统的维护与检修作业又是怎样的呢?

知识储备

一、CRH3C、CRH380B(L)、CRH380CL 动车组空调系统概述

CRH3C、CRH380B(L)、CRH380CL 动车组空调系统结构主要由以下几部分组成:安装在车顶的单元式空调机组,安装在车顶并贯穿于整车的供风道组成和风道两侧与侧墙风道连接的软风道,空调机组两侧的新、回风混合箱、耐候格栅,安装在车下的废排单元、布置在车内的废排风道、控制系统和布置在通过台的风扇加热器等。下面以 CRH380B 动车组空调系统为例进行介绍。

(一)动车组空调系统的主要功能

(1)能提供新风供给和排废气。

(2)实现客室和驾驶室的采暖和制冷。

(3)能进行风量的输送和分配。

(4)能对新风进行初步过滤。

(5)能实现混合空气的过滤。

(6)能实现对于新风(外部供风)和废排的压力保护。

(7)具有应急通风功能。

(二)客室空调机组主要技术参数

(1)制冷量:45kW。

(2)制热量:35kW。

(3)总通风量:制冷工况 4900m³/h,制热工况 3500m³/h。

（4）新鲜空气流量（冷却）：1200m³/h。

（5）回风空气流量（冷却）：3700m³/h。

（6）制冷剂：R-407C。

（7）交流电源：440V，60Hz，3 相。

（8）直流电源：DC 110V（DC 77～135V）。

（三）系统部件分布

动车组空调系统的基本组件配置，见表 2-4。空调系统部件的分布，如图 2-19 所示。

动车组空调系统的基本组件配置表   表 2-4

组件配置	CRH380B				
	EC01/EC08	TC02/TC07	FC03/FC06	FC04	BC05
客室空调机组	1	1	1	1	1
驾驶室空调机组	1	—	—	—	—
混合空气箱	2	2	2	2	2
废排单元	1	1	1	1	1
辅助加热器	4	4	4	4	4
压力波传感器	2	—	—	—	—
带压力波保护的新风格栅	2	2	2	2	2
废排风道	1	1	1	1	1

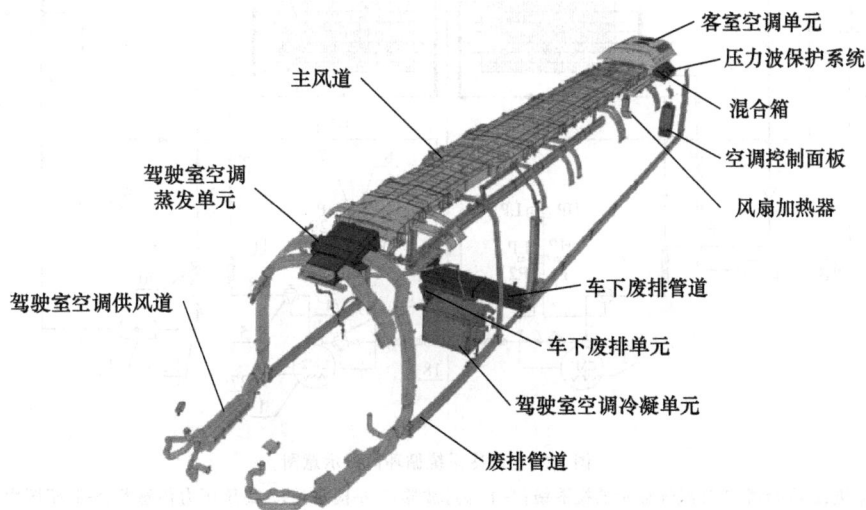

图 2-19 空调系统部件的分布

课堂讨论2-6

对比 CRH380A 型动车组和 CRH380B 型动车组空调系统，讨论分析其设备组成和分布的区别是哪些？

二、客室空调机组

(一)空气冷却系统

1.制冷组成及工作原理

客室空调机组采用车顶单元式,端车安装在2位端,其他车安装在1位端。主要包括空气压缩机、冷凝器、节流装置、蒸发器、通风机、冷凝风机以及空气预热器等;并全部安装在一个箱内,组成一个完整的单元后安装在车顶。

制冷系统循环回路示意图,如图2-20所示。

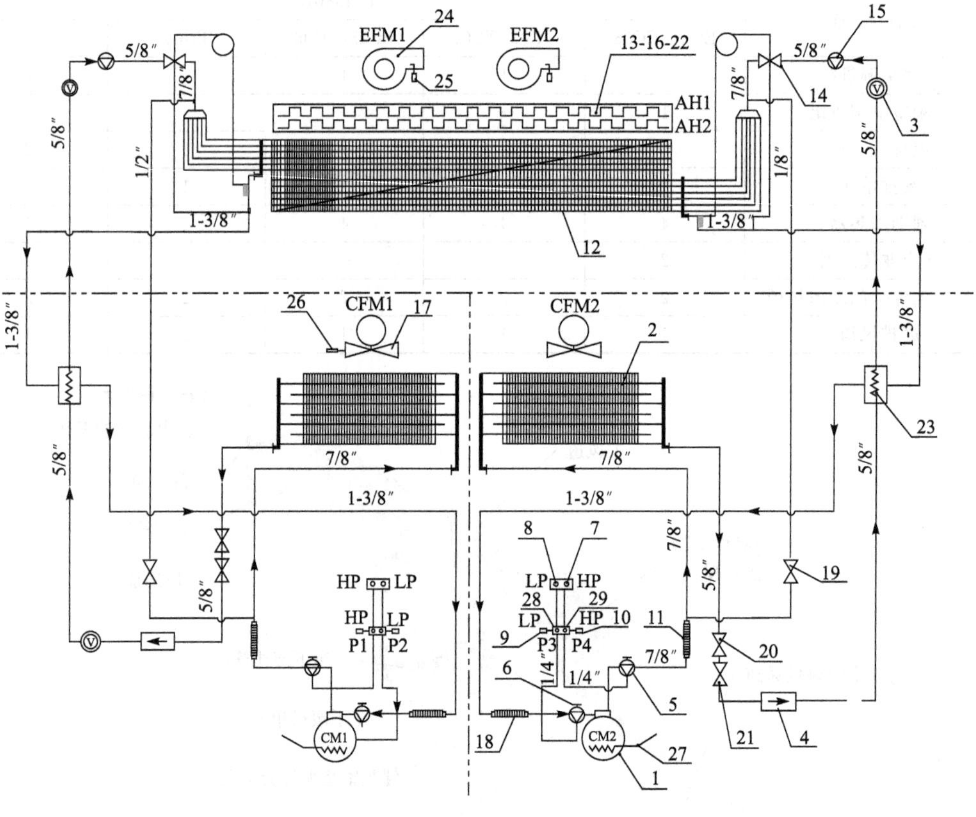

图2-20 制冷系统循环回路示意图

1-压缩机;2-冷凝器;3-带湿气显示的视液镜;4-干燥过滤器;5、6-检修阀;7-高压压力传感器;8-低压压力传感器;9-低压安全切断开关;10-高压安全切断开关;11-排气管路避振管;12-蒸发器;13-加热器构架;14-膨胀阀;15-电磁阀;16-安全恒温器(自动重置);17-电容式电动机电扇;18-吸气管路避振管;19-旁通电磁阀;20-清洗阀;21-安全制冷阀;22-安全恒温器(手动复位);23-热交换器;24-蒸发风机组件;25-气压开关;26-冰检测器;27-曲轴箱回热器;28-低压检修阀;29-高压检修阀

2.制冷系统部分组成部件

1)带湿气指示视液镜

带湿气指示视液镜位于从干燥过滤器液体流出的管路上,外观如图2-21所示,通过对

水分变化敏感的变色元件来显示系统的湿度等级。当系统中没有水分时,颜色显示为绿色;当系统的水分含量增加后就会变成黄色;当指示器显示为深黄色时,即意味着系统中的水分过量,并需要更换干燥过滤器。还可以通过视液镜清晰地观察制冷剂的流动情况,因此如果制冷剂中存在气泡也很容易被发现。气泡的存在表示制冷剂正处于非正常状态,如有可能出现制冷剂充注不足,制冷剂液体的冷却不充分,排气压力较低或制冷剂液体管路堵塞等情形。

2)制冷系统控制元件

制冷剂的控制部件主要包括:每个压缩机上的2个高压、低压压力开关和2个高压、低压传感器。一般安装在压缩机附近。

压力开关是安全装置,外观如图2-22所示。当制冷剂压力降低到最小低压(LPS1/LPS2)以下或者超过最大高压(HPS1/HPS2)时就会动作。各个开关的打开和闭合状态反馈到微处理器,微处理器就可以执行程序控制的动作,从而能确保压缩机和系统工作在安全范围内。

图 2-21　视液镜

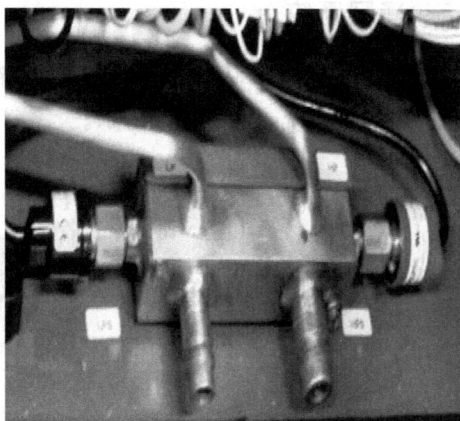

图 2-22　高低压力开关

压力传感器主要就是监控吸气压力(LPS1/LPS2)和排气压力(HPS1/HPS2),并形成一个与相应压力成比例的模拟信号。当吸气压力低于参考值或者高压超过参考值,温度控制器即可在达到切断限制之前执行调制制冷。

压力切断开关和压力传感器既不可调节也不可现场维修,如果损坏必须更换。此外,压力控制总成还备有高/低压压力检修阀,此阀允许进行如制冷剂回路的抽真空,还可以接入压力表,方便维修操作。

3)旁通电磁阀

旁通电磁阀安装在压缩机 CM1 和 CM2 的旁通管路中,通过将从压缩机出来的热气喷射到热力膨胀阀和蒸发器之间的管路来调节压缩机的压力,以使其与蒸发器相适应。每一个旁通电磁阀包括一个伺服控制的电磁开闭器,常闭的当被激活或者通电后就打开。

(二)空气加热系统

加热系统主要包括主加热器、辅助加热器两部分。冬季室外气温比较冷,为保证送入客室的空气温度,外界新鲜空气在送入客室之前,必须经过主加热器进行加热。除了主加热器之外,还在外门及风挡内门附近设有带风扇的辅助加热器,以弥补热损失,阻止外界冷空气进入客室。另设置了消音风道内加热器和头车 VIP 区风道加热器,减轻了暖风传递过程中的热量损失。

主加热器共有两组,与蒸发器平行安装。由 $2 \times 17.5 \text{kW/AC } 440$ 的两组电加热管组成,能够为客室提供 35kW 的总加热功率,并设置两极温度保护开关。90℃时一级温度保护开关动作,当温度降到 69℃以下时温度保护开关自动复位;温度上升到 165℃时二级温度保护开关动作,二级开关只能手动复位。

辅助加热器体积小,加热量大,加热功率为 1kW。加热器采用 90℃可复位,150℃不可复位温度保护器。风扇电机设置 35℃温度保护开关(当温度高于 35℃时,通风机不启动)。

风道加热器加热功率根据各区域需求来选定。加热器采用 90℃断开、65℃自动复位的一级温度保护,109℃断开后需手动复位的二级温度保护。

(三)通风系统

通风系统主要包括 4 个部分:混合箱和新风隔栅、送风管道系统、废排系统、回风系统等。客室送风道系统,如图 2-23 所示。

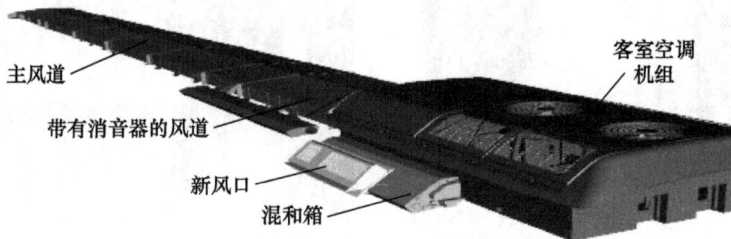

图 2-23　客室送风道系统示意图

1.空气混合箱和新风隔栅

每节车厢的空调系统包含两个混合箱,安装在单元式空调机组的进风口处。主要是将调控好比例的回风和新风送给空调机组;混合箱新风口上设有两个气动风门,主要用于压力波保护和调节新风口进风量大小;经过新风隔栅向混合箱内供应新风,电磁阀可控制气动装置在 0.15s 内关闭隔栅,每一新风隔栅设置 2 组阀门,通过阀门的开关数量的多少来调整新风量;电动机驱动的调节阀可控制回风量,控制回风量的大小以符合制冷和采暖工况。

正常工作时外界新风可通过隔栅进入混合箱,当列车通过隧道时气阀控制关闭隔栅,避免由于压力变化给旅客带来的不舒适感。

2.供风管道系统

空调单元的主供风管道安装在天花板上部,为了降低噪声,在管道的第一部分设计有消音器。其后,供风管道在横截面上分成 3 部分:中间风腔和两侧风腔。中间风腔输送的风通过多孔天花板通道排向客室内,两侧风腔与分支风道相连,可将风送到窗口和座椅区域。

3.回风管道系统

BC05 车的客室回风:1 位端通过多孔天花板直接回收到混合箱;2 位端通过管道送回到

混合箱(由于吧台区的存在,不利于直接回风至混合箱)。其他车内的回风:直接通过客室内混合箱附近的多孔天花板回收,然后通过混合气室进入空调单元,不需要附加的管道。

4.废排系统

每个车厢的地板下面均安装有一个单独的废排单元,它将来自废排风道的空气排出车外。废排装置外观,如图 2-24 所示。

废排单元的主要组成包括:一个废排风扇、压力波保护的自关风门、风压开关、紧急逆变器。其中,压力波保护的自关风门的作用是当处于预制冷或者预制热模式下,自关风门处于关闭状态。紧急逆变器用于在紧急通风操作时通过 DC110V 电池电源向排风风扇提供电源。

废排风道设置在车内两侧墙下部,可直接将客室内的污浊空气排出。卫生间、PIS 柜及厨房通过软管道与两侧的废排风道相连。废排系统的排风量与引入混合箱的新风量相同以维持循环压力平衡。

图 2-24　废排装置

课堂讨论2-7

对比 CRH380A 型动车组和 CRH380B 型动车组空调系统,讨论分析它们在通风系统上有哪些区别?

(四)自动控制系统

自动控制系统的任务是对主要工作参数的自动测试、自动调节和危急情况时自动保护。

1.电子控制板

端车、TC02 到 TC07 的中间车分别安装了两种不同的控制板。控制系统是基于一台控制所有正常功能的微处理器,对空调系统进行预调节、通风、制冷和制热等各个工作模式的控制,还通过 MVB 总线接口为列车通信网络提供信息。控制器获取不同传感器发送的温度信号后,发出必要的命令,触发各种特定情况下所涉及的必要元件,以便在给定的时间内使客室和驾驶室达到设定的温度。

2.温度传感器

根据不同的车型,空调系统根据客室和其他车厢的调节和控制需求配备不同数量的温度传感器,并根据温度传感器所获得的数据,对客室进行制热或制冷的监控,以使车辆得到舒适的车内环境。

3.压力波保护系统

压力波保护系统的作用是避免由于车厢内压力的强烈变化给乘客和工作人员带来不

适,采用被动式压力波保护系统。

该系统的组成如下：

(1)位于端车前部的压力波传感器,每个端车2个,每列车共计4个;来自压力传感器的输入信号的电子控制和关闭信号是靠司机电子卡来执行的,此电子卡位于端车的控制板内部(每列车2张控制卡)。

(2)安装在所有车中的新风口和废排口的快速动作阀门,安装在端车(EC01、EC08)的左气动阀门包括了驾驶室的阀门。

压力波传感器以电气方式连接到相应的控制卡,外界压力的任何变化都会被压力波控制卡记录和处理,并发送一个电子信号到废排和新风阀门的机械驱动器,以便迅速关闭阀门。该信号是通过列车里所有车厢的废排和新风阀门驱动器互联的列车电线传递,以最大化缩短响应时间。同时该信号还以数字信号的形式输入空调控制器。

三、驾驶室空调系统

驾驶室采用分体式空调机组,冷凝单元安装在车下,蒸发单元安装在驾驶室后面的中顶板区域,两个单元通过冷却管道连接。驾驶室空调系统的温度设定值和风机速度的增加,可以相对客室空调系统进行独立的调节。此外,列车运行过程中,在驾驶室内还可以打开每辆车空调系统的"应急关闭"模式;在紧急情况下,发生严重错误时,可以通过旋转开关关闭相应车的空调系统。

两头车安装同样的空调系统,在正常情况下,驾驶室空调是独立的,与客室空调系统没有联系。新风来自客室空调左侧混合箱中单独分离出的气室,其新风隔栅控制电磁阀由驾驶室单元独立打开和关闭。

驾驶室空调控制系统出现故障时,电控送风旁通阀打开,可由客室空调系统维持驾驶室内供风。

驾驶室设置了排风管路,各电子设备通过电器带风口的柜门散热;车下的废排单元中,有驾驶室单独的排风扇;驾驶室与客室的排风单元之间设置有旁通阀门。

四、空调系统操作模式

CRH380B型动车组空调系统操作模式主要有:空调开启模式(标准模式)、空调关闭模式、空调紧急关闭模式、应急通风模式、待机模式、清洗运行模式、隧道模式等。

1.空调开启模式(标准模式)

通过司机或列车员的人机界面(MMI)可以打开"开启空调"模式。通过MMI,可以打开一辆车或所有车的空调系统。通过司机或列车员的MMI对每节车的温度设定值进行控制。

2.空调关闭模式

空调系统通过司机或列车员的MMI转换成"关闭空调"模式。通过MMI,可以关闭一辆车或所有车的空调系统。

外界温度低于5℃时,空调系统将采取冻结保护,外界温度高于7℃时,空调冻结保护将被解除。

室内温度高于40℃,空调控制系统将转化为过热保护,室内温度低于35℃时,空调的过热保护将被解除。

3.空调紧急关闭模式

空调系统通过司机或列车员的MMI转换成"空调紧急关闭"模式,通过MMI,将会关闭所有车的空调系统。每节车的空调系统都可以通过车上的控制面板切换到"空调紧急关闭"。这种模式只有在紧急状态下才能打开。

4.应急通风模式

当切断AC 400V辅助电源后,则通过电池启动应急通风操作。此时,仅能由空调系统的送风机完成紧急通风操作,送风机运转时性能降低,并且所有的加热器和空调压缩机将停止运转。

5.待机模式

通过司机的MMI来进行控制。为了保存能量,当处于采暖状态时,客室的温度保持在大约15℃;当处于冷却状态时,客室的温度保持在大约30℃。这时,系统运行于回风模式。

6.清洗运行模式

进行清洗运行时,空调控制系统将要关闭空调单元所有的加热器,并且关闭所有的压力保护阀,这样可以阻止水通过通风孔进入。

7.隧道模式

当列车保护系统提示列车要进入隧道时,直到通过隧道之前,空调系统一直处于完全的回风模式,这时,压力保护阀门处于关闭状态。

🕐 任务实施

(1)下发任务单,明确任务内容,学生课前按要求完成预习任务。

(2)教师先演示操作过程及说明注意事项,学生分组模拟完成演练任务。

(3)学生分组讨论演练心得。

(4)教师和各组长担当本次任务的他人评价工作,评判同学们的任务完成情况。

实训2-4 CRH380B动车组客室空调系统检查

以CRH380B动车组客室空调系统检查为例:前期准备,见表2-5;具体作业内容和标准,见表2-6。

客室空调系统检查前期准备 表2-5

维修项目:客室空调系统检查			
修程	二级修	周期	80万km/720天
车厢号	全列	供电条件	有电 & 无电
作业人员	6人	作业时间	120min/辆
工具清单	①四角钥匙(CRH3专用)、②手电筒、③套筒扳手(1/4头)、④套筒头(公制六角10mm)、⑤力矩扳手(6.5Nm)、⑥小梯子(0.5m)、⑦检测笔记本电脑(装有空调软件)、⑧通用毛刷(2把)、⑨一字螺丝刀(中号)		
物料清单	①回风滤网、②防松标识笔、③制冷剂:R-407C、④无纺布		

续上表

注意事项	①要求暖通空调系统工作所进行的任何检查都应在系统连续运行方式工作 15min 以后进行。 ②应在三层作业平台上行走,注意放下两侧面防护平台;严禁在车顶"禁止踩踏"标识处行走。 ③导流罩上行走及跨越两车过渡连接位置时,注意脚下零部件及管路,防止踩踏损坏或造成自身跌倒、滑落跌伤。 ④在车顶检修作业时,须按程序办理接触网断电手续,严禁未登记就登顶作业,造成人身伤害。 ⑤车顶作业时电网必须断电
人员分工	1 号作业者和 2 号作业者负责检漏、部件检查;3 号作业者和 4 号作业者负责清洗;5 号作业者和 6 号作业者负责配合工具和物料

客室空调系统检查具体作业内容和标准　　　　　　　　　　　表 2-6

序号	作业项目	作业内容及标准
1	作业准备	①确认作业计划单中的作业车组号及股道。 ②确认作业股道接触网已断电,接地杆已挂。 ③按照工具清单和物料清单清点工具和材料。 ④先粘贴色带,再打开相应的顶板
2	客室空调系统检查	要求空调系统工作所进行的任何检查都应在系统连续运行方式工作 15min 以后进行
2.1	制冷剂液面高度检查	①系统正常工作时,高压表的温度刻度指示在 12~19℃范围内,低压表指示在 -6~1℃范围内(或通过空调控制软件查看)。 ②若温度值超出正常范围时,按照以下步骤进行操作: a. 对可能的泄漏点进行定位; b. 排出装置内的所有制冷剂; c. 修复泄漏故障; d. 更换脱水过滤器; e. 试验泄漏情况; f. 对系统进行真空和脱水处理,并灌充制冷剂 R-407C[5.9kg(±3%)]
2.2	压力安全断流开关和压力传感器检查	测试开关和传感器在相应压力时的工作情况(系统工作时用软件检查),更换任何有故障的压力开关 压力开关 和压力传感器
2.3	风压开关检查	工作是否正常,失效时进行更换 压力开关

序号	作业项目	作业内容及标准
2.4	压缩机检查	①压缩机工作是否正常:正常吸气压力(低)在2.6～6bar之间,排气压力(高)在13～31bar之间(系统工作时用软件检查)。 ②减震器和压缩机安装紧固,无松动。 ③制冷管路外观良好,无裂纹、损坏等,连接状态良好,无松动。 ④电气接头外观良好,无变形、破损、烧痕等,接线端子插接到位,无松动、脱出等
2.5	干燥过滤器检查	使用棘轮扳手打开蒸发箱的盖板,找到湿度指示器然后通过湿度指示器的观察窗观看里面绿色没有变为黄色(工作15min以后停机进行);如果显示为黄色,说明系统中的水分太多,需要更换干燥过滤器 温度指示器　　　　　　　　干燥过滤器
2.6	空调机组框架检查	①框架外观状态良好,无变形、裂纹、损坏等。 ②安装螺栓齐全、紧固,无松动、脱出、缺失等。 ③罩盖上的螺栓齐全、紧固,无松动、脱出、缺失等。 ④排水嘴表面及内部清洁,无异物堵塞等 空调机组
2.7	蒸发器和冷凝器检查	清除换热器表面可能造成阻塞的任何沉积杂质,使用高压风管吹除浮尘 冷凝器箱

续上表

序号	作 业 项 目	作业内容及标准
2.8	蒸发风机和冷凝风机检查	①安装元件无松动,松动时拧紧。 ②检查电气连接和接线柱是否牢固,松动时拧紧。 ③将风机叶片吹干净,并用湿抹布进行擦拭。 ④转动风机叶片,检查轴承平稳运行;在发现电机有磨损的情况下,更换电机,防止可能造成的故障 　蒸发风机组　　　　　　冷凝风机组
2.9	调节风门电机	①安装硬件和连接器应无松动。 ②手动开闭风门,检查动作是否正常 电动风门
2.10	加热管和安全温控器检查	①电气连接无松动,如有松动紧固这些电气连接。 ②用绝缘毛刷清除表面灰尘。 ③检查加热器,用压缩空气吹干净,检查并固定加热器安装座。 ④温控器支架应安装紧固。 ⑤检查外部电气连接器无松动,如有松动进行紧固 　温控器　　　　　　加热器
2.11	控制面板、客室温度传感器	①手动检查空调控制柜电气连接无松动。 ②检查通过台空调控制装置的所有自动开关都应接通(转换到 ON 位置)。 ③用毛刷清除空调控制柜表面灰尘。 ④目视检查客室温度传感器外观及手动检查接线安装牢固

续上表

序号	作业项目	作业内容及标准
2.11	控制面板、客室温度传感器	底架空调电源箱　　　　空调控制柜
2.12	空调系统检修完成后,启动机组前进行全面检查	①确认空气过滤器清洁且装配正确。 ②将每个压缩机的吸气和排气阀打开到工作位置,固定好这些阀门的阀杆防护盖。 ③风扇应正确定中(对正),电机轴上的紧固件固定无松动。 ④系统应没有制冷剂泄漏。 ⑤电路应通路,固定好所有电接头。 ⑥位于底架和通过台控制装置的所有自动开关都应接通(转换到 ON 位置)。 ⑦确认空调机组电源和控制电压都应正常
3	启动空调	启动空调机组,确保机组正常运行
4	完工确认	作业结束后,应做到"工完、料净、场地清"

复习思考题

一、填空题

1. CRH380A 型动车组换气装置正常运行时,为了保证车内客室内空气压力恒定,从室内排出的风量和补充的新风量的关系是_____。

2. CRH380B 型动车组客室空调机组安装在各车_____,两侧设有新风和回风_____。

3. CRH380A 型动车组车内温度传感器均布置在_____。

4. 空气压力保护模式有_____和_____两种。

5. 制冷系统四大部件有_____、_____、_____和_____。

二、选择题

1. CRH380B 型动车组空调系统制冷剂为(　　)。

   A. R12　　　　　　B. R502　　　　　　C. R22　　　　　　D. R407C

2. CRH380A 型动车组当动车组进行 ACK2 扩展供电之后,空调运行状态为(　　)。

   A. 减半运行　　　B. 全功率运行　　　C. 1/3 功率运行　　　D. 不运行

3. CRH380A 型动车组换气装置输入电源为(　　)。

   A. 三相 AC 400V 50Hz　　　　　　　　B. 单相 AC 400V 50Hz

　　C. 单相 AC 220V 50Hz　　　　　　　　D. DC100V 和 Fc03

4. CRH380B 型动车组客室空调机组采用(　　),驾驶室空调机组采用(　　)。

　　A. 单元式、单元式　　　　　　　　　　B. 分体式、分体式

　　C. 单元式、分体式　　　　　　　　　　D. 分体式、单元式

5. CRH380A 型动车组的驾驶室设有(　　)台制热量为 2kW 的暖风机。

　　A. 1　　　　　　　B. 2　　　　　　　C. 3　　　　　　　D. 4

三、简答题

1. 简述 CRH380A 型动车组换气装置的原理及工作原理。

2. 简述 CRH380B 型动车组空调系统操作模式有哪些?

P 项目三 动车组给排水卫生系统维护与检修
Project three

项目描述

通过本项目学习,使学生熟知动车组给排水卫生系统的组成、作用及其类型,同时掌握 CRH380A、CRH380B 动车组给排水系统的基本组成、技术参数、设备分布及其工作原理;并能遵守安全操作规程进行给排水卫生系统设备的检查与维护作业。

教学目标

【知识目标】

(1)熟知动车组给排水卫生系统的组成、作用、类型等基础知识。

(2)掌握 CRH380A 动车组、CRH380B 动车组给排水系统组成及其工作原理。

(3)掌握 CRH380A 动车组、CRH380B 动车组卫生系统组成及其工作原理。

【技能目标】

(1)能说出给排水卫生系统相关的基础知识。

(2)能分析 CRH380A、CRH380B 动车组给排水卫生系统的工作原理。

(3)能正确使用作业工具。

(4)能对 CRH380A、CRH380B 动车组给排水卫生系统设备进行检修维护。

【素质目标】

(1)培养安全作业意识。

(2)培养吃苦耐劳的职业态度。

任务一 认知动车组给排水卫生系统

任务描述

动车组给排水卫生系统究竟由哪几部分构成？水箱究竟安装在车顶还是车底？水箱规

格统一吗？如何保证乘客的正常用水需求？卫生间为什么用少量的水就能冲洗干净,究竟有什么秘密？

知识储备

动车组的给排水及卫生系统主要包括供水系统及卫生系统。供水系统的主要任务是向列车提供各种用水,如冲洗集便器、洗漱用水、饮水机供水等;饮水机用于为乘客提供饮用水。卫生系统为乘客提供舒适的卫生环境,并负责收集污物。

一、动车组给排水系统结构与原理

动车组给排水系统主要包括水箱装置、水泵及控制系统、供水管路、洗面器、自动感应水阀、饮水机、排水管路、废水装置等。动车组由于车型不同,采用给排水方式和系统设备有所不同。

（一）给水方式

给水系统为用水设备如卫生间、开水炉、厨房等提供水源和供水通路。根据供水方式可分为:重力供水、压力供水和组合供水 3 种。

1.重力供水

水箱位于顶板上方,利用重力将水从水箱输送到各用水点。在列车运营前,通过注水管路给车上水箱注水,由于水箱的位置高于用水点,水箱可通过自然重力给用水点供水,不需要额外的能耗。

2.压力供水

水箱位于底架设备仓中,水箱和用水点的距离较远,需由电动水泵实现水的提升与输送。

3.组合供水

中间水箱是车内专门设置的车上水箱,车下水箱位于底架设备舱中,车下水箱和中间水箱的距离较远,利用电动水泵将水输送到位于通过台或走廊顶板上方的中间水箱,中间水箱通过重力向各用水点输送净水。

课堂讨论3-1

请分析讨论 3 种不同的供水方式各自有什么特点？

（二）排水方式

动车组的废水排放是动车组给排水系统需要解决的另外一个问题。动车组需要具有良好的气密性能,以适应动车组高速运行,环保的废水排放方式。目前动车组的废水排放系统主要采用废水箱收集法和高压差水封方式。

1.废水箱收集法

动车组在车下设置一定容量的废水箱,用于收集和储存来自各用水点产生的废水,避免动车组废水直接向线路排放。废水箱内的废水,通过段内专门排放装置排除废水。不足之处在于设置的废水箱增加了车辆的重量。

2.高压差水封方式

高压差水封方式是一种水封式直排方式。与传统的水封不同,高压差水封考虑了高速动车组对车辆气密性的要求,通过特殊的水封结构设计,克服较高的车内外空气的压力差,保证车厢内和车外气密。该方法的特点是取消了重量较重的废水箱,但对铁路沿线的环境有些影响。

高压水封装置主要由进水口、进水管、虹吸管、排水管、排水口组成。其结构,如图3-1所示。在传统的低压水封中增加了一个虹吸管,水封装置利用进水管和虹吸管液位高度,克服车内外空气的压力差。

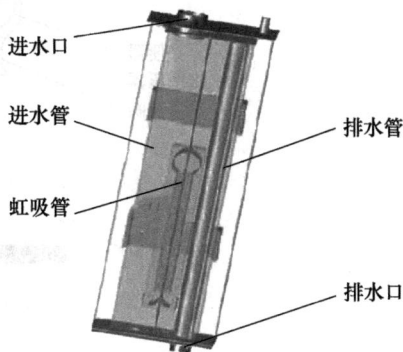

图3-1 水封装置的结构

二、动车组卫生系统的结构与原理

动车组卫生系统的任务是向列车上的乘客提供舒适的厕所环境(隐私区域),并可收集并储存厕所里的所有污物,直到最后实施清理。

目前动车组上主要采用真空集便器。根据真空产生位置的不同可分为:间歇真空式、真空推拉式和真空保持式。

(一)间歇真空式

间歇真空式污物处理装置,主要由便器、水增压器、空气喷射器(或真空泵)、污物箱、控制盘件组成,如图3-2所示。

间歇真空式污物处理装置的动作过程如下:按下冲洗按钮,空气喷射器(或真空泵)开始动作,管道内部产生真空,污物箱处于常压状态,冲洗水进入水增压器并加压,然后冲洗阀打开,增压后的水开始冲洗便器,排泄阀打开,由于压差的作用,污物进入污物箱。

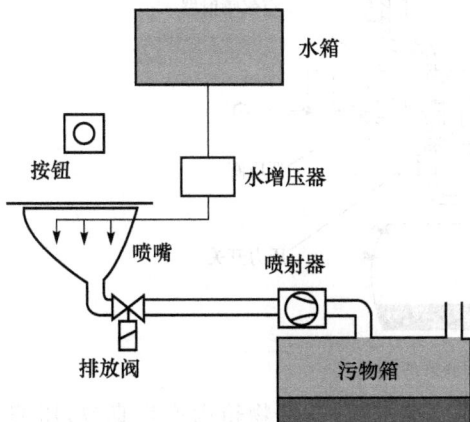

图3-2 间歇真空式污物处理装置的结构

(二)真空推拉式

真空推拉式污物处理装置,主要由便器、中间隔离箱、控制阀组件、水增压器、污物箱等部件组成,如图3-3所示。

真空推拉式污物处理装置的动作过程如下:按下冲洗按钮,在中间隔离箱内产生真空,压缩空气进入水增压器,增压后的水开始冲洗便器,排泄阀打开,污物在压差的作用下进入中间隔离箱,再给中间隔离箱加压,排放阀打开,在压差的作用下污物进入污物箱。

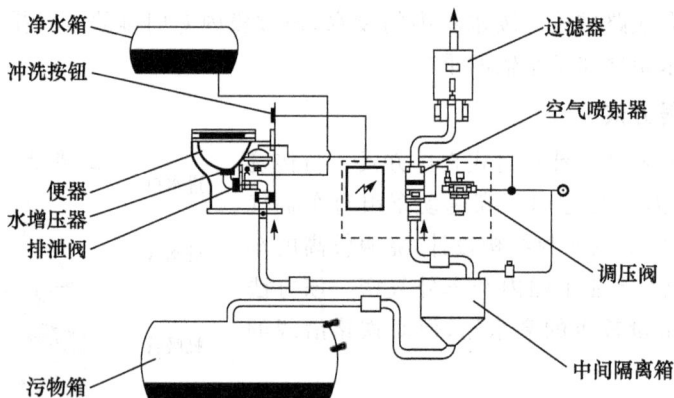

图 3-3　真空推拉式污物处理装置的结构

(三)真空保持式

真空保持式污物处理装置,主要由便器、水增压器、真空配件盘、空气喷射器、污物箱等部件组成,如图 3-4 所示。

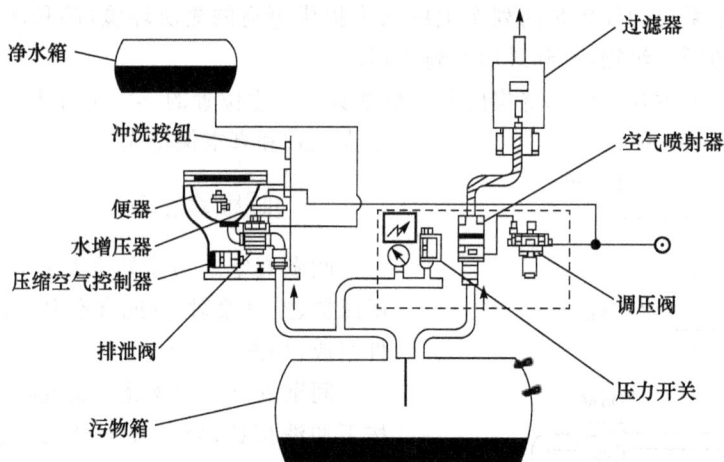

图 3-4　真空保持式污物处理装置的结构

真空保持式污物处理装置的动作过程如下:按下冲洗按钮,在污物箱内产生真空,压缩空气进入水增压器,增压后的水开始冲洗便器,排泄阀打开,污物在压差的作用下进入一直保存真空的污物箱内。

课堂讨论3-2

　　请讨论分析间歇真空式、真空推拉式和真空保持式各自的特点有哪些?

任务二　CRH2C 二阶段 CRH380A(L)动车组给排水卫生系统维护与检修

📋 任务描述

　　CRH380A 动车组给排水卫生系统的水箱采用什么规格？分布在什么位置？供水系统有哪些组成部件？具有哪些功能呢？卫生系统又采用哪种真空方式？其部件间是如何配合工作的呢？万一遇到极端天气，它是如何保障乘客的用水需求？CRH380A 动车组给排水卫生系统的维护与检修作业会用到哪些工具？又有哪些注意事项和作业步骤呢？

📖 知识储备

　　CRH380A(L)型动车组每车均设置给水系统，除餐车外每车均设置了卫生间，而 CRH2C 二阶段动车组的给水系统设置在 1、2、3、5、7、8 号车，卫生间只设置在奇数车。故下面将以 CRH380A 型动车组给排水卫生系统为例进行讲解。

一、系统概述

　　CRH380A 型动车组每车均设置给水系统，分为车上水箱供水系统及车下水箱供水系统两种方式。其中 2、4、6 号车配置 400L 车上水箱，5 号餐车配置 700L 车下水箱，其他车配置 400L 车下水箱。均采用电动水泵供水的方式，为卫生间便器与水阀、盥洗室水阀、洁具池水阀、电开水炉供水。

　　动车组在 1、8 号车均设有一个坐式卫生间，2、3、4、6、7 号车均设有 1 个坐式卫生间和 1 个蹲式卫生间，2、3、6、7 号车均设有 1 个盥洗室，供乘客盥洗、卫生使用。4 号车设有洁具柜，供冲洗拖布使用。卫生系统采用 Monogram 真空集便系统收集来自便器的污物；盥洗等废水通过水封排至车外。给排水卫生系统主要设备配置，见表 3-1。

给排水卫生系统主要设备配置数量表　　　　　　　　　　表 3-1

部件名称	每车数量							
	1 车	2 车	3 车	4 车	5 车	6 车	7 车	8 车
车上水箱组成(400L)		1		1		1		
车下水箱组成(400L)	1		1				1	1
车下水箱组成(700L)					1			
污物箱组成(450L,1 拖 1)	1							
污物箱组成(450L,1 拖 2)		1	1	1		1	1	
坐式卫生间(节水阀)	1	1	1	1		1	1	1
蹲式卫生间(节水阀)		1	1	1		1	1	
电气控制单元	1	1	1	1		1	1	1
气动控制单元	1	1	1	1		1	1	1

续上表

部件名称	每车数量							
	1车	2车	3车	4车	5车	6车	7车	8车
水增压单元	1	2	2	2		2	2	1
温水器		1	1			1	1	
电开水炉	1	1	1	1	1	1	1	1
车下水封组成	2	2	2	2	1	2	2	2

课堂讨论3-3

根据给排水卫生系统设备配置情况表,画出给排水卫生系统设备布置图。

二、给水装置

动车组在2、4、6号车设车上水箱供水系统,在1、3、5、7、8号车设车下水箱供水系统。车上水箱供水系统主要由车上水箱、车上水泵装置、车上水泵电控箱、注水管路、溢水管路、供水管路、排水管路、防冻装置、液位开关等组成。车下水箱供水系统主要由车下水箱、水泵装置、电气箱、注水管路、溢水管路、供水管路、排水管路、防冻装置、液位开关等组成。

给水系统利用扬程压力开关控制水泵的启停,水泵间歇工作,控制系统采用PLC控制。系统具有供水控制、水箱液位指示、大流量保护、吸气保护、缺水保护、泄漏保护、给水系统故障报警,防冻排空等功能。为保证系统在低温环境下的正常使用,水箱、水泵,管路设有防寒及电加热装置。

课堂讨论3-4

请讨论分析一下水箱液位指示和泄漏保护是如何实现的?

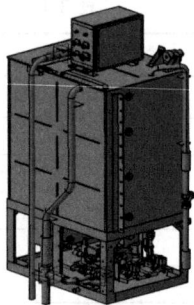

图3-5　车上供水系统的组成

(一)水箱供水系统

由于车上水箱供水系统和车下水箱供水系统大体组成和原理都很相似,下面以车上水箱供水系统为例展开介绍。

车上水箱供水系统主要部件集中分布于列车的三位角。车上水泵装置位于车上水箱下方;车上水泵电控箱位于车上水箱上方。车上供水系统组成,如图3-5所示。

1.车上水泵装置

车上水泵装置采用集成化设计,安装于车上水箱下方,主要由水泵(包含压力缓冲罐、流量开关、扬程压力开关)、吸气检测开关、泄漏检测开关、进水电磁阀、排水电磁阀等组成。车上水泵装置,如图3-6所示。

主要技术参数：

额定功率：270W。

额定电压：AC 100V。

额定电流：2.7A。

启动电流：8.9A。

水泵能力：扬程 14m 时，(13 ± 2)L/min。

扬程压力开关：ON 98kPa，OFF 127kPa。

吸气检测压力开关：ON 59kPa，OFF 98kPa。

流量开关：通 $2.6^{+0.5}_{0}$L/min，断 $2.5^{0}_{-0.5}$L/min。

泄漏检测开关：通 1.2L/min，断 0.8L/min。

水泵体设电加热块，通过温控器控制。其技术参数如下：

加热电源：车供稳态 AC 100V。

泵体加热块加热功率：3×16W。

温度控制：ON：(5 ± 3)℃；

OFF：(15 ± 3)℃。

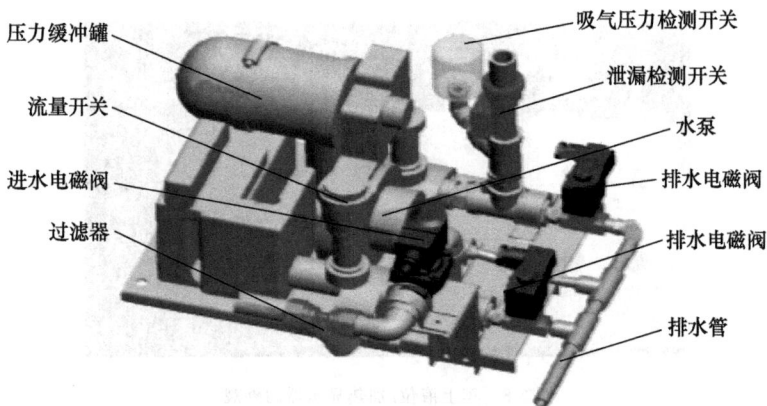

图 3-6　车上水泵装置

2. 车上水泵电控箱

车上水泵电控箱安装于车上水箱上方，内部布有 PLC 控制器、继电器以及接线端子排等。电控箱与水箱液位开关、车上水泵装置、卫生系统电气控制单元之间通过电力连接器连接。车上水泵电控箱的主要接口，如图 3-7 所示。

3. 车上液位/加热显示器

车上液位/加热显示器，如图 3-8 所示。通过端子排与卫生系统电气控制单元、水箱、污物箱、车下液位显示器连接，装于车上配电柜内，用于指示水箱液位、污物箱液位和污物箱加热情况。其颜色指示，见表 3-2。

4. 车下液位显示器

车上水箱供水系统车下液位显示器，通过电力连接器与车上液位/加热显示器连接，装于车下设备舱内靠近水箱注水口附近,用于指示水箱、污物箱液位。车下液位显示器的外观和显示颜色指示与车上液位显示器非常类似,这里不再重复。

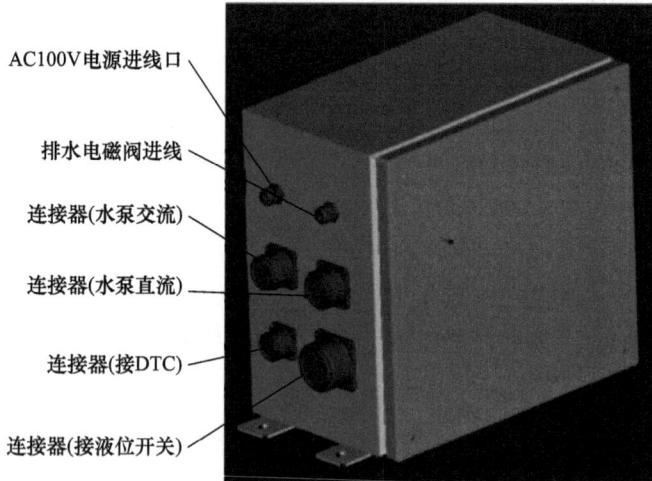

AC100V电源进线口

排水电磁阀进线

连接器(水泵交流)

连接器(水泵直流)

连接器(接DTC)

连接器(接液位开关)

图 3-7　水泵电控箱的主要接口

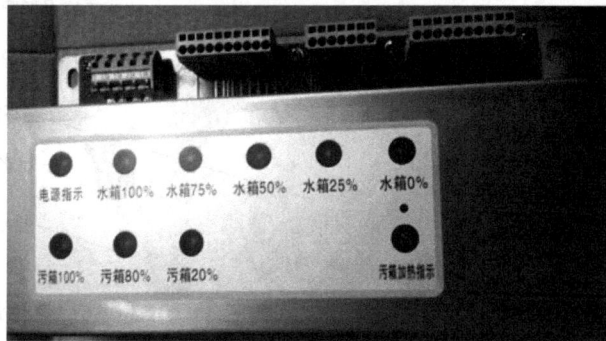

图 3-8　车上液位/加热显示器的外观

车上液位/加热显示器的颜色指示　　　　　　　　　　　　　　　表 3-2

存水情况		水箱液位指示灯				污物箱液位指示灯				污物箱加热指示	电源灯
		100%	75%	50%	25%	0%	20%	80%	100%		
水箱	满水	绿	绿	绿	黄	无				绿	绿
	100%~75%	无	绿	绿	黄	无				绿	绿
	75%~50%	无	无	绿	黄	无				绿	绿
	50%~25%	无	无	无	黄	无				绿	绿
	25%~0%	无	无	无	无	无				绿	绿
	无水	无	无	无	无	红				绿	绿
污箱	0~20%						无	无	无	绿	绿
	20%~80%						绿	无	无	绿	绿
	80%~100%						绿	黄	无	绿	绿
	满水						绿	黄	红	绿	绿

5.车上水箱供水系统电气控制主要功能

车上水箱供水系统电气部分主要包括车上水泵电控箱（包括 PLC 控制器、继电器以及接线端子排等）、按钮开关等，给水系统共用卫生系统控制电源。车上水箱供水系统电气控制部分主要具有供水控制、水箱液位指示及缺水保护、大流量保护、吸气保护、泄漏保护、防冻等功能。

1）供水控制功能

系统上电（直流、交流）后，排水电磁阀得电关闭，经水箱 0% 液位 15s 持续检测，判断水箱有水后，进水电磁阀得电打开，再经 15s 后水泵启动。当供水管路压力上升至扬程压力开关设定的上限值时，PLC 控制水泵停止处于待机状态。

车上用水，当供水管路压力下降至扬程压力开关设定的下限值时，PLC 控制水泵启动。车上停止用水，当供水管路压力上升至扬程压力开关设定的上限值时，PLC 控制水泵停止。

2）水箱液位指示及缺水保护功能

水箱五档液位（100%、75%、50%、25%、0%）可在车上液位加热显示器和车下液位显示器上指示。当水箱液位低于 25% 或 0% 无水时，卫生系统电气控制单元及列车 MON 监控器上报警。当水箱水位低于 25% 高于 0% 时（为防止误报，液位信号持续 15s 检测有效），水泵工作正常，便器可用，卫生系统电气控制单元显示相应代码，列车 MON 监控器报警。当水箱无水时（为防止误报，液位信号持续 15s 检测有效），水泵停止工作，便器禁用，卫生系统电气控制单元显示相应代码，列车 MON 监控器报警。

注意：水箱注水，0% 液位开关 OFF，信号持续检测 15s 后，系统恢复正常。

3）大流量保护功能

当供水管路流量大于流量开关设定的上限值时，即供水管路压力达到扬程压力开关设定的上限值，PLC 控制水泵持续工作，以避免供水压力波动造成水泵频繁启停。

4）吸气保护功能

当吸气检测压力开关检测到供水管路压力降至设定的下限值，且信号持续 30s 后，PLC 控制水泵停止，等待 30s 后（即第 60s）PLC 控制水泵再次启动；当吸气检测压力开关再次检测到供水管路压力降至设定的下限值，且信号持续 30s（即第 90s）后，PLC 控制水泵停止且不再启动，便器不可用，卫生系统电气控制单元显示相应代码。若在第 0～30s（或第 60～90s），吸气检测开关 OFF，系统恢复正常工作。

注意：操作电气控制单元给水系统故障复位按钮后水泵重新启动。

5）泄漏保护功能

当泄漏检测开关检测到供水管路流量大于 1L/min，且信号持续 3min 后，PLC 控制水泵停止，等待 3min 后（即第 6min）PLC 控制水泵再次启动，若泄露检测开关再次检测到持续 3min 的流量信号，第 9min 后 PLC 控制水泵停止且不再启动便器禁用，卫生系统电气控制单元显示相应代码，列车 MON 监控器报警。若在第 0～3min 或第 6～9min 时泄漏检测开关断开，系统自动恢复正常。

注意：操作电气控制单元水系统故障复位按钮后水泵重新启动。

6)防冻功能

(1)水泵加热。水泵泵体设有电加热块，受温控开关控制[开:(5±3)℃,关:(15±3)℃]。

系统首次上电(低温启动保护)。若温控开关处于 OFF 状态,水泵加热块不工作,水泵直接启动,此后水泵启停不受温控开关控制;若温控开关处于 ON 状态,水泵加热块通电加热,30min(或加热至温控开关 OFF)水泵启动,此后水泵启停不受温控开关控制,加热至温控开关设定的上限值,温控开关 OFF,加热停止。

正常运用过程中。若温控开关 ON,水泵加热块通电加热,直至温控开关 OFF,加热停止。

(2)防冻排空功能。车上水泵装置设两个排水电磁阀,一位侧供水管路设 1 个排水电磁阀,二位侧供水管路设 2 个排水电磁阀,用于排空水泵进水管路及供水管路存水。

车上水箱供水系统设有断电排空、单车排空、集控排空功能,具体见表 3-3。

车上水箱供水系统排空功能　　　　　　　　　　　　　　表 3-3

排空方式	排空部位	工作过程	操作方式
断电排空	水泵进水管路、供水管路	系统断电后,水泵停止,进水电磁失电关闭,排水电磁阀失电打开,排空水泵进水管路、供水管路存水	断开给水卫生系统控制电源
单车排空	本车水泵进水管路、供水管路,便器、水增压器、中转箱及其附属管路	给水系统排水 15min 后,各便器系统依次执行排空控制(中转箱自动清空 1 次→便器依次自动进行 3 次冲洗→中转箱自动清空 3 次)	操作单车给水卫生系统电气控制单元上的排空按钮
集控排空	整列车水泵进水管路、供水管路,便器、水增压器、中转箱及其附属管路	同单车排空	操作整列集控排空旋钮(位于 1、8 号车)

(二)盥洗室

盥洗室主要由温水器、洗面台及镜子组成。

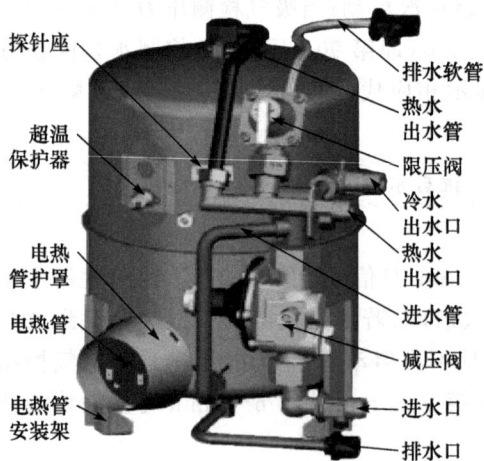

探针座
排水软管
热水出水管
限压阀
超温保护器
冷水出水口
热水出水口
电热管护罩
进水管
电热管
减压阀
电热管安装架
进水口
排水口

图 3-9　温水器的结构

CRH380A 型动车组(非高寒)在 2、3、6、7 号车盥洗室均设置一个温水器,采用储水加热方式,为乘客提供温度相对恒定的盥洗温水,通过按压冷热节水阀即出温水。温水器设有温度调节旋钮,加热温度在 30~75℃[出厂温度设定为(40±5)℃]范围内连续可调,以适应不同的乘客需求。为防止异常工况下发生危险,温水器设有缺水、超温及干烧保护功能;温水器面板设有状态指示灯,用以查看其工作状态。

温水器的结构,如图 3-9 所示;温水器的通水路径,如图 3-10 所示。

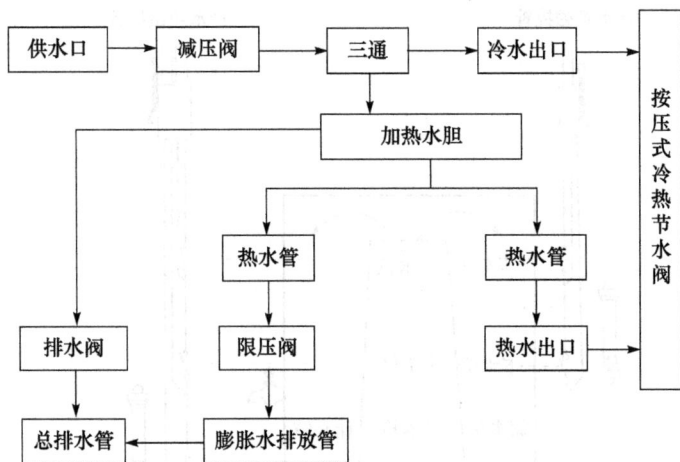

图 3-10　温水器的通水路径

（三）电开水炉

CRH380A 型动车组采用铁磁牌 TCL-12 型全自动电磁开水器。本设备利用列车集中供电电源,采用先进的水电隔离高频逆变感应加热技术和非接触水位检测技术,取代了传统电开水器中易失效的电热管和水位探针,具有安全节能、维护周期长的特点;且内外胆用不锈钢材质制成,生水和开水隔开,可无人值守连续供应经超声波电磁消毒处理的新鲜保健磁化开水。

课堂讨论3-5

动车组上的电茶炉会有不同的指示灯显示,在正常情况下,我们看到加热灯亮时可以直接接开水吗,为什么?

1.主要技术参数

主电路额定电压:单相 AC 400V（-31%～+24%）频率:50Hz

额定功率:4.5kW。

产开水量:≥40L/h（进水温度≥18℃）。

储水箱容积:≥18L。

出水水温:>95℃。

降温速率:≤4℃/h。

进水水压:≤150kPa。

整机绝缘电阻:冷态≥5MΩ,热态≥2MΩ。

2.结构组成

开水器由柜体、电气控制箱、产水箱、储水箱、加热腔、水位传感器、电磁阀等器件组成。开水炉的内部结构,如图 3-11 所示;水位显示及传感器,如图 3-12 所示。

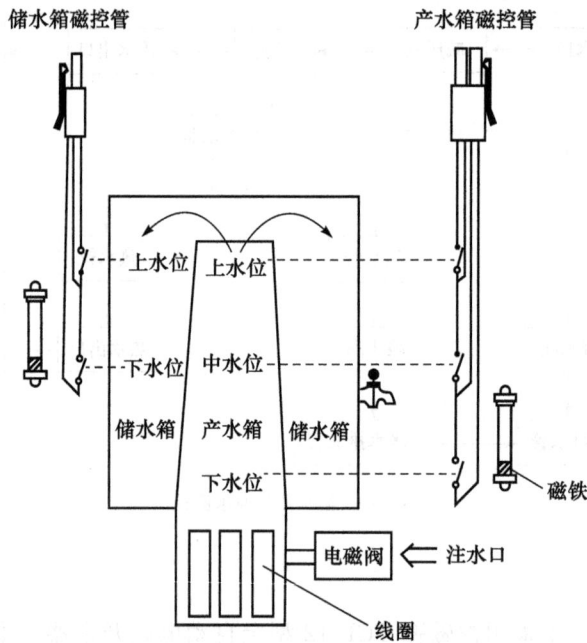

图 3-11　开水炉的内部结构

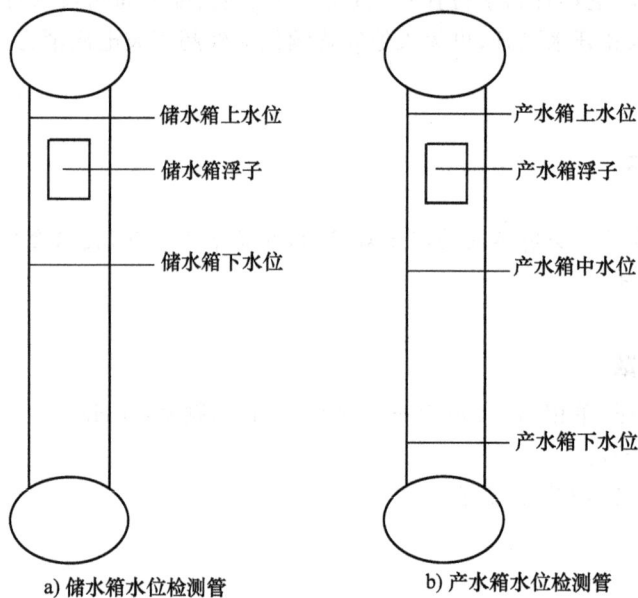

a) 储水箱水位检测管　　　　　　　　b) 产水箱水位检测管

图 3-12　水位显示及传感器示意图

3.工作原理

　　开水器电器主回路主要由分励脱扣器、空气开关、单相整流桥、逆变器、电流互感器和感应线圈等部件组成。单相交流电源经空气开关进入电控箱,再经单相整流桥整流成 500V 左右直流电,由功率模块组成的半桥逆变器把直流电转变成 25kHz 左右的高频交流电,供给感应线圈,在产水箱腔体中产生涡流并使之发热,将水烧开。

开水炉在微处理器的程序作用下,能根据产水箱水位的变化,控制电磁阀的开/关,逆变器的启/停,具有断水保护、缺水自动进水、水位显示等功能;并且当逆变器发生过流、过热等异常情况时自动保护停机,等恢复正常且延长一定时间后再启动逆变器。

开水器由单片微处理器设置了自动保温程序,在储水箱满水位时能自动进入保温状态:即开水器停止工作 3min 后,能自行开启加热 8s,这样保证储水箱中水温达到 95℃以上。

电开水炉供水方式为水泵供水,电磁阀通电后,冷水经过滤器、电磁阀、电控箱冷却管注入产水箱;当达到产水箱上水位时电磁阀关闭,停止进水并开始加热,水沸腾后从翻水膨胀筒上端跃出,进入储水箱,使产水箱水位下降;当降至产水箱中水位时电磁阀打开补水,至上水位时停止补水。当储水箱内开水水位升至上水位时,停止加热,自动进入保温状态。当取用开水使储水箱内开水水位降至下水位时,再次开始加热,如此即可连续不断地供应开水。具体水位的控制流程,如图 3-13 所示。

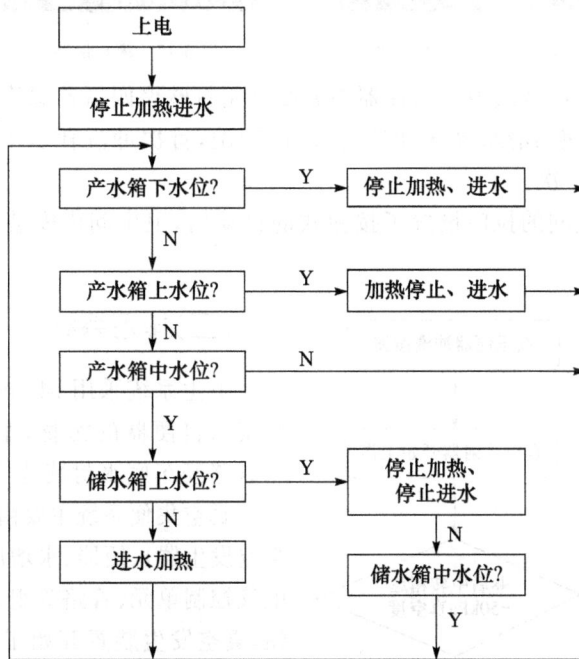

图 3-13 水位的控制流程

三、卫生系统

(一)卫生间

1、8 号车在车辆中部设置卫生间;2、3、6、7 号车在二位端均设置了卫生间及盥洗室;4 号车在二位端设置了卫生间及洁具池。卫生间采用 Monogram 真空集便系统,分为坐式便器卫生间(见图 3-14)和蹲式便器卫生间(见图 3-15),每个卫生间内设有一个按压式洗手阀。

卫生间采用整体 FRP 型式,安装了大理石台面,按压延时洗手装置、便器冲洗按钮、紧急呼叫按钮,坐垫盒,扶手、镜子、便纸支架等。动车组便器为真空推拉式,当按压便器冲洗按钮时,中转箱内产生真空,将污物吸入车下中转箱内并在便器部分设置了瓣阀,防止污物箱内的恶气回流。在卫生间顶部增加了开孔,为卫生间提供新风。同时,卫生间内通过排气格栅持续排气。

图 3-14　坐式便器卫生间　　　　　图 3-15　蹲式便器卫生间

为减少污物的附着,坐式卫生间便器内表面采用特殊聚四氟乙烯涂层,蹲式便器便斗采用不锈钢材质。便器使用清水高压冲洗,分两次冲洗,首次冲洗耗水不超过 0.4L/次,二次冲洗耗水不超过 0.2L/次。

同时,残疾人卫生间的拉门设置了按钮式的自动门,卫生间内安装了坐便器、婴儿护理台、可折叠扶手等。

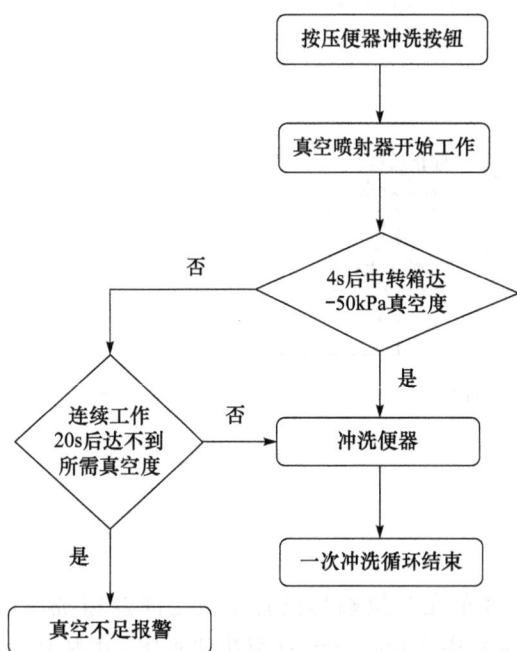

图 3-16　便器冲洗逻辑图

(二)排污系统

卫生系统采用 Monogram 真空集便系统收集来自便器的污物,车上盥洗废水通过排水管路经车底水封装置排至车外。

真空集便系统主要由污物箱(含中转箱及真空发生器)、便器、水增压器、气动控制单元、电气控制单元、管路等组成。按压便器冲洗按钮,真空发生装置开始工作,中转箱内真空度达到设定值后,水增压单元提供压力水冲洗便器,便器蝶阀打开,污物在负压作用下进入中转箱,蝶阀关闭,水增压单元提供压力水对便器进行二次冲洗,水增压单元补水,一次冲洗循环结束。便器冲洗逻辑,如图 3-16 所示。

当便器连续使用设定次数(12 次)或中转箱内污物达到设定液位时(约 20L),系统会向中转箱注入正压空气,污物在正压的作用下进入污物箱。中转箱清空逻辑,如图 3-17 所示。

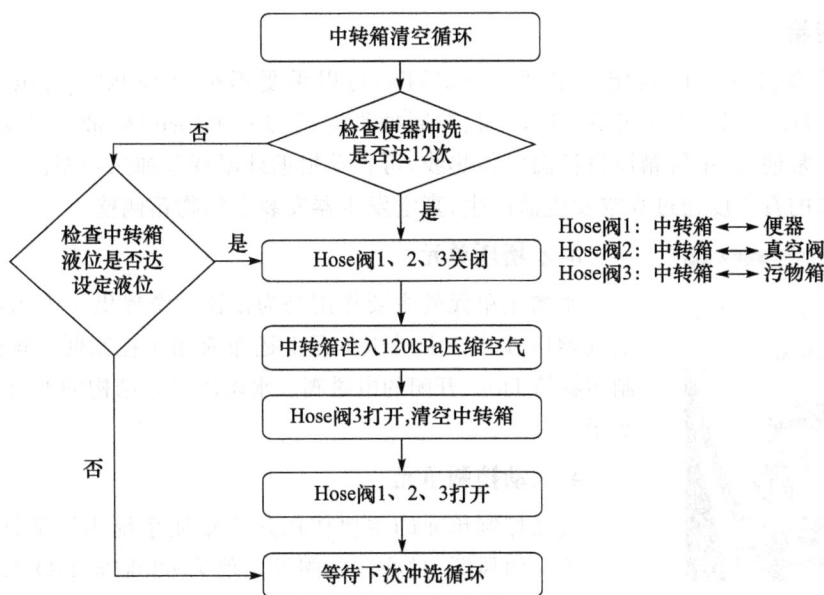

图 3-17　中转箱清空逻辑图

　　为保证系统在低温环境下的正常运用,污物箱、真空发生装置、管道阀、排污阀、水封及管路等设有防冻装置。列车冬季停放且无保温措施时,须进行防冻排空操作,并通过吸污设备排空污物箱。

1. 污物箱

　　污物箱一般位于列车的端部,采用集成化设计。主要由内箱、骨架、保温层、外箱、吊座、中转箱、真空发生装置、液位显示装置、防冻装置、电气箱、管路等组成。

　　污物箱采用不锈钢制成,有效容积为 450L。每车污物箱均配置有 1 个中转箱及 1 个真空发生装置。污物箱两端各设一个排污阀。为了避免冲水或清空过程中在箱内产生的正压对污物箱造成损害,污物箱配备了通气阀。

　　打开箱体两侧的任意一个检查口盖,可对其内部进行清理及检查。在紧急情况下,可通过检查口盖清空污物箱。污物箱及中转箱的外形,如图 3-18 所示。

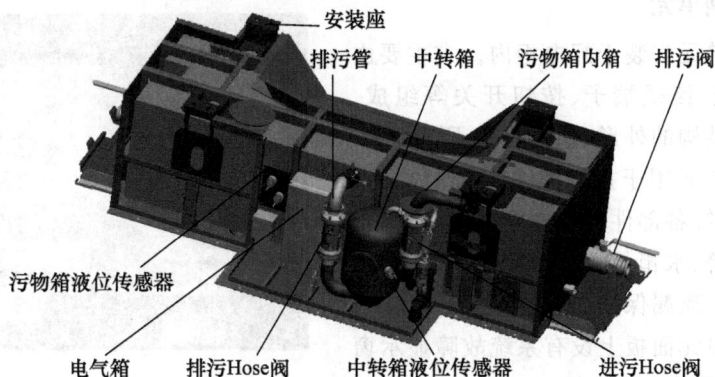

图 3-18　污物箱及中转箱的外形图

2. 中转箱

中转箱容积为 35L，设定真空度为 −50kPa，可以承受不小于 180kPa 的压力，并设有 DN50 进污 Hose 阀、DN50 排污 Hose 阀、控制抽真空用 DN20Hose 阀、液位开关等。为保证冬季的正常使用，中转箱设自控温电伴热线，可自动根据外温调节加热功率。

中转箱的真空度通过真空发生器产生，真空发生器安装于污物箱侧壁。

3. 水增压单元

水增压单元的主要作用是为便器冲洗提供压力水，采用压缩空气增压方式。水增压单元上还布有用于控制便器蝶阀关闭、控制污物箱 Hose 开闭的电磁阀。水增压单元结构的外形，如图 3-19 所示。

4. 气动控制单元

气动控制单元的主要作用是为集便系统用风部件提供不同压力等级的风源，过滤调压阀设定值为 620kPa，HOSE 阀的供风压力调节阀设定值为 450kPa，中转箱用调节阀设定值为 140kPa。气动控制单元结构的外形，如图 3-20 所示。

图 3-19 水增压单元结构的外形图

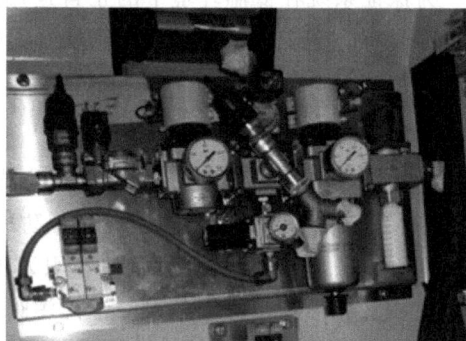

a) 1、8 号车气动控制单元   b) 2、3、4、6、7 号车气动控制单元

图 3-20 气动控制单元结构的外形图

5. 电气控制单元

电气控制单元安装于配电柜内。它主要由控制器、电路板、接线端子、按钮开关等组成。电气控制单元结构的外形，如图 3-21 所示。

电气控制单元用于控制整个系统的工作。它包括：集便系统各部件的动作控制、集便系统故障保护与报警、水箱与污物箱液位指示、缺水保护、箱满保护、泄漏保护、防冻排空等。

电气控制单元面板上设有系统故障显示窗口，其故障代码见表 3-4。

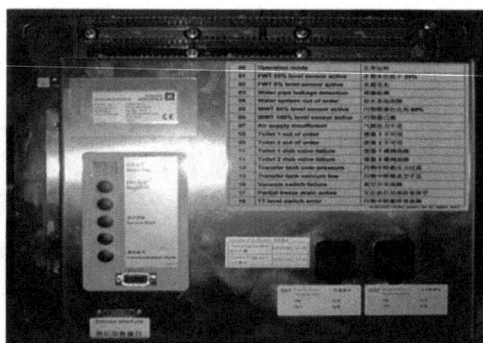

图 3-21 电气控制单元结构的外形图

故障代码表   表 3-4

代码	含　义	代码	含　义
00	正常运转	10	—
01	水箱水位低于 25%	11	便器 1 蝶阀故障
02	水箱无水	12	便器 2 蝶阀故障
03	泄露检测	13	—
04	给水系统故障	14	污物中转箱压力过高
05	污物箱水位达到 80%	15	污物中转箱真空不足
06	污物箱已满	16	真空开关故障
07	气源压力不足	17	正在执行局部防冻排空
08	便器 1 不可用	18	污物中转箱浮球故障
09	便器 2 不可用		

6. 水封装置

1～4 号车、6～8 号车卫生间和洗脸间车下以及 5 号车开水炉车下均设有水封。水封装置主要由进水口、进水管、虹吸管、排水管、排水口组成；水封装置中排水流程为进水口→进水管→虹吸管→排水管→排水口→车外。水封装置利用进水管和虹吸管的液位高度，克服车内外的空气压力差。

为了防止堵塞，造成车内积水事故，须对车下水封定期进行清理，建议每两个月对车下水封进行脏物清理一次。

⏱ 任务实施

(1) 下发任务单，明确任务内容，学生课前按要求完成预习任务。

(2) 教师先演示操作过程及说明注意事项，学生分组模拟完成演练任务。

(3) 学生分组讨论演练心得。

(4) 教师和各组长担当本次任务的他人评价工作，评判同学们的任务完成情况。

实训 3-1　CRH380A 动车组供排水装置检查及清洁

(1) 修程：二级修。

(2) 维修周期：30 天。

(3) 作业人员：机械师 2 名。

(4) 作业时间：30min/辆。

(5) 供电条件：无电。

(6) 作业工具：基本工具、五件套工具、电动扳手。

(7) 作业程序：

① 准备。

a. 打开水箱两侧裙板和底板。

b. 打开泵室检查门。

②检查水箱。

a.检查箱体无变形、破损、泄漏；防寒材料无缺损或脱落。

b.检查注水口、护盖和胶垫齐全良好。

c.检查排水阀外观正常，作用良好。

d.检查溢水管外观良好。

e.检查液位传感器安装牢固。

f.检查水箱安装座不松动。

③检查泵室。

a.拆下水泵进水口过滤器滤网，进行清洗，完毕后恢复。

b.泵室内清洁，各部件外观状态良好。

c.接线无松脱、烧损。

d.各管路和阀连接牢固，无漏泄。

e.泵室防寒材料无缺损或脱落。

实训 3-2　CRH380A 动车组电茶炉检查及清洁

(1)修程：二级修。

(2)维修周期：8 天。

(3)作业人员：机械师 1 名。

(4)作业时间：15min/辆。

(5)供电条件：有电。

(6)作业工具：基本工具、活动扳手、五件套工具。

(7)作业程序：

①打开电茶炉外部检查门。

②检查电茶炉内部管路有无漏水。

③打开电茶炉下部所有排水阀和热水水阀，排空电茶炉内所有水。

④检查排水阀门状态良好。

注意：排水时应关闭水泵电源或者关闭供水电茶炉的进水阀门。

⑤检查电茶炉排水后，确认缺水指示灯点亮。

⑥关闭排水阀门，打开供水阀，对电茶炉进行加水。

⑦水满后，确认缺水指示灯灭，加热指示灯亮，并开始进行加热。

注意：如果热水储水箱内水不排空，加热腔会不工作。

⑧各种水管如发生漏水，应及时排除，严禁有水滴入加热腔或加热线圈上。

⑨电控箱或加热线圈有故障时，可更换整个部件。

⑩维修后应进行泄漏检查，无漏水后方可正常使用。

⑪关闭检查门。

任务三 CRH3C、CRH380B(L)、CRH380CL 动车组给排水卫生系统维护与检修

任务描述

CRH380B 动车组给排水卫生系统与 CRH380A 动车组给排水卫生系统有何区别呢？它的设备组成、分布是怎样的？它采用怎样的供水方式和排水方式？它的水箱规格是什么？采用哪种真空方式？CRH380B 动车组给排水卫生系统的维护与检修作业又是怎样的呢？

知识储备

CRH3C、CRH380B、CRH380BG、CRH380BL、CRH380CL 型动车组给排水卫生系统的设置形式基本一致，因编组不同在设置数量、设置位置方面有所区别。故下面将以CRH380B 型动车组给排水卫生系统为例进行讲解。

一、系统概述

给水卫生系统主要包括净水箱、净水管路、卫生间模块、洗面间模块、集便系统、排污管路、污物箱、电开水炉、排水管路等。

全列设置 7 个电开水炉、5 个蹲式卫生间模块、7 个坐式卫生间模块、4 个洗面间模块、1 个拖布池、5 个容量为 570L 的负压污物箱、2 个容量为 300L 的负压污物箱；系统采用保持式真空集便，排污管路缠伴热线并包裹防寒材。卫生间模块分为标准坐式便器卫生间模块、通用坐式便器卫生间模块(供残疾人士使用)和标准蹲式便器卫生间模块 3 种。标准坐式便器卫生间模块和标准蹲式便器卫生间模块组成标准卫生间模块，全列共 4 对，安装在 TC02/TC07、IC03/IC06 车上；通用坐式便器卫生间模块(供残疾人士使用)和标准蹲式便器卫生间模块组成通用卫生间模块，全列共 1 对，安装在 FCO4 车上；EC01/08 只安装一个标准坐式便器卫生间模块；BC05 车无卫生间模块。

全列设置 7 个容量为 300L 的净水箱，餐车设置 1 个容量为 120L 的车上水箱和 700L 的车下水箱。2、3、4、6、7 号车在 1 位端走廊平顶板上方设置容水量为 300L 水箱，1、8 车在2 位端走廊平顶板上方设置容水量为 300L 水箱。水箱的水位显示仪安装在水箱的底部，水箱的水通过支管分别向电开水炉、洗面间、拖布间和卫生间供水。5 车车下设置 700L 净水箱，车上设置 120L 中间水箱给厨房供水；车下两侧分别设有注水口，可任意向水箱注水。给水卫生系统主要部件和设备配置数量，见表 3-5。

给水卫生系统主要部件和设备配置数量 表 3-5

部件及设备名称	每车数量							
	1车	2车	3车	4车	5车	6车	7车	8车
坐式卫生间	1	1	1	1		1	1	1
蹲式卫生间		1	1	1		1	1	

续上表

部件及设备名称	每 车 数 量							
	1 车	2 车	3 车	4 车	5 车	6 车	7 车	8 车
570L 污物箱		1	1	1		1	1	
300L 污物箱	1							1
车上 300L 净水箱	1	1	1	1		1	1	1
车上 120L 水箱					1			
车下 700L 水箱					1			
开水炉	1	1	1	1		1	1	1

课堂讨论3-6

对比 CRH380A 型动车组和 CRH380B 型动车组给排水卫生系统,讨论分析它们设备组成和分布的区别有哪些?

二、供水系统

供水系统由注水系统、水箱、供水管路、液位显示装置和防冻排空管路组成。

(一)净水箱装置

净水装置包括净水箱、注水管路、供水管路和排水管路。其大体位置,如图 3-22 所示。

1.净水箱

在车辆运行过程中为车辆用水点提供水源,共有 120L、300L、700L 等 3 种水箱。

1)120L 和 300L 净水箱

120L 和 300L 水箱具有相同的结构形式。净水箱外观,如图 3-23 所示,均安装于车体顶部。水箱体采用 2.5mm 厚不锈钢板焊接而成,箱体两端设注水接口,一端设带电磁阀的防冻排空管,另一端部设接线箱,箱体底部设供水接口和水位传感器。箱体内部设防波板。箱体底部铺设电热毯,同时整个箱体外部粘接防寒材料。

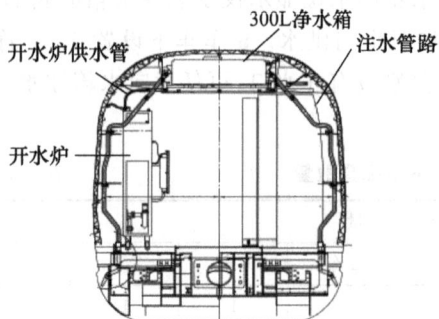

图 3-22　净水装置的大体位置图

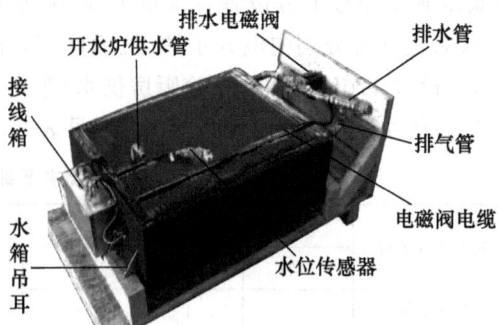

图 3-23　净水箱

(1)注水：可以从车体两侧注水口注水。但是需要注意如下几点：

①绝不允许在车体两侧注水口同时注水，因为一个注水管路在注水过程中兼起空气管作用。

②注水过程中，注水口旁边的液位指示器能够准确反映车上水箱的水位；当注满水时，溢流口开始有水流出。

(2)供水：水箱通过供水管路向卫生间、开水炉供水。

(3)排水：在卫生间模块内的控制系统可以控制水箱排水管上的电磁阀开关，打开电磁阀对净水箱进行排水；在列车无电的情况下，可以通过手动打开电磁阀手动阀柄进行排水。冬季为防止水箱内水结冰，需要开启水箱伴热装置。水箱底部的加热毯有两个单独的加热线圈，万一有一个线圈出现故障，另一个可以继续工作。

2)700L净水箱

700L净水箱用于餐车水箱模块，此水箱模块还包括支撑框架和泵水单元。水箱设两个注水管路，水箱底部装有带浮球开关的液位传感器和可拆卸的加热管。支撑框架用于将水箱安装在车下。泵水管路用于餐车的水循环、防冻排空。

水循环过程：将水从车下700L净水箱泵到120L中间水箱，中间水箱内的水再通过重力向厨房各用水点供水，在700L净水箱达到低液位时，自动关闭泵水系统，但在系统重新注水后，泵水系统可自动恢复到正常工作状态。泵水系统的控制系统安装在厨房的控制柜内；控制方式分为自动控制和手动控制，两种控制方式由转换开关进行手动切换。

(1)自动控制模式。控制方式处于自动控制模式时，当中间水箱的液位达到低液位时，低液位传感器发出相应的信号启动水泵，向中间水箱供水，水满后水泵停止工作。

(2)手动控制模式。控制方式处于手动控制模式时，司乘人员按下"泵水"按钮后，水泵启动，向中间水箱泵水，110s后水泵停止供水工作；当中间水箱的液位传感器低液位发出感应信号时，发出报警指示信号（在厨房内控制单元的面板上设声光报警指示设备），提示司乘人员中间水箱已经缺水，需要向中间水箱泵水。

排水：在列车有电的情况下，开启水箱模块上的电磁阀，可以对水箱进行排水；在列车无电情况下，可以手动打开水箱上的电磁阀手柄进行排水。

防冻装置：为防止冬季水箱里的水结冰，需要启动水箱模块加热装置。水箱模块的防冻装置包括：箱体底部的电热毯、各管路的伴热线、水泵的伴热线以及水箱外表面的防寒材料。

2. 管路

CRH380动车组给水装置的管路，主要包括注水管路、供水管路和防冻排空管路3部分。

1)注水管路

除餐车BC04外，其他车型的注水管路型式相同，均设在车辆的1位端（头车为2位端）。由一个注水弯管总成、直管、异形弯管、金属编织软管组成。注水弯管总成通过法兰安装固定在车体上，外端连接注水口。直管与注水弯管总成通过螺纹连接固定，直管与车体通过密封管接头连接固定，异形弯管与直管通过特殊密封接头连接固定，与车体用管卡连接固定。金属编织软管用于连通弯管和水箱。

餐车BC04的注水管路由注水管总成和软管组成。注水管总成通过法兰与车体连接固定，外端连接注水口。软管连接注水管总成和水箱并通过喉箍固定。

2）供水管路

供水管路是连通水箱和用水点的管路。它包括电开水炉供水管路和卫生间供水管路。

3）防冻排空管路

在车辆停止运营时，用于排空水箱和管路的存水，防止冰冻对水箱和管路产生危害。

供水管路外均缠绕自控温伴热线，外包隔热性能优异的防寒管材。在低温情况下，防寒伴热装置启动，伴热装置将对供水管路进行伴热，从而达到管路防冻目的。

（二）洗面间

全列车设置 4 个洗面间模块，安装在 2、3、6、7 号车。用水时用手靠近水龙头下部感应器，水龙头即出水，可持续出水 5～8s，出水量 100～200mL 左右。其主要部件如下：洗面间玻璃钢模块、骨架、检查门、清水管路、灰水管路。

（1）洗面间玻璃钢模块。主要材质为玻璃钢壳体，并集成如下部件：镜子、洗手台面及水龙头、垃圾桶组成、抽纸盒组成、皂液器、各系统设备件。

（2）骨架。骨架由台面下骨架和背部骨架组成。台面下骨架由铝合金型材焊接而成；背部骨架由碳钢焊接而成，二者由螺栓连接。

（3）检查门。检查门有垃圾桶检查门和灰水检查门，由多层复合结构制成，表面贴防火板。

（4）清水管路。清水管路由铝塑管及各种接头组成，连接清水箱和水龙头，由光电感应器及电磁阀控制。

（5）灰水管路。灰水管路连接水盆下水及车体污水接口，包含灰水单元。

（三）电开水炉

CRH380B 型动车组采用的是 WSD-5020AT3 型电开水炉。其主要由烧水箱、储水箱、附水箱、电器箱、灰水箱及管道组成，如图 3-24 所示。该电开水炉有 3 种布局，分别命名为 A 型（用于 EC01/08 车）、B 型（用于 TC02/07、IC03/06 车）、C 型（FC04 车）。A 型与 C 型的区别在于面板距炉体的位置不同，A、C 型与 B 型的区别在于检修门的位置不同，电开水炉的进水接口在上面。

在供水、供电的条件下，整个烧水过程自动完成，并且具有缺水保护，防冻排水，灰水箱自动排水等功能。该机具有缺水保护功能，电开水炉在列车运行过程中，所有控制自动进行，当出现缺水故障或列车供水水箱缺水，缺水信号灯亮，电开水炉会自动停止烧水。烧水箱和储水箱分开，生水与开水绝无混合，提供纯正开水。当电开水炉环境温度小于 4℃ 或大于 45℃ 时，电开水炉自动处于

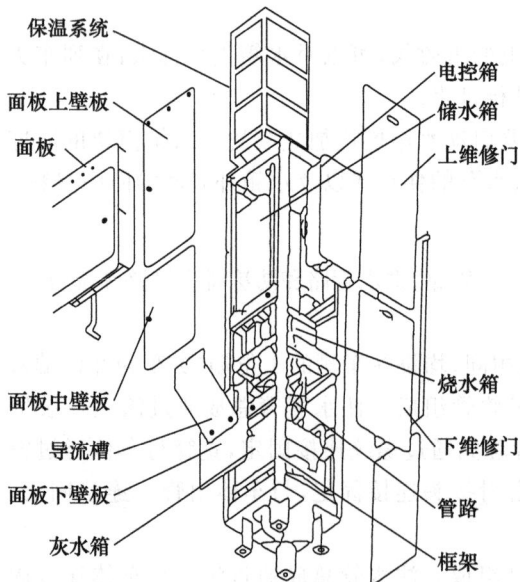

图 3-24 WSD-5020AT3 型电开水炉的结构图

保温系统
面板上壁板
面板
面板中壁板
导流槽
面板下壁板
灰水箱

电控箱
储水箱
上维修门
烧水箱
下维修门
管路
框架

保护状态,并停止工作。电开水炉加装了除垢装置,延长了电热管及水箱的维修保养周期。

电开水炉还设置了排水按钮,当列车需要进行排水时,按下排水按钮可以自动打开排水电磁阀,电开水炉内的水经底部的排水管路排出车外。车下排水管路装有加热敷层。电开水炉在正常供电条件下,在列车运行期间,可以保持水温大于80℃。

1.电开水炉的主要技术参数

额定电压/V:440V/60Hz(427～467V),三相三线制,无中线;

380V/50Hz(367～407V)-1,三相三线制,无中线;

345V/47Hz(332～372V)-2,三相三线制,无中线。

加热功率(kW):4.8kW,在交流440V的条件下。

总功率(kW):5kW,在交流440V的条件下。

产开水量(L/h):≥40L/h,进水温度≥18℃。

出水温度(℃):≥95℃,烧水箱的出水温度。

开水储水量(L):≥18L,有效容积。

外形尺寸(mm):380×380×1820(宽×厚×高),不含面板。

电压允许波动值(%):+6%～-3%。

2.电开水炉的工作原理

在保证供水、供电的条件下,水箱通过供水管路给电开水炉不间断供水,非饮用水从电开水炉的供水口经过除钙与过滤装置进入附水箱。从附水箱经过单向阀进入加热水箱,由加热水箱的电加热管给非饮用水进行加热消毒。水沸腾后从翻水膨胀筒上端跃出,进入储水箱,使加热水箱水位下降;当降至加热水箱中水位时电磁阀打开补水,至上水位时停止补水。

当储水箱内开水水位升至上水位时,停止加热,自动进入保温状态;在储水箱满水位时能自动进入保温状态,即电开水炉能在自动关断3min后,自行开启加热8s,这样保证储水箱中水温达到95℃以上。当取用开水使储水箱内开水水位降至中水位时,再次开始加热。如此即可连续不断地供应开水。如果长时间没有取用开水,当温度下降一定程度后,储水箱的温度传感器传出信号,储水箱排水管上的电磁阀开启,排空储水箱内的开水,充分保证储水箱中水温达到95℃以上。

该机具有缺水保护功能,当机器出现故障或列车供水水箱缺水,干烧信号灯闪烁,开水器会自动停止烧水。电开水炉具有双重缺水保护。当加热水箱水位下降至下水位时,电开水炉将迅速进入补水程序,停止加热。同时电开水炉又安装有压力温度控制器,在水位传感器失灵或发生器件损坏等故障情况时,加热水箱内缺水,甚至无水,电开水炉加热腔迅速升温,这时装在加热腔中的温度控制器能立即进入保护状态,防止加热线圈损坏。电开水炉的水路原理,如图3-25所示。

3.电开水炉控制面板指示灯的意义

(1)电源灯常亮:表示饮水机正常工作。

(2)电源灯闪亮:表示饮水机处于防烧干保护状态。

(3)热水灯常亮:表示饮水机开水可饮用。

（4）热水灯闪亮：表示饮水机或水箱缺水保护。

（5）冷水灯常亮：表示饮水机冷水达到15℃以下。

（6）冷水灯闪亮：表示饮水机紫外线灯出现故障或杀菌消毒系统出现故障。

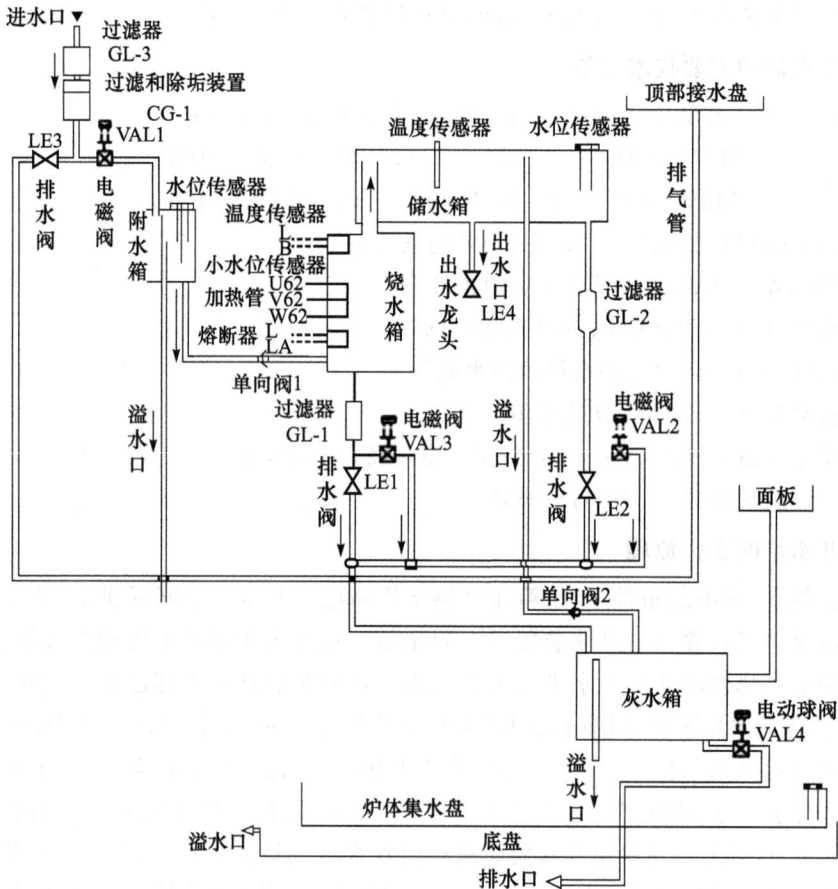

图 3-25　WSD-5020AT3 型电开水炉的水路原理图

三、卫生系统

卫生系统包括集便系统、洗面间、卫生间设备附件。其中集便系统包括坐便器、蹲式便器、灰水单元、污物箱及排污管路等。卫生间模块与外界通信由蹲式卫生间内的系统控制板与系统进行；坐式卫生间的控制板与蹲式卫生间内的控制板相接。便器冲洗时，通过控制部件一系列动作，污物箱内形成真空，污物被吸入污物箱内。

（一）卫生间

卫生间分标准卫生间和通用卫生间（残疾人坐式卫生间）两种。其中标准卫生间可分为标准蹲式卫生间和坐式卫生间。卫生间采用模块化设计，地板、墙板、洗手系统、便器等集成为一个模块，减少了卫生间与车上接口，而且接口形式简单，便于安装与调整。每套卫生间都是自承载、轻量化结构，由地板、墙板、顶板和门组成。卫生间装车前应先预组装（通用卫生间除外）。

全列设置 5 个蹲式卫生间模块和 7 个坐式卫生间模块。蹲式卫生间作为卫生系统的主模块（卫生系统的主控制板安装在此间里），坐式卫生间作为辅件，安装在 2、3、6、7 号车 1 位端；4 号车 1 位端布置有残疾人坐式卫生间和标准蹲式卫生间组成的卫生间模块；1 号车和 8 号车分别安装一个标准坐式卫生间。

1.标准卫生间（以坐式卫生间为例）

卫生间由地板、墙板、顶板、门、洗手系统、坐便器以及内部的设备件组成。标准卫生间的外观，如图 3-26 所示。

2.通用坐式卫生间

通用卫生间组成包括地板、墙板、顶板、门、洗手系统、坐便器以及内部的设备件组成。通用坐式卫生间的外观，如图 3-27 所示。地板面积大，可以容纳轮椅在卫生间转动。通用卫生间为乘客提供一个舒适的空间，有残疾乘客使用的专用设备，照明设施良好，洗面器能保证轮椅接近洗面器前，卫生间内设置一个紧急按钮和折叠扶手，卫生间的电控门可由乘客按下按钮后自动进行开、关和锁闭。

图3-26　标准卫生间的外观　　图 3-27　通用坐式卫生间的外观

（二）真空集便系统

动车组采用真空保持式集便系统，工作时便盆内的污物在污物箱内真空的作用下通过排泄阀抽至污物箱中。便器冲洗效果十分理想，排污效率高，管路污垢较少。但需整个排污系统保持一定的真空度，系统的气密性要求比较严格；能源消耗较大。

集便装置组成包括两套便器、冲洗按钮、车上排污管及伴热、车下排污管及伴热、车下污物箱以及系统控制板。两套便器工作相对独立，共用一个污物箱。

1.系统控制板

控制板集中了全系统的电气连接，包括来自便器、气动控制板、基本单元、清水箱和污物箱以及卫生间控制板的信号。

1）卫生间控制板

卫生间控制板分主控制板和从控制板两种。主控制板安装在蹲式卫生间模块内；从控制板安装在坐式卫生间模块内，与主控制板配套使用。只有蹲式卫生间内的系统控制板与列车上的相关接口对应；坐式卫生间的控制板与蹲式卫生间内的控制板相接。

主控制板主要有以下 5 个任务：

(1)列车与卫生间系统之间的电、气连接。

(2)在卫生系统内接收和分配电源。

(3)控制模块内各个电气子系统的功能，如马桶、门、水箱、水系统等。

(4)通过定义的输入输出信号与列车管理系统进行通信。

(5)用作与列车乘务人员和维护人员进行故障检查、诊断和维护的接口。

2)电/水控制板

电/水控制板是和蹲便器配套使用的水增压器。它包括一个 PE 制水罐，一个控制冲洗功能的电磁阀，一个快速通气阀和安装底板。在水罐的顶部安装了一个自动进水截止阀，利用水的浮力，当水灌满时，自动停止向水罐注水。

3)气动控制板

控制板上的气动控制板对车供压缩空气进行过滤减压，并分配到喷射器等用气设备。该板集成了气源截止阀，空气压力过滤调节器，压力开关，喷射器供气电磁阀，以及污物箱真空开关。一个集中的电气连接器便于电气连接。气源过滤压力调节器可以将车供气压调至系统所需的 6.2bar。压力开关监视空气压力，一旦压力供应低于 3.5bar，压力开关向控制器发出信号，控制器在接收到信号后将停止系统运行。

喷射器电磁阀给喷射器提供气源在污物箱内产生真空，它由系统控制器控制。真空开关通过系统控制器和喷射器的运行保持污物箱内的真空度在 -0.25～-0.31bar 之间。

2.集便装置

1)坐便器

坐便器单元包括不锈钢便盆和排污滑阀等部件。坐便器的外观，如图 3-28 所示。便盆由不锈钢制成，表面经过特殊处理以保证不易粘连污物。便盆装有 3 个冲洗喷嘴，以最少的洗水量能充分冲洗干净便盆的内表面。排污滑阀在便器冲洗时打开，将便盆里的污物排入排污管。另外，便器包括一个水增压器，罐体由 PE 制成，确保冲水时水压适中。便器每次冲洗大约 0.5L 水。

2)蹲式便器

便器单元包括不锈钢便盆和排污滑阀。蹲式便器的外观，见图 3-29 所示。便盆由不锈钢制成，表面经过特殊处理以保证不易粘连污物。蹲式便盆装有 5 个冲洗喷嘴，以最少的洗水

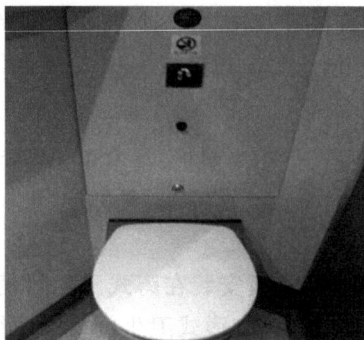

图 3-28　坐便器的外观

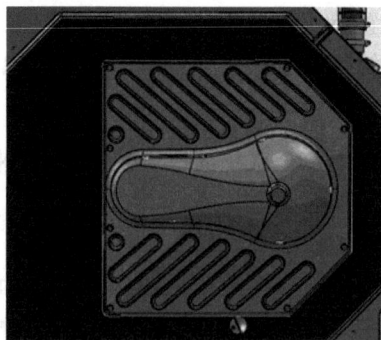

图 3-29　蹲便器的外观

量能充分冲洗净便盆的内表面。排污滑阀在便器冲洗时打开,将便盆里的污物排入排污管。

蹲式便器的冲洗水来自基本单元,包括一个水增压器,罐体由 PE 制成,确保冲水时水压适中。便器每次冲洗大约 0.5L 水。

3)灰水单元

灰水单元由灰水箱、进水管路、出水管路、通气管路和通气阀组成。它安装在洗手台的下方,用于收集洗手池的灰水。灰水单元的进水管路与洗手池相连,出水管路与真空污物箱相连;灰水单元的工作程序由灰水单元控制,当灰水单元控制板发出排空信号后,出水管路的滑阀打开,灰水箱内的灰水被吸入真空污物箱内,然后滑阀关闭,完成排空。为了保证抽吸顺利进行,灰水箱连接通气阀。

列车产生的灰水需采用灰水收集模式。灰水经灰水单元流向带有 1.5L 或 20L 容积的灰水箱。灰水箱内安装有液位仪,当液位仪被触发或水龙头电磁阀开闭动作达到 6 次时,水箱内的水将被收集至污物箱。

课堂讨论3-7

对比 CRH380A 型动车组和 CRH380B 型动车组给排水卫生系统,讨论分析它们洗脸间排水的区别有哪些?

3. 污物箱

CRH380B 型动车组有容量为 300L 和 570L 两种污物箱。污物箱用不锈钢材质制作,是一个真空容器,如图 3-30 所示。污物箱的箱体两端设有排水凸轮锁紧接头,冲洗管和空气管并有相应的球阀。便器系统可以检测到箱体内部的液位状态,设置 20%、80% 和 95% 液位传感器,当箱体液位信号 95% 时,便器系统停止工作。箱体内部设防波板。箱体外部包有 32mm 的防寒材料,与加热棒和伴热线一起来防止箱体和管路内的液体冻结。

图 3-30　污物箱的外观

污物箱用作真空保持系统的污水收集容器,箱体通过箱体顶部与喷射器连接的管路产生真空,箱体通过通风管路通风,箱体内的真空通过连接在箱体顶部的进污管路把污物吸入箱体内。

箱体安装一个加热棒用于对箱体加热。自动温控器控制加热棒的工作状态,温度低于3℃时,加热装置开始工作,温度高于7.5℃时,加热装置停止工作。只有在列车通电时,加热装置才可以工作。如果列车停止供电,箱体必须排空,避免污物冻结损害箱体。

箱体两端安装2.5英寸的球阀及快接凸轮机构用于真空抽吸。抽吸时确保箱体的通风管路和冲洗管路能正常工作。打开通风管路和冲洗管路的联动球阀,在排污管路上连接并锁住抽吸管路,打开排污球阀,一切就绪后可以进行抽吸工作。箱体内的真空度不得超过0.5bar以免对箱体造成机械损坏。抽吸过程持续直到箱体及排污管内的污物全部被排空,关闭球阀。在箱体两端的抽吸管路接头上拆下抽吸设备。当然箱体内的相对压力也不要超过-0.5bar,以免对箱体造成永久性损害。

如果箱体某侧的排污管路被堵塞,需立即停止正在进行的排污工作,可在箱体的另一端继续排污。此后,利用箱体的冲洗功能小心冲洗箱体被堵塞的一侧,再次对箱体进行重复排污工作。排污工作结束后将有少量的液体留在箱体内。由于少量液体的存在,残留在箱体底部的沉淀物不会干结在箱体壁上。

4.集便器的工作过程及原理

集便器冲水循环过程由集便单元的控制单元进行控制。这个过程共分下述5个步骤:

(1)按冲洗按钮:喷射器启动;系统产生真空。如图3-31所示。

(2)冲洗便盘:系统真空度至少达到-18kPa,增压器工作;水阀打开;高压水冲洗便器。如图3-32所示。

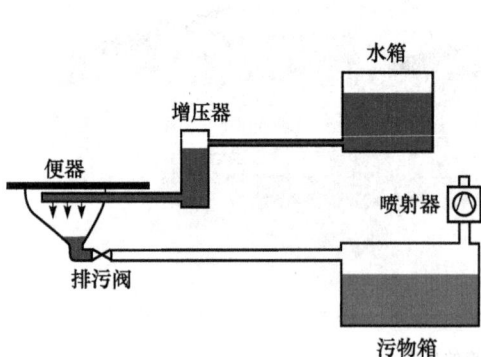

(3)抽污:排污阀打开,同时喷射器、水阀和水增压器停止工作;便器内的污物被转送到污物箱。如图3-33所示。

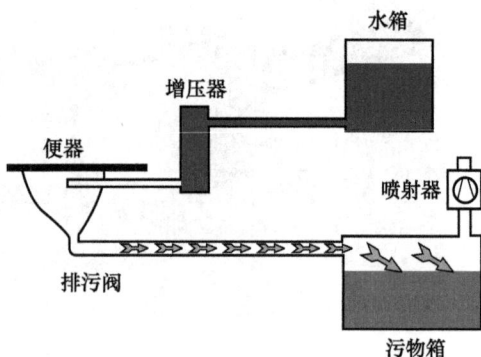

(4)便器恢复最初水位。如图3-34所示。

(5)待命状态:系统转到待命状态排污阀关闭。如图3-35所示。

图3-31 按冲洗按钮

图3-32 冲洗便盆

图3-33 抽污

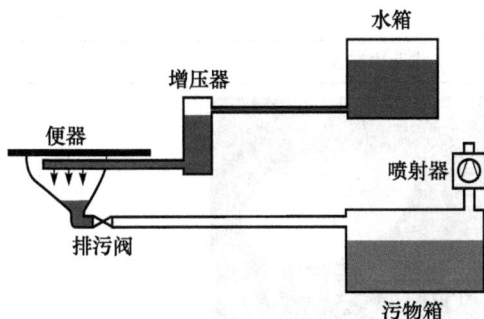

图 3-34　便器恢复水位

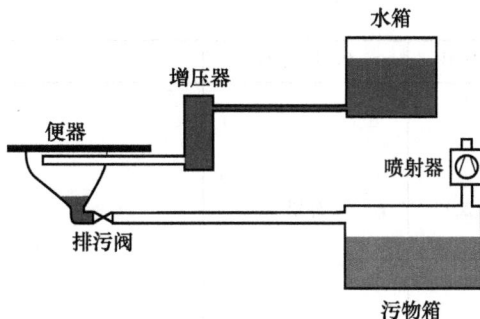

图 3-35　待命状态

任务实施

(1)下发任务单,明确任务内容,学生课前按要求完成预习任务。

(2)教师先演示操作过程及说明注意事项,学生分组模拟完成演练任务。

(3)学生分组讨论演练心得。

(4)教师和各组长担当本次任务的他人评价工作,评判同学们的任务完成情况。

实训 3-3　CRH380B 动车组便器功能测试及检查

以 CRH380B 动车组便器功能测试及检查为例:便器功能的测试及检查前期的准备,见表 3-6;具体作业内容和标准,见表 3-7。

便器功能的测试及检查前期的准备　　　　　　　　　　表 3-6

维修项目:便器功能的测试及检查			
修程	二级修	周期	80 万 km/720 天
车厢号	全列(除 5 车外)	供电条件	无电 & 有电
作业人员	1 人	作业时间	20min/辆
工具清单	手电筒、四角钥匙、EVAC 特殊工具(一套)		
物料清单	中性清洁剂、2 块抹布		
注意事项	①切勿用侵蚀性酸液或含氯的清洁剂等物质清洁或操作此真空厕所装备。 ②在开展维护工作期间不得同时手动操作入口阀和出口阀,防止堵塞		
人员分工	1 人作业,注意作业安全,作业完毕清点工具物料		

便器功能测试及检查的具体作业内容和标准　　　　　　　表 3-7

序号	作业项目	作业内容及标准
1	工前准备	①确认作业计划单中的作业车组号及股道。 ②确认作业股道接触网已供电,动车组已供电。 ③按照工具清单和物料清单清点工具和材料
2	便器外观检查	
2.1	外罩	①外观良好,无变形、无裂纹。 ②安装牢固,固定螺栓齐全,无松动、无脱落、无缺失

续上表

序号	作业项目	作业内容及标准
2.1	外罩	
2.2	便器盖及坐垫	①外观良好,无变形、无破损、无裂纹。 ②安装牢固,固定螺栓齐全,无松动、无脱落、无缺失。 ③转轴外观良好,安装牢固,无变形、无松动、无脱落 ①胶碰外观良好,安装牢固,无变形、无破损、无松脱、无缺失。 ②便器盖转动灵活,无卡滞
2.3	喷头	①外观良好,无变形、无裂纹。 ②安装牢固,无松动、无脱落、无移位。 ③内胆表面无裂纹、无破损

续上表

序号	作业项目	作业内容及标准
2.4	冲洗按钮	①外观良好，无破损、无裂纹。 ②安装牢固，固定螺栓齐全，无松动、无脱落、无缺失。 ③按压按钮，便器动作正常，喷水状态良好，角度正确
2.5	便器功能测试	①对便器进行功能试验： a.在冲洗程序的排水阶段，记录以下各点；按下"冲洗"按钮，并查看是否有下列情况。 b.冲洗循环是否顺利完成。 c.冲洗喷头喷水是否正常。 ②电缆和接头、水管及压缩空气软管和配件外观状态良好，无破损、无裂纹等。 ③对便器及便器中的光学水位传感器清洁、除垢。 ④清洁便器喷嘴：当水垢堵塞喷管从而导致冲喷头无法正常喷水，使用清洁喷管的工具对其进行清洁
3	清理工作	作业完毕对作业现场进行清理，确保作业工具、材料无遗漏，做到"工完、料净、场地清"

复习思考题

一、填空题

1. CRH380A 型动车组供水系统具有供水控制、水箱液位指示及缺水保护功能_____、_____、_____和_____等功能。

2. CRH380A 型动车组 1、3、5、7、8 号车采用_____水箱供水系统；2、4、6 号车采用_____水箱供水系统。

3. CRH380A 型动车组开水器由柜体、电气控制箱、_____、_____、加热腔、_____、电磁阀等器件组成。

4. CRH380B 型动车组的净水箱规格有_____ L、_____ L 和_____ L 三种容量。

5. CRH380B 型动车组卫生系统采用_____式集便系统。

二、选择题

1. CRH380AL 型动车组当供水管路流量大于（   ）时 PLC 开启大流量保护功能控制水泵持续工作。

A. 1.6L/min　　　　B. 2.0L/min　　　　C. 1.5L/min　　　　D. 2.6L/min

2. CRH380A 型动车组(　　)水箱模块安装在餐车下,为餐车厨房供水。

A. 160L　　　　B. 300L　　　　C. 700L　　　　D. 800L

3. CRH380B 型动车组给排水卫生系统共计(　　)种净水箱,(　　)个污水箱。

A. 9、7　　　　B. 8、8　　　　C. 9、8　　　　D. 7、7

4. CRH380B 型动车组卫生系统采用(　　)集便系统。

A. 真空保持式　　　　B. 间歇真空式　　　　C. 真空推拉式

5. CRH380B 型动车组全车设有(　　)个容量为 570L 的负压污物箱,(　　)个容量为 300L 的负压污物箱。

A. 5、3　　　　B. 5、2　　　　C. 3、5　　　　D. 4、4

三、简答题

1. 简述 CRH380A 型动车组车上水箱供水系统排空功能。

2. 简述 CRH380B 型动车组集便器工作过程及原理。

P 项目四 动车组车门系统维护与检修
Project four

项目描述

通过本项目学习,使学生熟知 CRH380A、CRH380B 动车组车门系统的分类、设备分布、组成、技术参数及其工作原理。同时能够完成对车门的常规操作,并能遵守安全操作规程进行车门系统设备的检查与维护作业。

教学目标

【知识目标】

(1)熟知动车组车门系统的分类、结构组成、作用等基础知识。

(2)掌握 CRH380A 动车组、CRH380B 动车组外门的组成及其工作原理。

(3)掌握 CRH380A 动车组、CRH380B 动车组内门的组成及其工作原理。

【技能目标】

(1)能说出车门系统相关的基础知识。

(2)能分析 CRH380A、CRH380B 动车组车门系统的工作原理。

(3)能对 CRH380A、CRH380B 动车组车门进行常规操作。

(4)能正确使用作业工具。

(5)能对 CRH380A、CRH380B 动车组车门系统设备进行检修维护。

【素质目标】

(1)培养安全作业意识。

(2)培养细致认真的职业态度。

(3)培养团结协作的职业态度。

任务一　CRH2C 二阶段 CRH380A(L)动车组车门系统维护与检修

📋 任务描述

　　CRH380A 动车组车门系统有哪些分类？它们各自分布在什么地方？侧拉门由哪些组成部件构成？可以实现哪些功能？车门动作只有简单的开、关吗？各种内门工作原理有区别吗？万一车门在运行途中出现故障,可以进行哪些操作？CRH380A 动车组车门系统的维护与检修作业会用到哪些工具,又有哪些注意事项和作业步骤呢？

📖 知识储备

一、CRH2C 二阶段 CRH380A（L）动车组外门

　　CRH2C 二阶段 CRH380A(L)动车组车门系统都包括外门和内门两大类。外门泛指司乘人员及乘客进入车辆内部的车门;内门是连接车厢与车厢之间或者车厢内各区域之间的通道门。下面将以 CRH380A 型动车组车门系统为例进行讲解。

　　CRH380A 型动车组的外门即侧拉门分布于车体的两侧。侧拉门的外观如图 4-1 所示,通过设置在驾驶室及机械师室内的开关集中控制。侧拉门在构造上力求简化,门板和车体外表面存在 35mm 的错差。侧拉门门口部分与地板为同一面,导轨安装在门袋内。关门时压紧装置将门板向车外方向压紧,保持了气密性,在构造上还具有防冻性能。

　　车厢外部的侧拉门旁边设有显示车厢号信息的显示屏,当侧拉门关闭后,显示屏会熄灭,操纵台的关门显示灯亮起,司机确认关门显示灯状态后方可发车。

(一)侧门分类

图 4-1　侧拉门的外观

　　侧拉门包括宽门和窄门,对应的车门有效宽度为 1010mm 和 720mm;窄门又可分为普通门和单控门两种。头车靠驾驶室的侧拉门和靠近餐车厨房的侧拉门为单控门,可根据需要选择车门是单控还是集控,用于满足司机上下车和餐车工作人员的特殊需求。各车门能用钥匙从车内部锁闭,其中单控门可从外部开启、锁闭(全列共 6 个车门)。

> **课堂讨论4-1**
>
> 　　CRH380A 动车组外门的布置图是怎样的？请绘图。

（二）基本结构和主要技术参数

1.基本结构

客室侧门采用旋转杆气压型式（CRH2C 二阶段为油压式）的内藏侧拉门，侧拉门机构由上部驱动装置、电磁阀组件、旋转杆式压紧装置、下导轨以及供气管路等组成。门板采用隔音复合结构，设有夹层中空玻璃。

单控门结构与普通侧拉门基本相同，具体如图 4-2 所示，增加车内、车外单控开关，更改隔离锁，将隔离锁机械锁闭方式由携门架锁闭改为门板锁闭。

门的驱动机构为带有缓冲机构的直动式气缸，气缸的构造以及动作速度，都充分考虑了防夹功能。同时，CRH380A 型动车组车门具有障碍物检测功能，车门关闭时如检测到障碍物则车门返回打开状态，防止夹伤旅客或夹坏物品；能检测到的最小障碍物尺寸为 30mm×60mm。

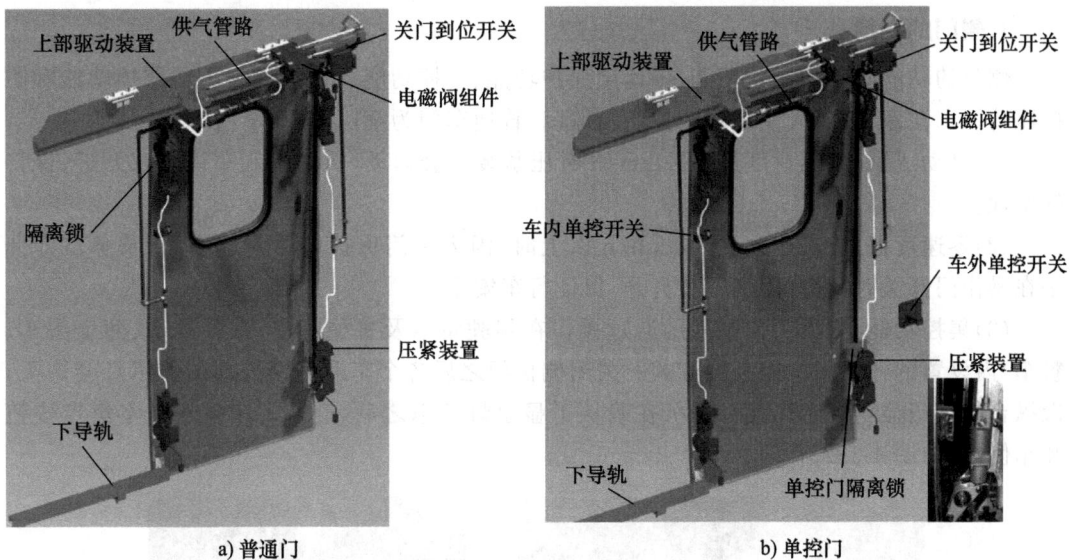

a) 普通门　　　　　　　　　　b) 单控门

图 4-2　普通侧拉门和单控门的结构

2.主要技术参数

（1）进出口尺寸。

进出口宽度×高度：790mm（1080mm）×1850mm。

有效开口宽度：720mm（1010mm）。

拉门行程：781mm（1071mm）。

注意：（　　）内对应为轮椅使用者用门。

（2）电源：DC 100V（+10V、-30V）。

（3）使用空气压力：780～880kPa（来自总风缸）。

（4）关门机械。

动作方式：直动式复动缸。

气缸直径：30mm（今创方案）、32mm（康尼方案）。

缓冲气缸直径：20mm。

活塞直径：12mm。

缓冲行程：150mm。

（5）开关门时间。车门开关门的时间，见表4-1。

车门开关门的时间   表 4-1

开关门时间	门　型	标准(s)	−25℃时的动作时间(s)
开门时间	窄门	$2.5^{+1.0}_{-0.5}$	最大 7.5
	宽门	$3.5^{+1.0}_{-0.5}$	最大 10.5
关门时间	窄门、宽门	$6.0^{+0.5}_{-0.5}$	最大 22

注：开门时间指关门电磁阀励磁到开门到位开关触点状态改变为止时的时间；关门时间指关门电磁阀消磁到关门到位开关触点状态发生改变为止的时间。

3. 侧门的功能

侧门的功能有自动压紧功能、零速度保护功能、集控功能、单控功能、压紧解锁功能和防挤压功能。注意：残疾人使用的侧拉门为宽门、普通车门为窄门；头车窄门可以实现单控。

（1）自动压紧功能：速度达到30km/h时压紧装置会启动，将门板和车体紧密贴近，保持气密性。

（2）零速度保护：在速度达到5km/h以上时，因为关门保护电路在起作用，乘务员即使是在操作门开关时，侧拉门也不会打开，保证行车安全。

（3）集控功能：侧拉门装置采用通过操作在驾驶室以及机械师室、乘务员室（两个头车、餐车）内设置的开关集中控制的方式。关闭侧拉门之后各个车厢侧面外部的显示灯会熄灭，操纵台的关门显示灯会亮起。司机在确认了显示灯状态之后，进行发车。驾驶室集控按钮和车侧灯，如图4-3所示。

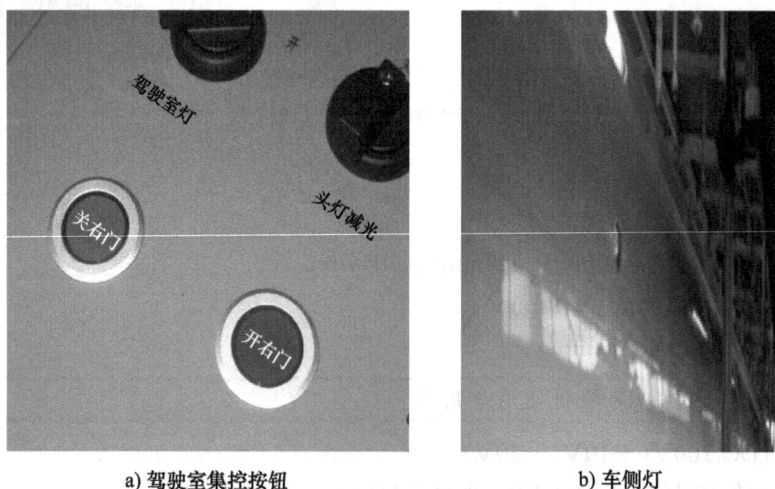

a) 驾驶室集控按钮   b) 车侧灯

图 4-3　驾驶室集控按钮和车侧灯

机械师和乘务员可以通过专用钥匙打开集控按钮锁，然后通过手动操作集控按钮集控整列车门的关闭。

(4)单控功能:首先需要把配电盘的单控门转换开关打到手控状态,在车内可以用专用钥匙打开立罩上的单控门操作开关,即可打开、锁闭相应单控车门。车外可以通过专用钥匙操作单控门车外操作开关实现单控门的打开、锁闭。单控门的操作开关,如图4-4所示。

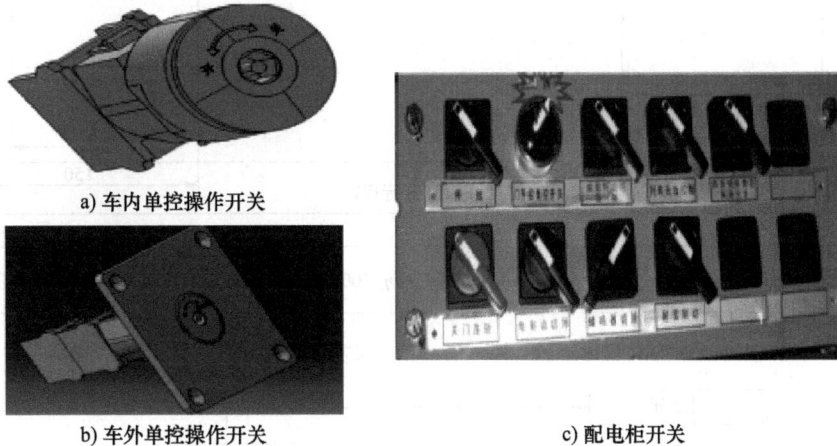

a) 车内单控操作开关

b) 车外单控操作开关

c) 配电柜开关

图 4-4　单控门的操作开关

(5)压紧解锁功能:通过专用钥匙打开紧急开门阀检查口,将紧急开门阀由接通位旋至截止位,带排气功能的开门阀会将气缸内气体排出,手动拉动门板扣手,打开侧拉门。紧急开门阀,如图4-5所示。

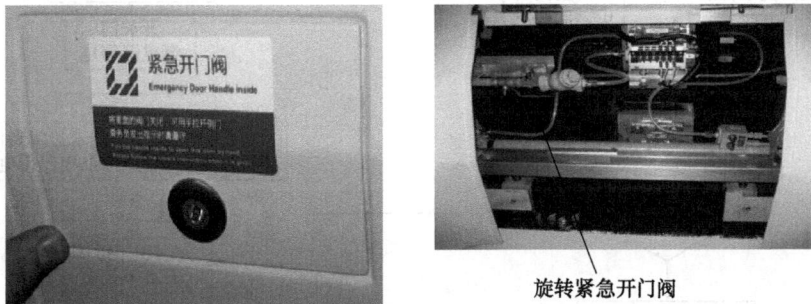

旋转紧急开门阀

图 4-5　紧急开门阀

(6)防挤压功能:CRH380A侧拉门采用弱动气缸降低关门力的措施来实现防挤压功能。特殊的气缸结构可以使在门的关闭过程中有两种关门力,具体的车门关闭力如图4-6所示。车门关闭前的挤压力不大于177N,车门关闭后可手动拉开车门150mm。

4.车门动作流程

侧拉门压紧装置为气压旋转杆式,通过锁紧气缸来顶住门的构造;速度达到30km/h以上时压紧装置会启动,将门和车体紧密贴近,保持气密性。并且,在运行速度达到5km/h以上时,因为关门保护电路在起作用,乘务员即使是在操作门开关时,侧拉门也不会打开;但是在紧急情况下,可通过操作车内门罩板上部的气阀,将门压紧气缸里的空气强行排空,然后手动可以开门。其具体的动作流程,如图4-7所示。

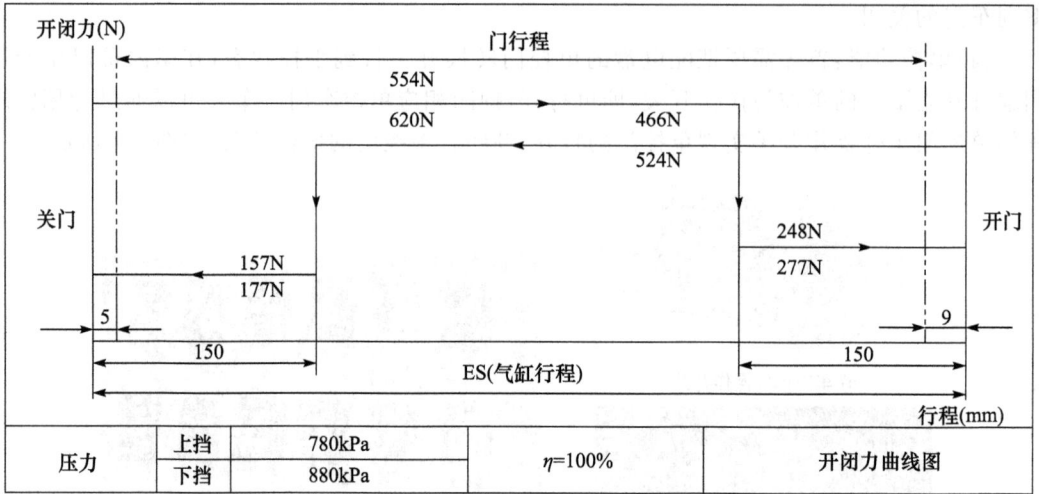

图 4-6　车门关闭力

压力	上挡	780kPa	$\eta=100\%$	开闭力曲线图
	下挡	880kPa		

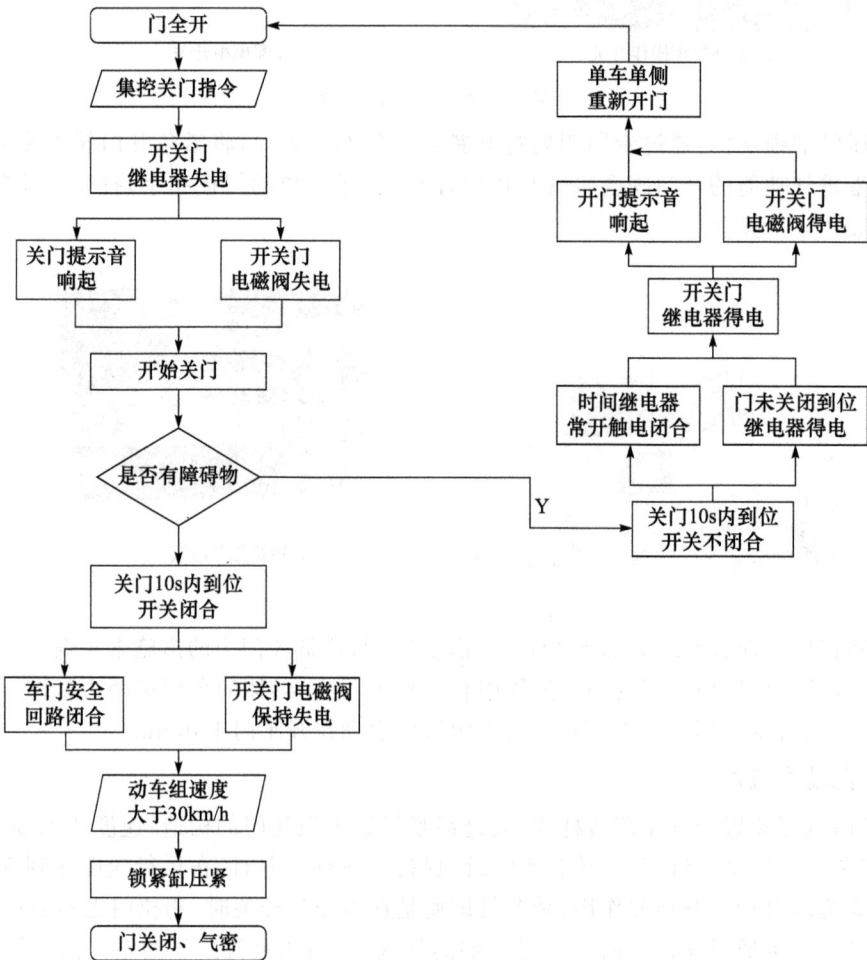

图 4-7　车门的动作流程

　　动车组得到关门指令,车门关闭完好,启动提速到 250km/h 后逐渐减速停止得到开门指令。请问这个过程车门的动作顺序是怎样的?请绘图。

二、CRH2C 二阶段 CRH380A(L)动车组内门

　　CRH380A 动车组内门是车厢内各部分之间的通道门或进入各独立空间区域的通道门。内门主要由外端门、内端门、小间门、残疾人厕所门组成。其中内端门为感应式电动门,残疾人厕所门为按钮式电动门,小间门为手动拉门。

(一)外端门

　　外端门是装在两辆车之间的贯通口上为防火而设置的不锈钢制的手动拉门,在 1~7 号车的 2 端位各设有一个外端门。并且,为了在全开、全关时能够依然保持其状态而设置了压紧装置。在正常运用中该门藏于外端墙的内部,是不使用的,通过弹性定位装置保持固定状态。需要使用时,先把手动拉手从门板内取出,然后用力拉动拉手,便可以把门拉出,门板上的扣手露出;然后必须把拉手缩回到门板内部,才能继续关门,关门到位后,弹性定位装置把门板顶紧在外端墙上,起到隔离两辆车的功能。

(二)内端门

　　内端门为红外感应开关控制的电动式自动门,通过顶板内光电开关的检测来自动进行开、关。内端门有适用于轮椅使用者(4 号车 2 端位)的大宽度(净开度:890mm)类型和普通宽度(净开度:750mm)类型 2 种。门板主结构为玻璃,三面铝型材包边门上部的夹玻璃型材同时起到携门装置功能。人或物体通过时,门两侧的光电开关将检测信号传递给门控系统,从而实现自动开门。并且,自动开关门有故障时(停电时),用手动也能轻松进行开闭。

1.内端门的结构

　　内端门由门扇部分、承载部件、传动机构、门控器、检测开关、转换开关等组成。

　　(1)门扇部分。门扇部件包括:承载小车、前后挡、下挡组件、夹层钢化玻璃、扣手、后挡胶条、下滑块、门锁等零部件,如图 4-8 所示。

　　(2)承载部件。承载部件包括:上导轨组件、门控器组件、开关组件、传动机构、缓冲头组件、隔离锁组件等零部件。

　　(3)传动机构。传动机构包括:从动带轮、齿型皮带、支架、电机、皮带夹紧机构等零部件。

　　(4)电控系统。包括电子门控器(EDCU)、红外传感器、手动电动切换开关、关到位隔离开关、电机等,如图 4-9 所示。

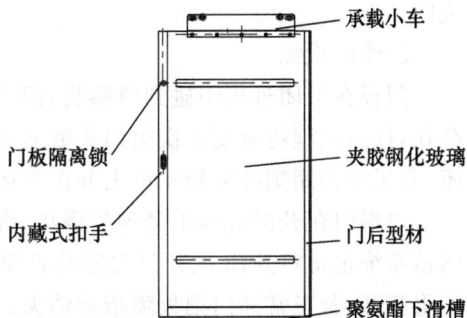

图 4-8　内端门的门扇部分

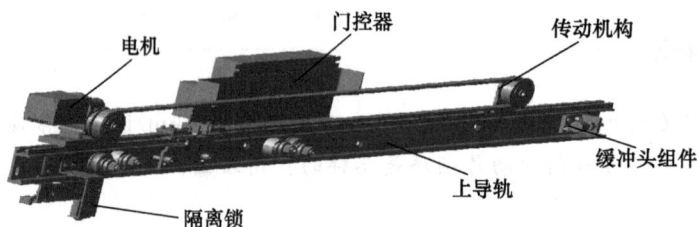

图 4-9　内端门的电控系统

2.内端门的主要技术参数

(1)尺寸参数

普通门通过净宽:(750±5)mm。

大宽门通过净宽:(890±5)mm(注:轮椅使用者)。

门通过净高:1950mm。

(2)电气参数

供电电压:DC 70V～DC 125V。

3.内端门操作及功能

内端门操作方式为手动操作、电动操作,由手动/电动切除开关进行切换。通常状态下内端电动拉门为常闭状态;特殊情况下需将门锁闭时,可通过四角钥匙操作门扇上的四角锁闭内端门,并且电控系统同时断电。

1)手动操作

手动电动切换开关拨到 OFF 位置,即断开电控系统输入电源,此时门系统处于手动操作状态;可通过推拉门板前端中部位置的门扣手以实现门板的开启和关闭。

2)电动操作

手动电动切换开关拨到 ON 位置时,电控系统上电,门系统将以低速进行第一次关门,初始化系统参数;初始化完成后,进入电动操作状态。

开门:手动电动切换开关拨到 ON 位置,门系统处于通电状态,人或物体进入光电开关检测区域范围内,感应开关将输入信号传输至电子门控器;门控器接收到开门信号后通过控制电机来实现开门动作。

关门:门开到位后,电子门控器未探测到有物体时,门控器延时 4s 后(0～10s 可调)自动关门。

3)障碍检测

门板在关闭过程中碰到障碍物,门会再次自动打开然后再重新关闭。如果障碍物依然存在,这一过程将重复 3 次关门失败之后,门将保持打开,并给出故障指示。30s 以后门将关闭,若正常关闭则故障指示消失并正常运行;若仍遇到障碍物则重复以上过程。

内端门在开门过程中碰到障碍物,将自动停止开门动作 4s,然后重新关闭。继续通过传感器系统正常打开,3 次开门失败并且没有达到全开后,门控器要给出故障指示。30s 以后门将打开,若正常开门则故障指示消失。

当门运动至最后约 25mm 内的位置时,障碍物检测功能失效。

4)门隔离

当门处于关到位时,用四角钥匙操作隔离锁可以将门系统进行机械锁闭。在此过程中,隔离锁上的隔离开关动作后,电控系统电源被切断。

(三)小间门

1.乘务员室拉门、机械师室拉门

乘务员室拉门、机械师室拉门均为手动拉门,门板上设有乳白色聚碳酸酯玻璃窗和换气用的通风板。乘务员室门设专用锁,室内带内手动锁闭功能。机械师室门设专用锁,与驾驶室后端门采用同一把钥匙。

2.卫生间拉门

卫生间拉门不设窗户,设置了换气用的通风板,同时设门把手和在内侧锁闭的暗锁。适用轮椅使用者(一等车)的卫生间门加宽,通过按钮开关进行开闭。

3.厨房拉门

厨房门为手动转轴门,门板上设有乳白色聚碳酸酯玻璃窗和换气用的通风板;厨房内带内手动手把,厨房外为通用锁。

4.驾驶室隔门

驾驶室隔门为手动转抽门,设于头车驾驶室与观光区之间,向观光区侧打开,该门为不透明玻璃门。驾驶室隔门设专用锁,与机械师室门采用同一把钥匙。

1)在驾驶室侧开关门

开门时,用手握住把手,沿顺时针方向转动把手,此时门锁打开,向外推门,驾驶室隔门打开。关闭时,用手握住把手向内拉门,当门碰到门框时,门关闭。

2)在观光区侧开关门

开门时,用一只手握住把手,用另一只手拿钥匙沿逆时针转动锁芯,直到转不动为止,此时门锁打开,向内拉门,驾驶室隔门打开。关闭时,用手握住把手向外推门,当门碰到门框时,门关闭。

⏰ 任务实施

(1)下发任务单,明确任务内容,学生课前按要求完成预习任务。

(2)教师先演示操作过程及说明注意事项,学生分组模拟完成演练任务。

(3)学生分组讨论演练心得。

(4)教师和各组长担当本次任务的他人评价工作,评判同学们的任务完成情况。

实训 4-1　CRH380A 型动车组侧门检测及清洁

以 CRH380A 型动车组侧门检测及清洁为例。

1.修程:二级修。

2.维修周期:3 万 km/30 天。

3.作业人员:机械师 2 名。

4. 作业时间:30min/辆。

5. 供电条件:有电。

6. 作业工具:一字螺丝刀、十字螺丝刀、内六方扳手、通用钥匙、油枪、毛刷、检测块(30mm×60mm)。

7. 物料清单:干净白布、布鲁克润滑油脂、橡胶手套。

8. 注意事项:

(1)作业人员应按规定穿戴劳保用品。

(2)无电作业前应确认动车组受电弓已降下,接触网已断电,接地杆已挂,停放制动已施加。

(3)作业时防止磕碰伤。

(4)作业过程中作业工具、材料及配件定置摆放。

(5)作业过程中防止油品污染,周边无吹灰及清洁作业。

(6)作业时应严格遵循现场的安全规定。

9. 作业程序:

1)检查侧门外侧外观。

在车下检查侧门外观,确认不变形、油漆不脱落。

2)检查侧门装置内各机构。

(1)用"一字"螺丝刀将门罩的两个安装螺栓卸下,打开侧门门罩,清除杂物。

(2)确认连接金属件、上滑轮、导轨无异常。

(3)确认关门开关的安装状态无异常。

(4)确认侧门的机械安装状态无异常。

(5)确认侧拉门供气管路无泄漏现象。

(6)确认电磁阀的安装状态无异常。

(7)确认压紧气缸的安装状态及压紧作用无异常。

(8)对侧拉门机构驱动气缸的活塞杆进行润滑。

切断门机构气源,手动把侧拉门打开,气缸杆伸出;在伸出的气缸杆上,用油壶滴注适量180号透平油,不要使油从气缸杆上滴下污染侧拉门,然后手动缓慢把门关闭,反复开关门2～3次,使气缸杆上的润滑油浸入到毛毡垫圈内,最后恢复供气。

3)检查侧门附属装置(此项应在全部侧门1、2项检查结束后进行)。

(1)确认门窗玻璃、侧门内侧的外观无异常。

(2)手动打开侧门,确认门板胶条、门前胶条无异常。

(3)确认车侧显示灯的性能无异常。

4)侧门开门时间测试(列车供电状态,闭合 车上试验 、 空挡 开关)。

(1)确认各辆车侧门手动隔离置于开位。单控门处于集控状态。

(2)打开中央控制装置,按检修开关,进入检修模式。

(3)触摸监控显示器(MON) 车上检查实行 、 试验项目 ,再触摸 车门开关试验 、触摸 确认 。

(4)确认驾驶台关门显示灯亮,将 关车门安全 开关闭合。

(5)确认侧开门「按下」后，关车门安全断开。

(6)用 1 位侧机械师室的开关打开侧门，确认操纵台关门显示灯灭。

(7)触摸监控显示器下一页面键后，触摸确认键。

(8)用 2 位侧乘务室的开关打开侧门。

(9)触摸显示器下一页面键后，触摸确认键。

(10)用 1 位侧机械师室的开关，关上侧门。

(11)触摸监控显示器下一页面键后，触摸确认键。

(12)用 2 位侧乘务室的开关，关上侧门，确认关门显示灯「亮」。

(13)触摸显示器下一页面键后、触摸确认键，显示关门时间为 5～7.5s，窄幅侧拉门开门时间为 2～3.5s，宽幅侧拉门开门时间为 3～4.5s。

(14)触摸显示器试验结束键后、触摸确认键。

(15)断开车上试验、空挡开关。

5)侧门开关试验(列车供电状态)。

(1)确认侧门关门显示灯亮。

(2)将关车门安全开关闭合，并一直保持；监控显示器显示各车「压紧」状态，对各车门压紧状态进行确认。

(3)操作机械师室和乘务室的开关，开 1、2 位侧侧门，确认两侧门无法打开。

(4)操作机械师室和乘务室的开关，关闭 1、2 位侧侧门开关、松开关车门安全开关，确认自动复位。

(5)操作机械师室和乘务室的开关打开 1、2 位侧侧门，确认各车门开启状态。

6)靠驾驶室的单控门试验。

(1)把单控门转换开关处于单控状态，操纵驾驶台上的开门开关，确认车门不打开。

(2)每个单控门从车内和车外分别操作开关门开关，确认车内能够正常开关门。

(3)把单控门打开，操纵驾驶台上的关门开关，确认车门不关闭。

(4)从车外把车门关闭，旋转开关到"关．压紧"位置并保持 2～3s，确认车门能够压紧。

7)结束试验，各部位恢复。

任务二　CRH3C、CRH380B(L)、CRH380CL 动车组车门系统维护与检修

📋 任务描述

CRH380B 动车组车门系统与 CRH380A 动车组车门系统有何区别呢？它的设备组成、分布是怎样的？侧门的组成有哪些，其部件是如何配合工作的？为什么动车组还会出现夹物事件？CRH380B 动车组车门系统的维护与检修作业又是怎样的呢？

知识储备

一、CRH3C、CRH380B（L）、CRH380CL 动车组外门

（一）侧门设置

CRH3C、CRH380B、CRH380BG、CRH380BL、CRH380CL 型动车组侧门为单页电动塞拉门,沿动车组纵向对称布置。车厢功能不同侧门设置数量也不同,具体见表 4-2。侧门设计适合动车组高速运行的要求,能够承受动车组正常运行时车内外空气压力变化,能阻挡动车组出入或穿行隧道时压力波变化带来的影响。下面将以 CRH380B 型动车组车门系统为例进行讲解。

动车组各车厢侧门设置数量表（单位:个）　　　　　　　　表 4-2

车型＼车厢	头车	餐车	VIP	带残疾人卫生间的车	其他车
CRH3C	2	0	未设置	2	4
CRH380B	2	0	未设置	2	4
CRH380BG	2	0	未设置	2	4
CRH380BL	2	0	2	2	4
CRH380CL	2	0	未设置	2	4

（二）基本结构

CRH380B 动车组外门主要由门框、门扇、驱动单元、设备安装架、内部操作面板、外部控制面板、门控器(DCU)、站台补偿器渡板等部件组成。其具体结构组成,如图 4-10 所示。

1.门框

采用整体式门框,由铝型材和铸铝件拼焊而成。相对散装门框,该门框具有安装快捷、简单,调试容易等特点。

2.门扇

当门完全关闭时,门扇和车体保持在同一平面,打开时,门扇向外 45°,沿着转向架方向运动。门扇采用内部充填发泡隔热材的结构,设计度宽约为 900mm,高度约为 2050mm。该结构具有更高的隔音隔热性能,密封采用了双层密封,使其具有了一定的气密性能。

门扇上的玻璃具有密封性,也可作为紧急出口,在门扇边沿的外侧和内侧安装有防挤压感应胶条(双层胶条)。感应胶条在没有挤压情况下其电阻为 1200Ω;当有障碍物挤压时,其电阻值很快减小。

门扇下部安装有导轨。隔离锁集成在门板内,可以通过专用钥匙从内部或外部手动操作进行门的机械隔离,并通过隔离锁锁舌触动设备架上的限位开关,实现电气隔离。门板外部的中上部设有按钮。

3.驱动单元

该门的驱动机构采用直流电机驱动,相比气缸驱动,可以更加容易地精确控制开关门时

间,且开关门的速度,在行程内可实现多段可调。

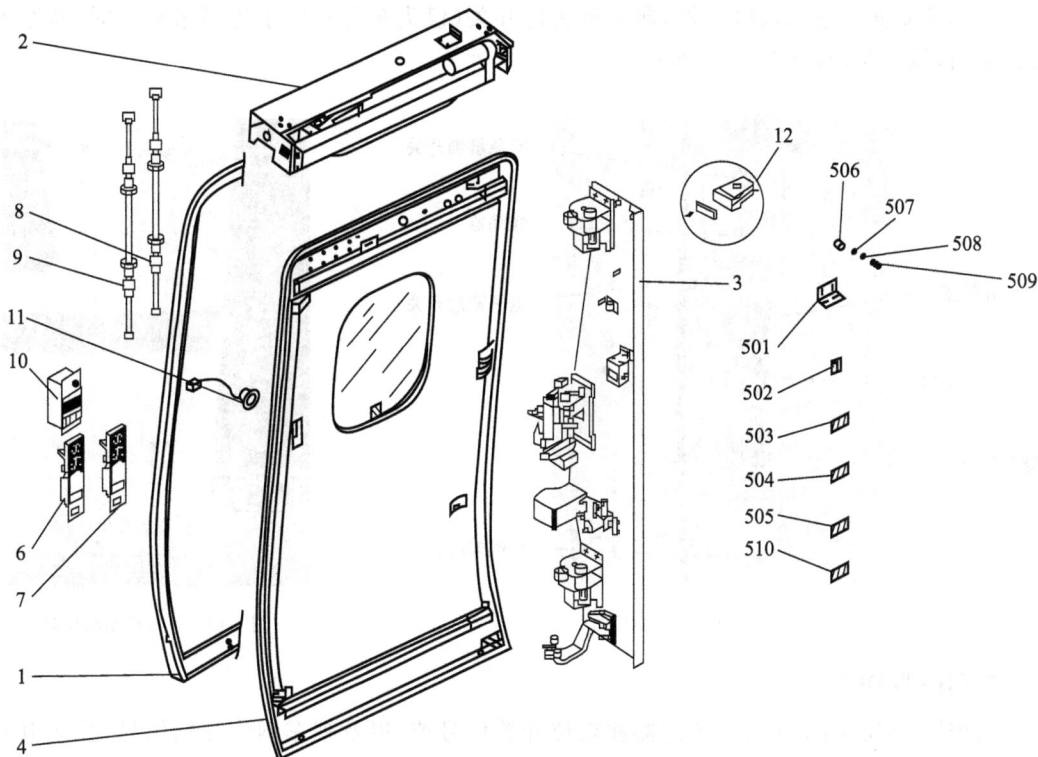

图 4-10　CRH380B 型动车组侧门的组成

1-门框;2-驱动单元;3-设备安装架;4-门扇;6-内操作面板总成;7-外操作面板总成;8,9-钢丝软轴;10-紧急开关;11-线束总成;12-电气件总成;501-角铁;502,503,504,505,510-垫片;506-偏心轮;507-机螺钉;508-沉头螺钉;509-弹簧垫圈

驱动单元由导轨、驱动电机、丝杠、光杆及其他接触传动装置构成;电机由 110V 直流电压供电。

4.设备安装架

设备安装架集成了门锁单元,结构上装有辅助气动锁(2 个),主锁(1 个),隔离锁闭开关,"紧急把手启用"限位开关,"门关闭 & 锁闭"限位开关,锁闭电机限位开关,锁闭电机,紧急装置电磁阀 K4,站台补偿器驱动气缸,气缸电磁阀等装置。

5.内部操作面板

内部操作面板上装有乘客开门按钮,乘客关门按钮,蜂鸣器,紧急解锁开关,紧急解锁拉板,电子紧急开关(位于方形玻璃后面),远程关门启程开关,如图 4-11 所示。

在紧急情况下,由列车员通过方形钥匙操作入口紧急开关或由乘客敲碎玻璃,按压后面的电子紧急开关,将接通一电信号,可以将门解锁;前提必须是在车速<10km/h,操作电子紧急开关后,气动锁断气解锁,再拉动紧急解锁拉板,使得机械主锁解锁,之后可以手动将门打开。

6.外部控制面板

外部控制面板包括入口装置,乘务员钥匙开关(仅头车有);用于边门未释放时,从车外解锁车门,进入车内,如图 4-12 所示。

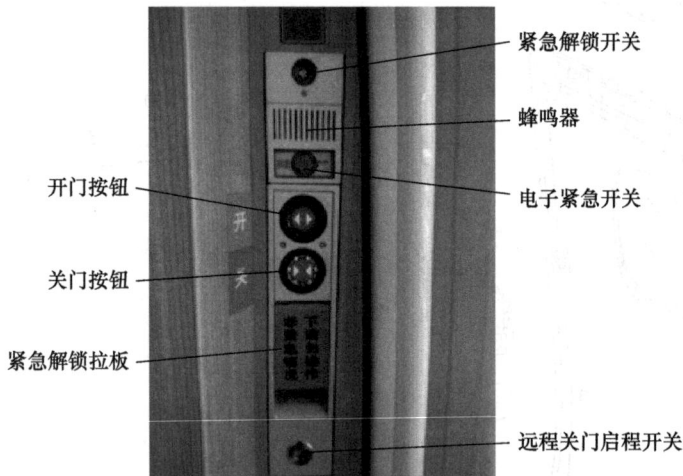

図 4-11　内部操作面板图　　　　　　　　　　图 4-12　外部控制面板图

7.门控器 DCU

门控器 DCU 用于接收各传感器和限位开关信号值,以及列车网络控制信号,控制电机动作和各电磁阀通断,从而控制整个边门的动作,同时还有自我诊断与列车网络反馈通信的功能。门控 DCU 分主门控 DCU 与从门控 DCU,两者区别在于:主门控 DCU 具有与列车网络通信的功能接口,而从门控 DCU 须经过主门控 DCU 才能与列车网络进行通信。一个车只有一个主门控 DCU,其他均为从门控 DCU,各门控 DCU 通过 CAN 线连接。如图 4-13 所示。

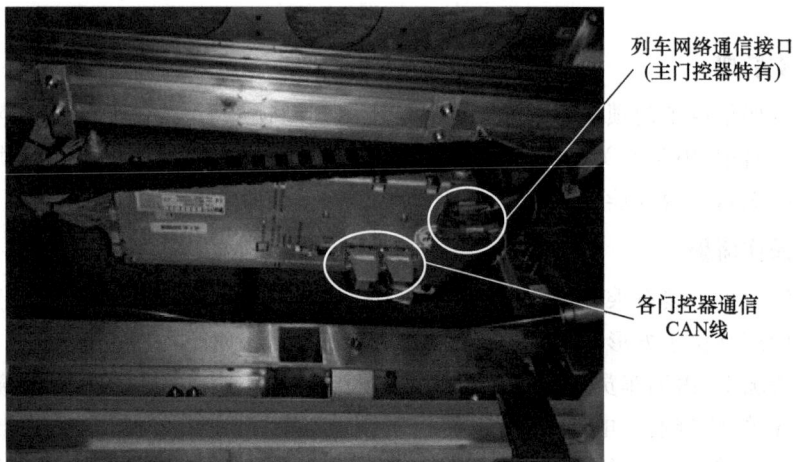

图 4-13　门控器 DCU

8.站台补偿器渡板

站台补偿器渡板属于电控气动装置,并与塞拉门协调工作。如图 4-14 所示。它用于车门打开时,减少车组与站台的距离,使旅客方便上下车。当塞拉门打开 150mm 时,站台补偿器开始向下转动翻板,直至完全打开;当塞拉门关闭到仅剩约 150～300mm 的开口宽度时,站台补偿器向上转动翻板,直至完全收起。

图 4-14　站台补偿器渡板

课堂讨论4-3

对比 CRH380A 型动车组和 CRH380B 型动车组外门,讨论分析它们设备组成和分布的区别有哪些?

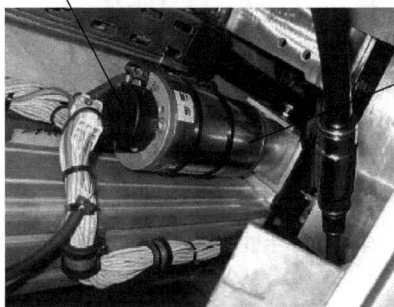

图 4-15　门驱动装置图

(三)部分控制器件功能

1.驱动装置

门扇的打开和关闭过程由 110V 电压供电的电机 M1 驱动。电机的正反转由门控器 DCU 内部软件控制电机两端电压极性来控制。电机一端安装一位置传感器 B1,感应门扇的位置。如图 4-15 所示。

电机的转向轴端连接一皮带,通过皮带把电机的动力传给丝杠;根据丝杠原理,丝杠的转动带动导向控制管的水平移动,从而导向控制管通过滚动触动使门扇沿导向管打开或关闭。门关闭时的示意图,如图 4-16 所示;门打开时的示意图,如图 4-17 所示。

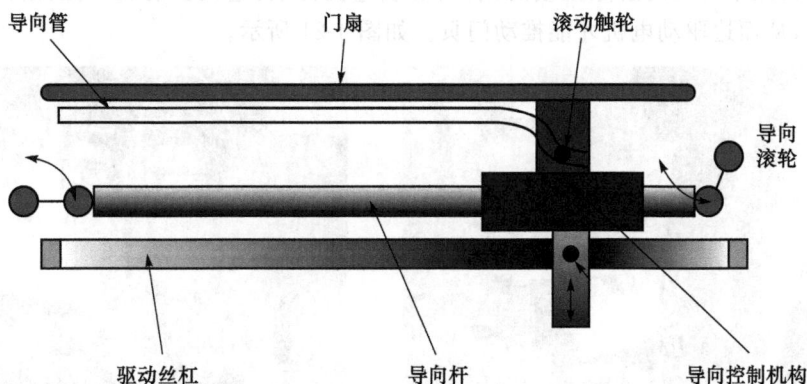

图 4-16　门关闭时的示意图

111

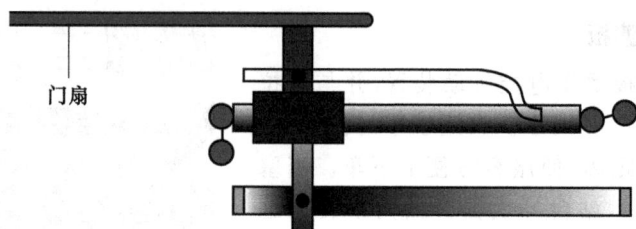

图 4-17　门打开时的示意图

2.承载小车

承载小车是驱动电机驱动门页运动的中间载体,驱动电机通过皮带带动丝杆转动,丝杆带动承载小车水平运动,承载小车推动门页。如图 4-18 所示。

3.主锁

主锁用于门关闭时,将门页机械锁死在车体上。如图 4-19 所示。

图 4-18　承载小车

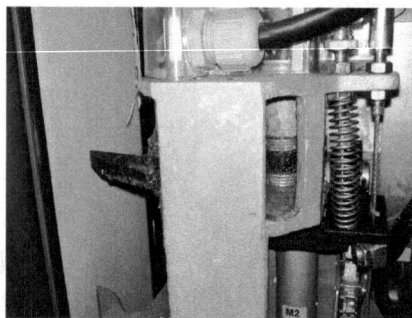

图 4-19　主锁

4.辅助气动锁

辅助气动锁用于边门关闭时,与主锁一起将门页扣死在车体上,保证车内与车外的密封性。如图 4-20 所示。

5.解锁电机

解锁电机用于开门时解除主锁的锁,当解锁电机得电,电机会旋转一圈,解除边门门页的机械锁定,从而边驱动电机才能推动门页。如图 4-21 所示。

图 4-20　辅助气动锁

图 4-21　解锁电机

6.紧急解锁限位开关 B4

紧急解锁限位开关用于监测紧急解锁是否被操作。如图 4-22 所示。

7.隔离锁及隔离锁闭限位开关

隔离锁闭限位开关用于监测边门是否处于隔离状态。当门在关闭位置出现故障时,使用方形钥匙旋转门扇上的隔离锁,其外观如图 4-23 所示;门扇内部的锁舌伸出,碰到隔离锁闭限位开关 B6,其外观如图 4-24 所示,使其接通一电信号给 DCU,同时接通车上的电源给控制气动锁的电磁阀,使气动锁一直处于工作状态,可以将门锁闭在关闭位置,即使操作紧急扳手门也无法打开。

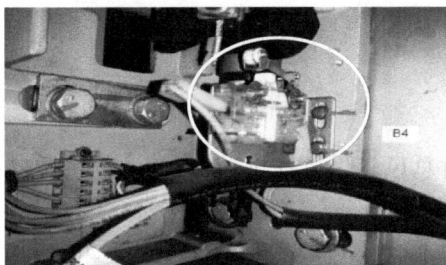

图 4-22 紧急解锁限位开关

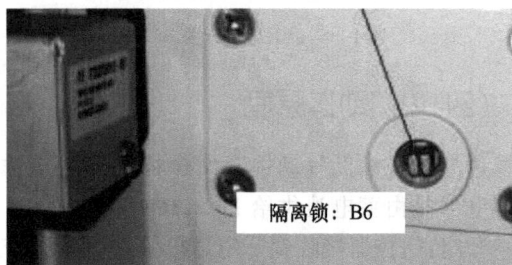

图 4-23 隔离锁

8.门关闭且锁闭限位开关 B7

门关闭且锁闭限位开关 B7 的外观,如图 4-25 所示,用于监测主锁动作与否。

图 4-24 隔离锁闭限位开关 B6

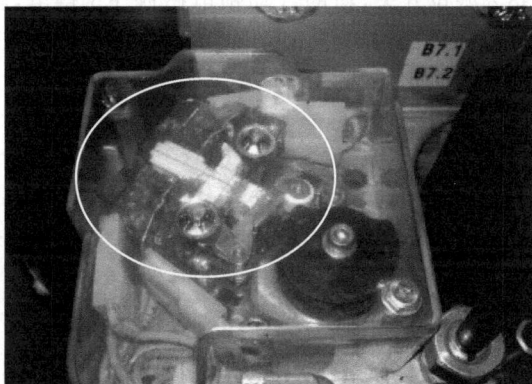

图 4-25 门关闭且锁闭限位开关 B7

9.98%限位开关 B8

98%限位开关 B8 的外观,如图 4-26 所示,用于监测门页的动作行程;当其被触发时,辅助气动锁会动作,将门页扣死在车体上,其好坏影响车门是否能正常关闭。

10.100%限位开关

100%限位开关,如图 4-27 所示,用于监测门页的行程,当其触发,表示门页正常关闭,与 98%限位开关相辅相成。

图 4-26　98％限位开关 B8

图 4-27　100％限位开关

(四)边门动作原理

边门系统辅助气动锁及站台补偿器的动作是由总风管供风提供动力；驱动电机及门控器等电器是由蓄电池供给 DC 110V 直流电。

开门：门控器接收到开门请求信号，辅助气动锁电磁阀 K3 失电，辅助气动锁打开，门页向外弹出一小段距离。最后解锁电机动作，主锁打开。最后驱动电机动作，带动门页在朝开门方向运动。一段距离后，门开度约 150mm 时，站台间隙补偿器开始伸出，门页继续移动，直至全开。

关门：门控器接收到关门请求信号，驱动电机带动门页朝关门方向运动。一段距离后，门开度约 300mm 时，站台补偿器开始收回。然后门页继续运动，在门页即将到达关闭位置时，触发 98％限位开关，辅助气动锁电磁阀 K3 得电，辅助气动锁动作，将门页紧扣在门框上。触发 98％限位开关的同时切除防挤压胶条的功能。最后主锁将门锁紧。100％限位开关动作，门完全关闭。

课堂讨论4-4

对比 CRH380A 型动车组和 CRH380B 型动车组外门，讨论分析它们外门开关动作上的区别有哪些？

二、CRH3C、CRH380B（L）、CRH380CL 动车组内门

CRH3C、CRH380B、CRH380BG、CRH380BL、CRH380CL 型动车组内部门分为：外端门、内端门、驾驶室门、乘务员室门、卫生间门等几种。外端门位于中间车两端和头车尾端，是风挡与客室间的通道；内端门位于各车通过台与客室之间；驾驶室门位于头车前端，是驾驶室与客室间的通道；乘务员室门是乘务员室与客室间的通道；卫生间门是卫生间与客室间的通道。下文以 CRH380B 型动车组为例进行介绍。

(一)外端门

外端门即风挡门，共有自动门和手动门两种结构形式。自动门和手动门的设置主要取

决于运用需要。

自动风挡门为电控电动式双开移动门,门页采用一个铝框和一块防火玻璃组成,左门上装有一个隔离锁,能在门关到位时将门锁定并隔离。左右门上各有一个拉手,在门系统断电、隔离锁未锁闭时能够将门打开。手动门没有电气系统。

这种门页结构简洁、大方,门系统的承载驱动机构具有结构简单、运动阻力小、安装方便、可靠性高以及自动复位功能等优点。

主要参数如下:最大开度为1100mm,通过高度≥1900mm;防火性能满足DIN5510,在发生火灾情况下,可保证隔离火势15min不蔓延至邻车。

1.外端门的组成结构

风挡门主要由上部机构、门扇、下部导轨及开关、传感器、门控单元(仅自动门有)等部件组成,如图4-28所示。其主要作用是实现门扇与车体的连接以及实现门的运动。

2.系统原理

电机通过减速器驱动皮带轮旋转,带动齿形带运动,齿形带拖动上导轨上的滑车运行,滑车带动门扇移动,通过门控单元、开关和传感器实

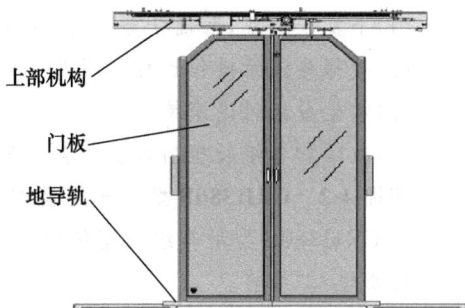

图4-28 外端门的组成结构

现门的控制。双开门是通过齿形带实现同步开关的。电气部分在环境温度超过预定极限时(例如:遇到火灾时),会自动切断总电源,防止产生误动作;机械部分具有自动关门功能;玻璃门扇的玻璃采用特种防火耐高温玻璃;门扇四周设有用特殊材料制成的遇火即膨胀的密封带,起到隔绝烟雾和火焰的作用。

手动门没有电气部分的部件。

(二)内端门

内端门为电控电动式单开移动门,主要由门机构、门扇、玻璃间壁、木间壁、客室横梁等组成。

(1)门机构:是指门系统的移动承载机构,具有结构简单、运动阻力小、安装方便、可靠性高等优点。

(2)门扇:采用一块安全玻璃制成,这种门扇结构简洁、大方。

(3)玻璃间壁:采用一块安全玻璃制成,这种间壁增加了客室的通透性。

(4)木间壁:采用胶合板制成,用于保护和遮挡卫生间设备,并安装有茶桌。

(5)客室横梁:连接中顶板和平顶板间的一个过渡。内部显示、厕所显示、火灾报警显示、车内制动拉手和蜂鸣器都集成在客室横梁上。

(三)驾驶室门、乘务员室门

驾驶室门和乘务员室门均为手动摆门。门扇采用铝合金框架内衬大玻璃的复合结构。设置有手动门锁和开关门的把手,门锁使用专用钥匙开启。

(四)卫生间门

卫生间门分为标准卫生间门和残疾人卫生间门。标准卫生间门是手动摆门,残疾人卫生间门是曲面推拉。

卫生间门内门页上设置有手动门锁和开关门的把手;外门页上设置有钥匙锁和门把手。当门从内部关闭并将门用手动门锁锁上后,门页外的显示屏上显示"有人"信号,同时通过旅客信息系统在客室端墙的显示屏上也显示"厕所有人"的信号。

🕐 任务实施

(1)下发任务单,明确任务内容,学生课前按要求完成预习任务。

(2)教师先演示操作过程及说明注意事项,学生分组模拟完成演练任务。

(3)学生分组讨论演练心得。

(4)教师和各组长担当本次任务的他人评价工作,评判同学们的任务完成情况。

实训4-2　CRH380B型动车组客室侧门紧固件检查和运动机构润滑

以CRH380B型动车组客室侧门紧固件检查和运动机构润滑为例。

1.修程:二级修。

2.维修周期:10万km/90天。

3.作业人员:机械师4名。

4.作业时间:120min/辆[全列(除5车外)]。

5.供电条件:无电+有电作业。

6.作业工具:手电筒、四角钥匙、内六角棍(8mm)、力扭扳手、套筒扳手、叉口扳手、手动胶枪、实验杆(30mm×60mm)。

7.物料清单:润滑脂、胶条润滑脂、酒精、吸油纸、海绵方块、抹布。

8.注意事项。

(1)关闭车门时注意挤压危险。

(2)检查时不能切断电源,因此当在门区域工作时必须很小心。

(3)在执行维护和检修工作之前,用"主开关"将各自门区域从电源断开。

9.作业程序。

1)工前准备。

(1)人员准备。作业人员按规定穿戴劳保防护用品(工作服、劳保鞋、安全帽)。

(2)工具、物料准备:

①1号作业者清点配送的工具,检查力矩扳手校验不超期;力矩扳手力矩范围符合标准。

②2号作业者清点配送的物料。

(3)作业准备:

①工长确认作业车组号及股道正确,受电弓已降下,接触网已断电,接地杆已挂,停放制动已能加,放电完毕后到现场值班室领取无电作业牌,办理无电作业手续。

②工长通知1号可以开始无电作业。

2)车门外观检查。

(1)挡雨檐。挡雨檐外观状态良好,无变形、破损,焊接牢固,无脱漆。

(2)门扇:

①外侧门板状态良好,表面光滑、平整,无损坏、无变形、无刮痕、无凹凸不平现象。

②表层油漆脱落面积不超限。

(3)门玻璃:

①侧拉门玻璃外观及安装状态良好,表面无划痕、无裂纹、无残缺。

②玻璃四周胶条状态良好,安装牢固,无缺失、无脱落、无撕裂、无变形、无老化现象。

(4)密封橡胶。门密封橡胶外观状态良好,在关门时压接紧密,无缝隙,胶条无老化、无龟裂、无脱落等。

(5)开门按钮检查:

①外观状态良好,无变形、无破损、无裂纹、无缺失等。

②安装螺栓齐全、紧固,无松动、无缺失等。

(6)隔离锁钥匙口。其外观状态良好,锁芯无断裂,无缺损。转动灵活,无卡滞、无摩擦、无异音。

(7)门外紧急解锁手柄:

①外观状态良好,无变形、无脱漆、无异物击打痕迹。

②安装螺栓齐全、紧固,无松动、无缺失等。

③拉动手柄,活动顺畅,作用良好,可自动复位。

(8)登乘钥匙开关(01、00车):

①护盖外观良好,无松动、无裂纹、无缺失等。

②钥匙孔无堵塞、无污物;转动钥匙运动灵活,无卡滞、无摩擦等。

3)车内外观检查。

(1)门扇:

①外观状态良好,无变形、无脱漆等。

②安装牢固,位置水平,无松动、无脱落、无下垂等。

③车门使用标识清晰、完整,无破损、无翘边等。

(2)机械隔离锁:

①外观状态良好,锁芯无断裂、无缺失等。

②安装螺栓齐全、牢固,无松动、无脱落、无缺失等。

③用四角钥匙操作,动作顺畅,无卡滞、无摩擦、无异音等;可将车门锁定在完全关闭位置,使车门无法打开。

(3)门玻璃:

①内侧玻璃四周胶条状态良好,安装牢固,无缺失、无脱落、无撕裂、无变形、无老化现象。

②外观状态良好,无破损、无裂纹等。

(4)开门状态下检查:

①拉动门反复开关几次,确认门运动灵活,无卡滞、无摩擦、无异音等。

②门侧密封胶条外观状态良好,无变形、无老化、无破损、无脱落等。

(5)站台补偿器:

①外观状态良好,无变形、无裂纹等;安装牢固,无松动,折页部位良好。

②防滑条状态良好,作用良好。

③清洁脚踏板转轴处的脏物,保证脚踏板转动灵活。

(6)侧扶手:

①外观状态良好,无变形、无裂纹、无划痕、无脱漆等。

②安装螺栓齐全、紧固,无松动、无脱落、无缺失等。

4)车门控制装置检查。

(1)开关门按钮门:

①外观状态良好,无破损裂纹、无划痕等。

②安装牢固,无松动、无脱落、无缺失等。

③安装螺栓齐全、紧固,无松动、无脱落、无缺失等。

④周围压条外观良好,安装牢固,无变形、无老化、无破损、无缺失等。

(2)紧急开关:

①外观状态良好,无变形、无裂纹等;锁芯无断裂。

②锁芯转动灵活,无卡滞、无摩擦、无异音等。

(3)紧急按钮:

①外观状态良好,防护玻璃罩无裂纹、无破损等。

②紧急按钮外观状态良好,无损坏迹象。

(4)声音报警装置:

①外观良好,格栅无破损、无裂纹等。

②蜂鸣器安装牢固,无松动、无脱落等。

(5)紧急开门标识。标识齐全、完整,无破损、无翘边等。

(6)紧急开锁手柄:

①红色拉手外观良好,无破损、无裂纹、无脱漆等。

②安装牢固,无松动、无脱落等。

③拉动过程顺畅,作用良好,可自动复位。

5)门驱动机构检查。

用四角钥匙打开门上部的检查盖板。

(1)门控器。门控器外观状态良好,安装牢固。接线端子、电线、电缆、线插安装紧固,无检动、无脱落、无虚接等;无老化、无龟裂、无烧痕等。接口外观状态良好,插针无折断、弯曲等。

(2)MI驱动电机。驱动电机外观状态良好,安装牢固,表面无变形、无裂纹、无损坏等;表面安装螺栓齐全、紧固。

(3)门连接支撑装置。门连接支撑装置外观状态良好,连接臂无变形、无裂纹、无开焊等;与门安装螺栓齐全、紧固,防松标记清晰无错位;接地线安装良好,无松动、无脱落、无老化、无烧痕等;门碰止挡安装良好,橡胶无老化、无龟裂,调整螺母防松标记清晰,无错位;内部滑轮无卡滞、无摩擦痕迹等。

(4)门滑动机构。门滑动机构外观状态良好,无变形、裂纹,各组成部位状态良好,线插连接紧固,无松动、无烧痕等。

(5)驱动杆。驱动杆外观状态良好,无变形、无裂纹,连接牢固,防松标记清晰,无错位;连接板外观状态良好,螺栓齐全、紧固,防松标记清晰,无错位。

(6)门滑道。门滑道外观状态良好。无变形、无裂纹、无损坏、无摩擦痕迹等。下部安装螺栓齐全、紧固,防松标记清晰,无错位。

6)塞拉门设备架内部检查。

用内六角棍拆下门侧立罩板上的两个螺栓。

(1)上部气动锁:

①安装板外观状态良好,无变形、无裂纹;螺栓齐全、紧固,防松标记清晰,无错位。

②气动锁外观状态良好,转动部位无裂纹、无变形,上部弹簧状态良好,连接紧固;下部气缸状态良好,本体、管路无漏风现象。

(2)风压表。风压表外观状态良好,无变形、无裂纹、无损坏;连接的气管外观良好,无变形、无扭曲,管路及接头处无漏气现象,压力为6～7bar。

(3)线插。线插插接牢固,无松动、无虚接、无脱落现象;连接线无破损、无裂纹、无松脱等。

(4)机械解锁装置:

①外观状态良好,电磁阀安装正位,电线无龟裂、无烧痕;各转动机构状态良好,解锁钢丝绳状态良好,无松动、无断裂等。

②解锁弹簧外观状态良好,无失效;钢丝绳状态良好,无断裂、无松动。

③凸轮与继电器配合作用良好,凸轮无变形、无裂纹,继电器外观状态良好。

④将门关闭,拉动车内红色紧急开门拉手和车外白色紧急开门拉手,机械锁运动灵活,无卡滞、无摩擦,解锁作用良好。

(5)解锁电机M2。解锁电机M2外观状态良好,安装牢固;下方两接线插安装牢固,无松动、无虚接、无脱落等。

(6)主锁:

①外观状态良好,棘爪无变形、无裂纹、无损坏等,弹簧作用良好。

②内部电气板外观状态良好,触点无变形、无裂纹、无热斑等。

③凸轮触点与接触器触点触碰良好,接触点配合良好。

(7)98%限位开关:

①限位开关外观状态良好,凸轮传感器角度位置正确。

②电磁阀外观状态良好,无变形、无裂纹、无损坏等;安装螺栓齐全、紧固,防松标记清晰,无错位。

(8)B5电磁阀:

①外观状态良好，无变形、无裂纹、无损坏等。

②气动截断阀位置正位，关闭紧固，无漏气现象；气动管路头处无漏气现象。

③电气接线外观状态良好，无松动、无裂纹、无烧痕等。

(9)隔离锁：

①外观状态良好，限位开关无变形、无裂纹、无损坏等，作用良好，无卡滞、无摩擦、无异音等。

②将门关闭试验隔离锁，作用良好，门被正确隔离。

(10)下部气动锁：

①安装板外观状态良好，无变形、无裂纹；螺栓齐全、紧固，防松标记清晰无错位。

②气动锁外观状态良好，转动部位无裂纹、无变形。上部弹簧状态良好，连接紧固；下部气缸状态良好，本体、管路无漏风现象。

(11)100％限位开关：

①限位开关外观状态良好，凸轮传感器角度位置正确。

②电磁阀外观状态良好，无变形、无裂纹、无损坏等；安装螺栓齐全、紧固，防松标记清晰，无错位。

(12)下部滚轮。其外观状态良好，连接臂无变形、无裂纹；滚轮无缺损、无摩擦等。

(13)站台补偿器组成件：

①电磁阀外观状态良好，安装牢固，接线良好，无老化、无烧痕等。

②支撑板外观状态良好，下部橡胶密封条状态良好，无老化、无龟裂、无脱落等；安装螺栓齐全、紧固，防松标记清晰，无错位。

③补偿器驱动杆外观状态良好，无变形、无裂纹；各部螺栓齐全、紧固，防松标记清晰，无错位。

7)侧门各紧固件检查。

检查客室侧门各部螺栓，应无松动；如螺栓松动，取下螺栓，清洁后涂抹规定的紧固胶，再次紧固，并涂打防松标记。

8)塞拉门润滑。

对客室侧门各运动部件涂打润滑脂。用手动胶枪涂打，保证95％以上接触面有较好的润滑。

(1)驱动机构润滑。

(2)锁闭机构润滑。

(3)客室侧门门板密封胶条检查及润滑。

9)作业恢复。

(1)重新将立罩安装在固定位置。

(2)用8mm六角棍将两个安装螺栓重新紧固。

(3)重新锁闭门上面的盖板。

10)有电检查。

接触网送电，动车升弓供电。

（1）开、关门检查：

①在驾驶室操作集控开门按钮，在 HMI 屏上确认各门开、关状态良好。

②触按本地开、关门按钮，门开启、关闭正常，且门控制单元无故障显示。

③检查 100％ 限位开关作用良好，门闭合、锁闭正常。

（2）障碍物检测。用事先准备好的 30mm×60mm 小木块检查内、外敏感胶条是否为规定值。在车门处放置木块或者其他障碍物，当车门关闭时碰到障碍物，触碰到敏感胶条时车门应该能够再次开启；若无动作或者继续关闭，则更换车门敏感胶条。

11）完工确认。

作业完毕后确认状态正常。

12）整理工具物料。

1 号、2 号将工具和物料清理齐全；作业区周边卫生干净无杂物。

13）办理销号手续。

由 1 号通知工长作业结束。

复习思考题

一、填空题

1. CRH380A 型动车组的外门门板和车体外表面存在_____的错差。

2. CRH380A 型动车组侧门的功能有自动压紧功能、_____、_____、压紧解锁功能、集控功能和_____。

3. CRH380B 动车组外门主要由门扇、_____、_____、_____、门框、_____、_____、站台补偿器渡板等部件组成。

4. CRH380A 型动车组侧门宽度有_____和_____两种。

5. CRH380B 动车组外门的设备安装架集成了门锁单元，结构上装有_____个辅助气动锁，_____个主锁。

二、选择题

1. CRH380A 型动车组的外门中有（　　）个车门为单控侧拉门。

    A. 3　　　　　　　　B. 4　　　　　　　　C. 5　　　　　　　　D. 6

2. CRH380A 型动车组侧拉门速度达到（　　）以上时压紧装置会启动。

    A. 15km/h　　　　B. 20km/h　　　　C. 30km/h　　　　D. 5km/h

3. （　　）是为防火而设置的。

    A. 外端门　　　　B. 内端门　　　　C. 侧拉门　　　　D. 小间门

4. CRH380B 型动车组外门的驱动机构采用（　　）。

    A. 交流电机驱动　　B. 气缸驱动　　　C. 直流电机驱动

5. CRH380B 型动车组外门 98％ 限位开关用于监测门页的动作行程，当其被触发时

（　　）会动作，将门页扣死在车体上。

    A. 驱动装置　　　　　　B. 隔离锁　　　　　　C. 主锁 5　　　　　　D. 辅助气动锁

三、简答题

1. 简述 CRH380A 型动车组外门的主要特点。

2. 简述 CRH380B 型动车组内车门的基本类型。

项目五 Project five 动车组驾驶室维护与检修

项目描述

  通过本项目学习,使学生熟知动车组驾驶室的主要功能、特点等基础知识;同时掌握 CRH380A、CRH380B 动车组驾驶室的布局、操纵台及电气柜的设备分布、座椅的使用、主要设备的使用方法、确保行车安全的列车运行控制系统工作原理等,并能遵守安全操作规程进行驾驶室设备的检查与维护作业。

教学目标

【知识目标】

(1)熟知动车组驾驶室的基础知识。

(2)掌握 CRH380A 动车组驾驶室的布局及操纵。

(3)掌握 CRH380B 动车组驾驶室的布局及操纵。

(4)掌握 CTCS-3 级列车运行控制系统的构成、技术原则及工作原理。

(5)掌握车载设备的工作模式。

【技能目标】

(1)能说出动车组驾驶室的相关基础知识。

(2)能按照标准正确操纵 CRH380A、CRH380B 动车组驾驶室设备。

(3)能正确使用作业工具。

(4)能对 CRH380A、CRH380B 动车组驾驶室设备进行检修与维护。

【素质目标】

(1)培养安全作业与自我保护能力。

(2)培养认真负责的职业态度。

任务一　认知动车组驾驶室

📋 任务描述

动车组驾驶室布置在哪里？有什么功能？为了提高乘务人员的舒适性采用了什么设计方法？

📖 知识储备

CRH380A 型、CRH380B 型动车组驾驶室布置在动车组两端的头车上,是司机对动车组的主要操纵平台。列车在运行过程中,司机根据线路信号状态和周边情况,通过对驾驶室内相关设备的相应操作,完成动车组牵引、制动控制,同时控制全列动车组的空调、车门和广播等设备。

一、驾驶室的主要功能

动车组列车驾驶室设计为单人驾驶模式,司机操纵台在中央,驾驶室的设计遵行UIC651 标准,符合现代的人机工程学设计原则。

(1)在每列编组的两端分别设置一个驾驶室。由前端驾驶室实施动车组控制,另一个非工作的驾驶室则可用作乘务员室。两个驾驶室具有相同的结构与功能。

(2)驾驶室布置了动车的主要操控设备。对全车进行牵引、制动控制,同时控制全动车组的空调、车门和广播等设备。检测动车组运行信息并进行故障诊断,保证动车组高速、准时、安全运行。

(3)驾驶室的设计,除了保证正常的功能性要求,还要尽可能地使整个驾驶室显得整洁、美观、平整、明快、舒适。

> **课堂讨论5-1**
>
> 查阅资料,对比 CRH2 和 CRH3 型动车组驾驶室如何实现空调、车门和广播设备控制的？相关设备的分布又是怎样的呢？

二、驾驶室的特点

1.司机操作空间

驾驶室安装设备较多、设备结构复杂,为了拓展可利用空间,将气密隔墙至操纵台的空间设计为设备舱,安装布置了一些不常操作的设备。如驾驶室空调相关设备、气压开关、救援电源变换装置等。

(1)控制器:为了方便操作,而且也是为了能扩大司机放脚周围的面积,司机控制器采用小型化设计。

(2)操作手柄:操作手柄轴带动凸轮旋转,接通相应的触点,使对应的挡位线加压,向 MON 中央控制装置输出控制信号。

(3)座椅:为了方便不同的人对列车进行操控,采用高度及前后位置可调整的司机座椅,司机座椅设在驾驶室中间靠近操纵台的位置。

(4)电气柜:为了使整个驾驶室显得更加宽敞明亮,驾驶室电气柜均采用矮柜结构,分布在操纵台的左右两侧。

2.驾驶室视野

新一代动车组驾驶室的设计充分考虑了司机视野的开阔性,前窗坐姿视野符合 UIC651 标准要求,保证了司机视线开阔。

3.驾驶室手柄

操纵手柄包括制动手柄、牵引手柄及换向手柄等。各手柄结构可保持手的自然握持状态以使操作灵活自如,手把的外表面平整光洁保证司机的触觉舒适性,充分考虑使用的方便、舒适。

4.驾驶室温度与空气

为满足驾驶室舒适度要求,驾驶室除了从客室的空调装置吸入新鲜空气之外,驾驶室单独设置空调装置和暖风机,实现驾驶室的制冷功能和制热功能。在司机操纵台面上设有冷气开关和暖气开关,可以根据要求对空调装置及暖风机进行控制,从而保证驾驶室的适宜温度和舒适环境。

5.玻璃窗

驾驶室的前窗采用了防眩目的透明安全玻璃,保证刺眼的直射光不会影响司机的操作,影像畸变率极低。前窗安装有刮水器、加热器及遮阳装置,具有防止结霜、结冰的功能,保证了司机的瞭望要求;侧窗可达到遮光和使光线均匀的目的。

6.照明环境

驾驶室内的照明通过顶板上的 LED 灯来实现。

7.低噪声环境

流线型的车头设计以及前窗及侧窗采用适应曲面的窗户玻璃和与车体外板平滑的固定窗,降低了驾驶室的噪声。

8.安全保证

为保证驾驶室乘员的安全,驾驶室前窗结构充分考虑了飞鸟及道砟的冲撞。驾驶室材料均选用阻燃、低烟、无毒(低毒)、无卤的非延燃性材料或防火材料,电气设备、电线电缆等的绝缘性能优良。

驾驶室与观光区、观光区与头车通过台之间安装有端门,门上设有滚珠碰锁及暗锁。司机经过头车通过台、观光区及驾驶室玻璃后端门进入驾驶室。

9.仪表盘

仪表盘由设备安装件和聚氨酯面板构成。整个仪表盘采用面板背面安装设备的结构,大大提高了设备的检修及维护性。

10.设备配合

驾驶室操作台,设备简洁、配置合理,制动手柄置于左手位,司机脚边配置鸣笛用笛阀等细节,充分反映了驾驶室的人机工程学运用理念。

任务二　CRH380A 动车组驾驶室维护与检修

任务描述

为了便于司机和乘务人员的作业,CRH380A 动车组驾驶室采用了怎样的设计标准? 驾驶室主要分几个区域? 每个区域的主要设备组成有哪些? 又是如何布置的呢? 司机座椅、照明设备、遮阳帘、刮水器等常用设备的结构组成、操纵标准是什么? CRH380A 动车组驾驶室主要设备的维护与检修作业内容有哪些? 会用到哪些工具? 又有哪些检修标准和措施呢?

知识储备

一、操纵台

司机坐姿驾驶时,高度方向可以观察到车钩前 15m 地面信号及车钩前 10m 距地面 6.3m 高的信号;水平方向可以观测到左右 2.5m 的信号,遵行 UIC651 标准。驾驶室前方视野分析,如图 5-1 所示。

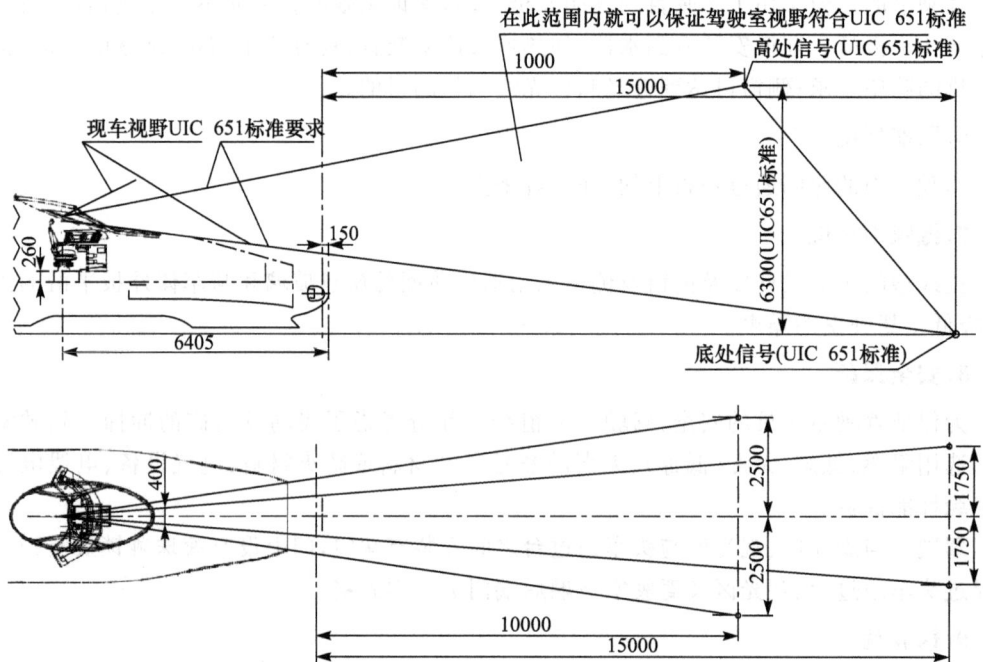

图 5-1　驾驶室前方视野分析(尺寸单位:mm)

　　司机操纵台位于司机正前方,前窗玻璃的下方,在它上面设置有通常需要或行驶期间需要使用的控制和指示元件。驾驶室操纵台,如图5-2所示。操纵台由仪表盘、台面、下部中间台体、下部左台体、下部右台体组成。操纵台骨架上安装有司机控制器、制动控制器等;操纵台前面的仪表盘上安装有开关、按钮及相关显示和控制设备。

图5-2　驾驶室操纵台

　　为了更详细地了解驾驶室的布置,对驾驶室进行了剖面分析说明,包括窗、门、地板、灯出风口等的布置。驾驶室的剖面布置图,如图5-3所示。

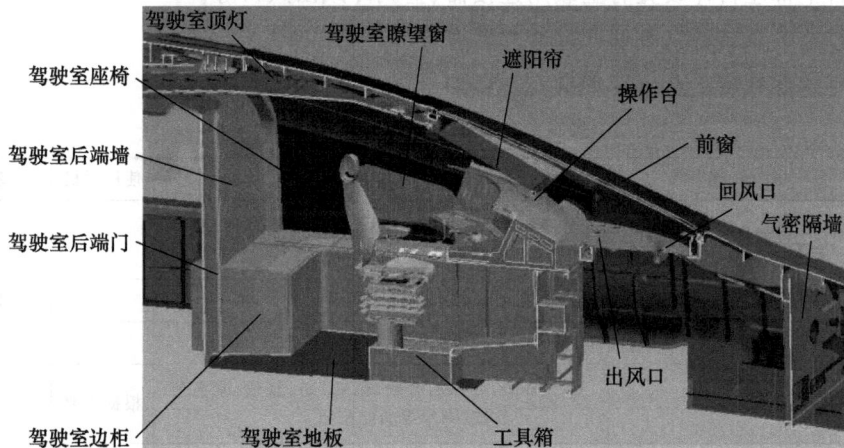

图5-3　驾驶室剖面布置图

　　仪表盘竖立在操纵台台面上部,与台面的角度为人机工程学最佳角度,主要安装行车时需要观察及操作的各种设备。司机前方仪表盘从左至右、从上到下分别设置有广播话筒、刮水器开关、无线打印机、电压表、压力表、ATP显示器1、ATP显示器2、MON车辆信息显示器1、关门显示灯、无线话筒、CIR显示器、故障显示灯、MON车辆信息显示器2。

　　操纵台台面的左边设置有制动控制器和操纵台锁,如图5-4所示。操纵台台面的右边设置有牵引控制器和换向手柄,如图5-5所示。

　　在司机正前方的操纵台台面上布置有紧急复位、复位、VCB合、VCB断、降弓、恒速切、恒速等按钮,通过颜色和标签区分;在操纵台的左侧台面上安装布置有电暖气1开关、电暖气2开关、开左门按钮、关左门按钮、空调控制开关等;在操纵台的右侧台面上安装布置有驾驶室灯开关、头灯减光开关、遮阳帘开关、开右门按钮、关右门按钮、监视器和扬声器等旋钮。

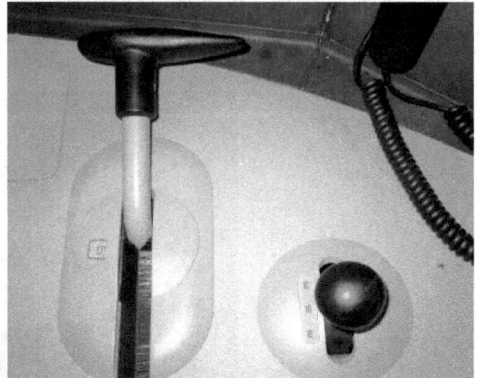

图 5-4 制动手柄   图 5-5 牵引手柄、换向手柄

操纵台下部中间台体上设置有驾驶室电暖气、汽笛用笛阀等。司机前面设有暖气出风口,从前面的百叶窗出来的暖气吹向司机小腿部。操纵台的搁脚台的侧面,设有 AC 220 V 用插入连接器。

操纵台下部左台体设置有上载用连接器、空调冷风出风口等。

操纵台下部右台体设有通向设备舱的通过门。

操纵台主要设备及其功能描述,见表 5-1。

操纵台主要设备及其功能描述表   表 5-1

序号	名　称	常位	功　能	使用时机	备　注
1	仪表显示盘		压力表、电压表、无线打印机、刮水器开关、广播话筒		
2	ATP 速度显示器	开	显示运行速度等		与 3 互为冗余
3	ATP 速度显示器	开	显示运行速度等		与 2 互为冗余
4	中间开关盘		VCB 合断、恒速/切、复位、紧急复位、降号等功能按钮	根据需要	
5	MON 车辆信息显示器		列车信息控制状态显示		与 7 互为冗余
6	CIR 显示器、无线话筒、关门显示灯和故障显示灯		GSM-R 调度通信、通用数据传输、应用的操作、状态显示以及语音提示的功能,实现与外界通话,车门全部关闭与否,显示运行、制动、车门等状态		
7	MON 车辆信息显示器		列车信息控制状态显示		与 5 互为冗余
8	右开关盘		驾驶室灯开关头、扬声器开关、遮阳帘、开关右门按钮	根据需要	
9	换向手柄	关	设定动车组的运行方向分前、关、后 3 挡	根据需要	

序号	名　称	常位	功　能	使用时机	备　注
10	主控器手柄	切	设定牵引力的大小,P1～P10	根据需要	
11	制动手柄	运行	设定制动力的大小,分运行、B1～B7、快速、拔取位	根据需要	
12	左开关盘		电暖气开关,空调控制开关及指示灯,开关左门按钮等	根据需要	

二、驾驶设备

驾驶室可划分为 3 个区域:设备舱、操控区、电气柜。操控区位于驾驶室的中间,前窗玻璃的下方,操控区与气密墙之间为设备舱区,驾驶室电气柜位于司机的左右两侧。驾驶室区域的划分,如图 5-6 所示。

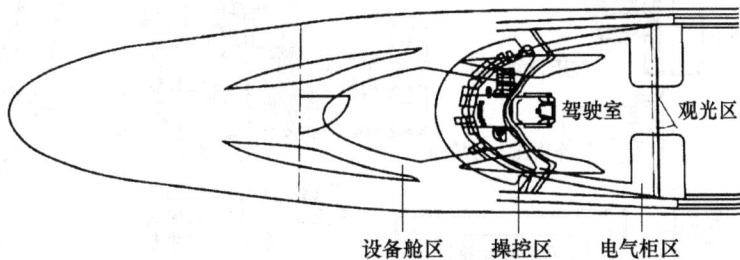

图 5-6　驾驶室区域的划分图

1.设备舱

设备舱里主要安装平时行车很少用到或不经常操作的设备,从操纵台右侧检修门可进入设备舱。设备舱的设备布置,如图 5-7 所示。

设备舱里面安装有读替指令器、设备室灯、头灯电源控制盘、空调室内机空调电源箱、空调变压器,辅助制动模式发生器、两端插接电缆(仅 M7 车)等电气设备。同时,为了方便配管、配线,与车头前部相关设备及窗玻璃相关设备均安装在设备舱里,如电源变换装置、刮水器驱动装置、配管单元箱、气压开关、压力调节阀和缓冲风缸等设备。

另外,气密墙上安装有中继用连接器、配线用连接器、风笛加热器、气压开关、车内压力释放阀等设备。

2.操控区

操控区主要包含操纵台和司机座椅两部分。操纵台位于司机正前方,前窗玻璃的下方,由仪表盘、台面、下部中间台体、下部左台体、下部右台体组成。在操纵台上设置有通常需要或行驶期间需要使用的控制和指示元件。

3.电气柜

驾驶室电气柜位于司机的左右两侧,驾驶列车所需的电子和电气、空气和机械的设备设于驾驶室柜中。设备组件按功能分组安装,将电气柜分为 4 部分:右前电气柜、右后电气柜、左前电气柜、左后电气柜。

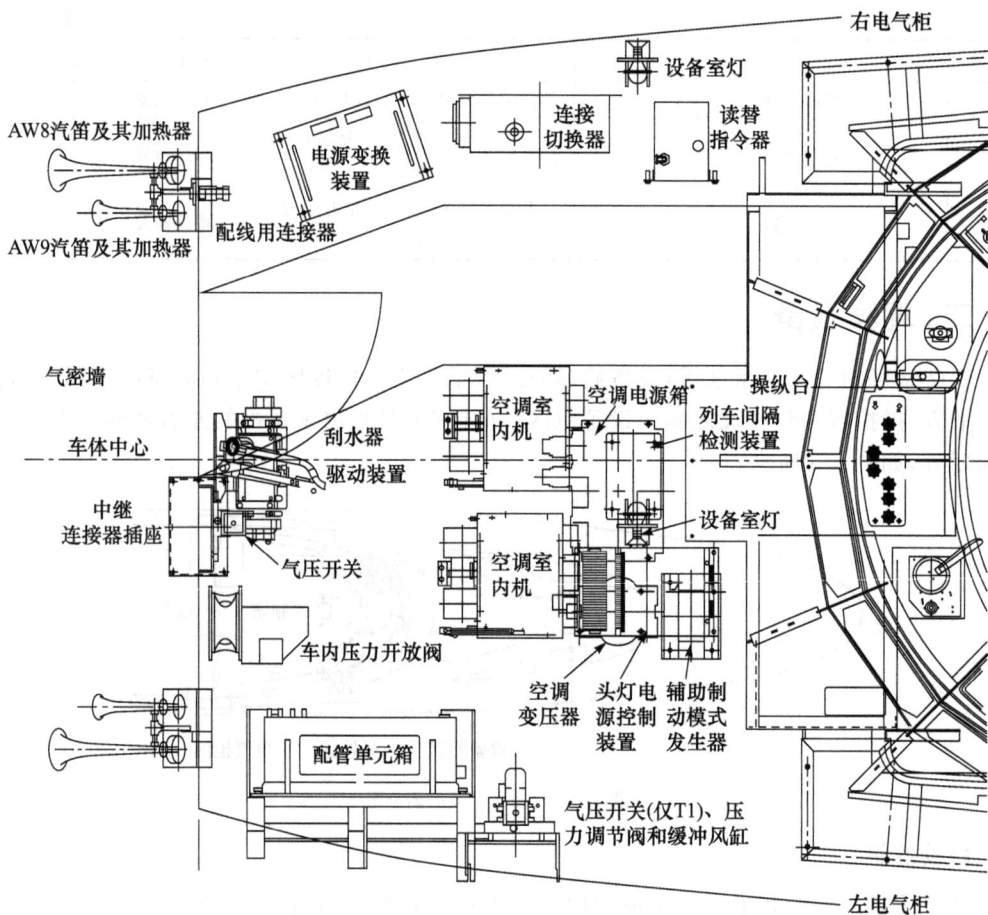

图 5-7　设备舱的设备布置图

右前电气柜主要布置了头罩开闭控制盘、驾驶室电暖气、24V 电源等设备以及 QE 连接器和接线端子台等电气元件,如图 5-8 所示。右后电气柜主要布置了驾驶室配电盘 1、保护接地开关、IC 卡控制装置、QE 连接器、驾驶室配电盘 2、驾驶室端子排盘、接地开关盘、接线端子台、大型端子台等设备,如图 5-9 所示。

图 5-8　右前电气柜

图 5-9　右后电气柜

左前电气柜主要布置了刮水器系统的相关设备、驾驶室转换开关盘 2、QE 连接器、接线端子台等电气设备,如图 5-10 所示。左后电气柜主要布置了救援切换开关、驾驶室控制放大器、驾驶室转换开关盘 1、灭火器、前照标识灯接触器盘、牵引制动数据记录装置、接线端子台、QE 连接器、LJB 接线端子盘 1、LJB 接线端子盘 2 等电气设备,如图 5-11 所示。

图 5-10　左前电气柜

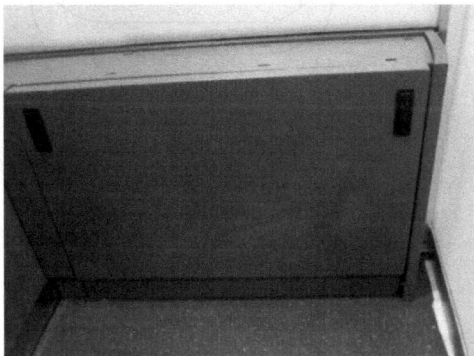

图 5-11　左后电气柜

三、司机座椅

新一代驾驶室座椅采用格拉默的 MSG85/822 座椅。该座椅采用剪刀架式减振系统,座椅减振系统的悬浮减振器采用德国原装进口悬浮减振器。减振系统外部采用皮裙包装,不易被外来污水污物污染侵蚀,减振行程可以达到 100mm,悬浮系统同时具备高度调节功能,座椅使用起来更加舒适,如图 5-12 所示。

1.驾驶室座椅的结构组成

驾驶室座椅的结构组成主要有:体重调节手柄、头枕、扶手、座椅前后调节手柄、靠背倾角调节手柄、椅旋转装置调节手柄。

2.座椅的使用操作

车辆起动前还必须检查所有带开关座椅上的开关功能,若有故障则不得起动车辆。带安全开关(该开关可使车辆在人离开座椅后停止操作)的座椅安装前必须得到车辆生产厂家的许可并能和车辆里的其他安全装置一起动作。

图 5-12　驾驶室座椅示意图

头靠
靠背
扶手
座垫
减震

在座椅空载状态下,通过转动座椅的体重调节杆可将座椅调至适合司机体重的最佳使用状态。为了防止对司机的健康造成伤害,有必要在车辆起动前对体重调节(见图 5-13)进行检查并适当调整,调节范围 50～130kg。

通过调节靠背、角度调节手柄可调节靠背的角度,如图 5-14 所示。通过调节座椅前后调节手柄可实现座椅整体的前后调节,如图 5-15 所示。通过调节座椅左侧的手柄,可实现座椅整体的旋转调节,如图 5-16 所示。用手抓住座椅坐垫下方,向上抬座椅以实现三级高度调节;当座椅调至最高级时,在向上抬则座椅恢复到第一级,如图 5-17 所示。

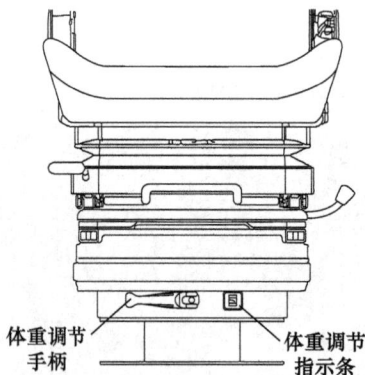

体重调节手柄　　　体重调节指示条

图 5-13　体重调节

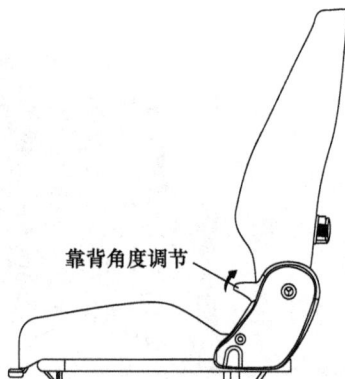

靠背角度调节

图 5-14　靠背倾斜角调节

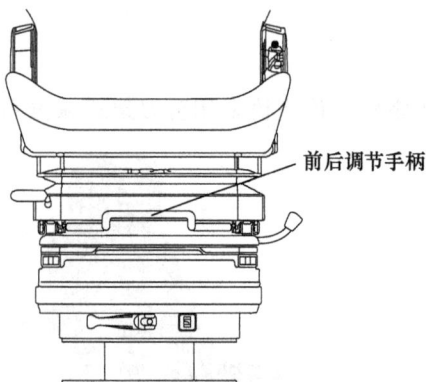

前后调节手柄

图 5-15　前后调节

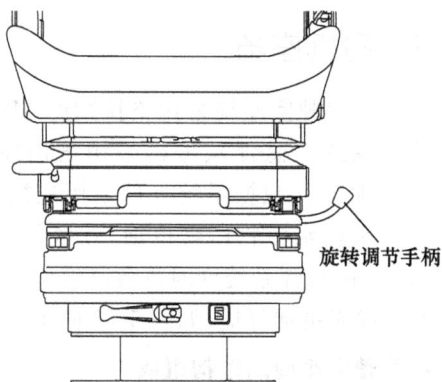

旋转调节手柄

图 5-16　旋转调节

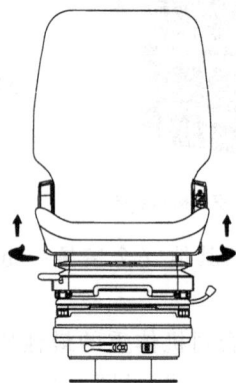

3.调节座椅高度的具体操作步骤

(1)双手扣住座椅坐垫下方,向上轻抬座椅坐垫可以实现四级调节。

(2)由第一级(低级),当产生金属轻微撞击声时,即到第二级,可调节高度 30mm。

(3)由第二级向上抬起,当产生金属撞击声时,即到第三级,可调节高度 30mm。

(4)由第三级向上抬起,当产生金属撞击声时,即到第四级(最高级),可调节高度 20mm。

图 5-17　高度调节

四、照明设备

1. 前照灯

司机前窗玻璃下方左右两侧布置有前照灯和标志灯,车辆在起动状态时,前照灯就会自动打开。制动手柄解锁侧车头点亮,反向车头为红色标志灯。两侧操纵台的制动手柄都未开锁的场合,两侧都为红色标志灯。前照灯的布置,如图 5-18 所示。

头灯主要包括:PC 灯罩透光板、后壳组件、氙气灯组件、LED 尾灯组件、镀膜装饰框、反射器、直流变换器。前照灯安装于头灯座内,前照灯采用预埋螺栓与头灯座进行固定连接。其特点如下:

PC 灯罩透光板已经过光固化处理;后壳组件由总成和后盖组成;氙气灯组件由灯泡、镇流器、屏蔽线组成;LED 尾灯组件采用 44 颗欧斯朗发光二极管,集成在柔性线路板上;镀膜装饰框用于安装反射器、LED 线路板,远近光设计有调节装置;反射器分远、近光两种功能;直流变换器与灯体采用分体结构。

图 5-18　头灯的布置图

2. 驾驶室照明

驾驶室照明由安装在驾驶室顶部的 3 盏 LED 筒灯完成,这三盏灯同时也作应急灯使用。夜间上车时,在操作车辆前,应先要将应急灯打开,再操作车辆。其安装位置,如图 5-19 所示,通过操纵台右台面上的驾驶室灯开关控制,如图 5-20 所示。

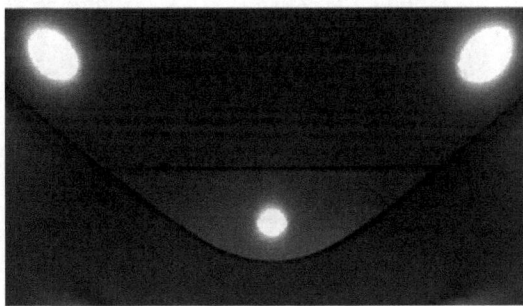

图 5-19　驾驶室 LED 灯的安装位置

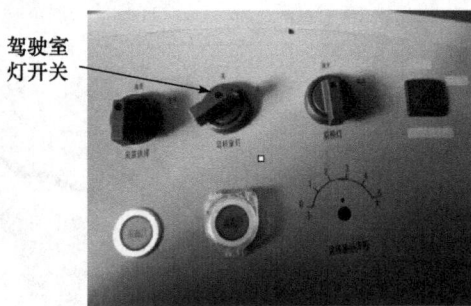

图 5-20　驾驶室灯开关的位置

3. 操纵台阅读灯

驾驶室操纵台中间位置设有阅读灯。阅读灯位于司机正前方的操纵台帽檐上,阅读灯与开关在一起,如图 5-21 所示。

阅读灯
及开关

图 5-21　阅读灯及开关的位置

课堂讨论5-2

　　查阅资料,对照前面所学内容,分析讨论 CRH380A 型动车组上还有哪些其他照明设备?它们的安装位置在哪里?其组成和特点有哪些相同和不同之处?

五、其他设备

1.遮阳帘

　　驾驶室遮阳帘为新开发产品,安装在驾驶室前窗玻璃下方。遮阳帘采用电动控制,可随前窗的开度变化,适用于新车全新的前窗设计,具体如图 5-22 所示。

a)遮阳帘收起状态　　　　　　　　　　　　b)遮阳帘打开状态

图 5-22　驾驶室遮阳帘

　　遮阳帘由遮阳系统、滑轨导向系统、电动驱动系统三部大分组成,如图 5-23 所示。遮阳帘通过设在操作台上的开关控制,即按即行,松开即停,如图 5-24 所示。遮阳帘维修更换时,需拆卸玻璃钢内装板罩板及罩板周围的胶皮,拆卸下玻璃钢罩板后,整套遮阳帘就裸露在外。遮阳帘通过螺栓与车体相连接,松开螺栓,即可取下遮阳帘。

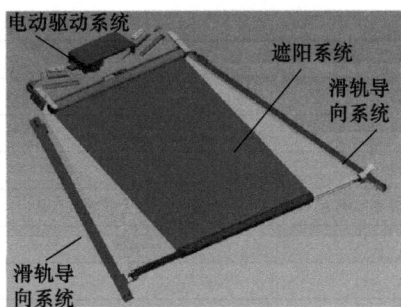

图 5-23　电动遮阳帘示意图

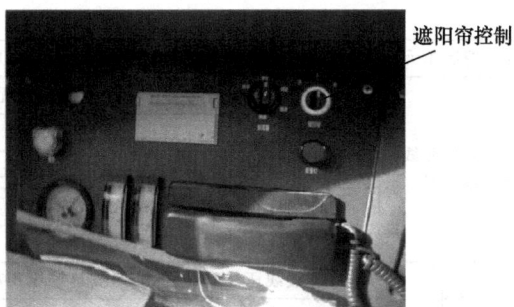

图 5-24　遮阳帘控制示意图

2．刮水器

驾驶室前窗安装有电控气功式刮水器装置。

刮水器装置包括驱动装置、安装面板、电空装置、紧急操作装置、控制装置、快速排风阀、刮臂组成、刮片组成、水泵、喷淋按钮、刮刷速度调节开关、刮刷功能选择开关和洗车模式开关。

⏱ 任务实施

(1)下发任务单,明确任务内容,学生课前按要求完成预习任务。

(2)教师先演示操作过程及说明注意事项,学生分组模拟完成演练任务。

(3)学生分组讨论演练心得。

(4)教师和各组长担当本次任务的他人评价工作,评判同学们的任务完成情况。

实训 5-1　操纵台及相关设备的维护与检修

操纵台及相关设备的维护与检修内容,见表 5-2。

操纵台及相关设备的维护与检修内容　　　　　　　　　　　　　表 5-2

外观	操纵台台面及各设备整洁,无异物,无铝屑铁屑或焊渣,无电器元件及电缆烧损异味
	设备指示状态、外观、安装状态良好
操纵台内部配线 及设备配线	目测接线端子无裂纹、无变色,防松标记无松动
	目测接线端子排无裂纹、无变色
	电缆断股在范围内,电缆无破损或变色,配线规范,满足电缆弯曲半径要求,无抗磨现象
	各设备连接器插拔灵活,锁紧设备正常
绝缘要求	设备接线压线有绝缘处理,满足绝缘距离要求
	整车绝缘试验、耐压试验合格

实训 5-2　驾驶室设备的维护与检修

驾驶室设备的维护与检修内容,见表 5-3。

驾驶室设备的维护与检修内容　　　　　　　　　　　　　表 5-3

外观	设备舱、操控区、电器柜内整洁,无异物,无铝屑铁屑或焊渣,无电器元件及电缆烧损异味
断路器	观察断路器的外观有无破损,是否频繁动作
接触器	动作灵活无卡滞,主触点接触面烁点正常
继电器	继电器机械卡箍是否牢靠,动作应灵活无卡滞

续上表

各独立控制单元	各设备安装牢靠,无松动、无损害,接地电缆可靠接地
驾驶室内部配线 及设备配线	仪表和指示灯安装牢固,无松动;表面无划伤或破裂
	目测接线端子排无裂纹、无变色
	目测接线端子无裂纹、无变色,防松标记无松动
	电缆断股在范围内,电缆无破损或变色,配线规范,满足电缆弯曲半径要求,无抗磨现象
	各设备连接器插拔灵活,锁紧设备正常
绝缘要求	设备接线压线有绝缘处理,满足绝缘距离要求
	整车绝缘试验,耐压试验合格
电流电压检测	试验时,测试并纪录负载电压电流,判断电路是否正确
温度检测	试验时,用红外线测温仪测量,记录观察端子、线路有无过热现象

实训 5-3　驾驶室 LED 灯的维护与检修

对驾驶室 LED 灯的维护与检修内容,见表 5-4。

驾驶室 LED 灯的维护与检修内容　　　　　　　　　　　　　表 5-4

现　　象	检修内容或原因	措　　施
闪烁	电源电压是否在工作范围内	电压范围内;更换电源组件; 不在电压范围内,恢复电源电压
完全不亮	检查电源电压是否正常	电源电压正常;测量输出光源组件是否有电压? 有;更换光源组件;无;更换电源组件。电源电压 不正常;将电源电压恢复正常

实训 5-4　操纵台阅读灯的维护与检修

操纵台阅读灯维护与检修内容,见表 5-5。

操纵台阅读灯的维护与检修内容　　　　　　　　　　　　　表 5-5

现　　象	检修内容或原因	措　　施
闪烁	电源电压是否在工作范围内	电压范围内;更换电源组件; 不在电压范围内,恢复电源电压
完全不亮	检查电源电压是否正常	电源电压正常;测量输出光源组件是否有电压? 有;更换光源组件;无;更换电源组件。 电源电压不正常;将电源电压恢复正常

注:如将整灯进行更换,则整灯中无不良的光源,电源组件可用于同类型产品的维修备品。

实训 5-5　遮阳帘的维护与检修

若遮阳帘在使用过程中产生较大幅度的摆动或摇晃,则有可能是紧固件松动或其他故障。遮阳帘的维护频率应不低于车辆的正常使用维护频率。遮阳帘的易损件和备件,见表 5-6。

遮阳帘的易损件和备件　　　　　　　　　　　　　表 5-6

所 在 位 置	检 修 时 间	备 件 名 称	特 殊 工 具
帘布	需要清洁时		清洁剂
主要滑轮	6 个月	内六角 M6 螺钉	M6 扳手
	每次使用前		M8 扳手

任务三　CRH380B动车组驾驶室维护与检修

任务描述

CRH380B动车组驾驶室与CRH380A动车组驾驶室有什么区别？它的主要设备布置是什么样的？操纵台的组成、分布、功能是怎样的？它的电气柜、司机座椅、刮水器、清洁系统是如何分布及操纵的呢？CRH380B动车组驾驶室的维护与检修作业又是怎样的呢？

知识储备

一、驾驶室布置

CRH380BL驾驶室由司机操纵台（第一操作区）、右控制柜（第二操作区和第三操作区）、左控制柜（包括灭火器）、脚踏区域、驾驶室门、驾驶室遮阳帘、司机座椅及驾驶室空调等组成。驾驶室的布置，如图5-25所示。

图5-25　驾驶室的布置图

司机驾驶列车所需的电子、电气、空气和机械等设备分别布置在司机操纵台、左控制柜和右控制柜中，通过它可以进行行车、通信、调节内部环境等控制活动。

第一操作区（主操纵台）在驾驶室前方居中布置，布置驾驶列车需要的设备和经常用到的元件；驾驶室主操作台及左、右柜的机械结构采用压型铝板件焊接、铆接及螺栓连接结构；主操作台、左柜和右柜的连接采用弹性连接，即不仅主操纵台与左右柜之间采用弹性橡胶减振器连接，而且与车体之间也采用弹性橡胶减振器连接；主操作台与车体之间通过2个支座连接。

二、司机操纵台

司机操纵台位于司机座椅正前方，它包括通常需要或行驶期间需要使用的控制和指示元件。驾驶室的司机操纵台主要包括驾驶室操纵台（包括主控区）、驾驶室右侧柜（包括第二和第三操纵区）、驾驶室左侧柜（包括灭火器）。

1.驾驶室操纵台

驾驶室操纵台适于驾驶列车所需的各种控制和显示部件的布置,驾驶列车所需的电子和电气、空气和机械的设备设于驾驶室柜中,设备组件及功能分组安装并有 FRP 速盖元件,脚部空间单元为左右侧司机柜的连接元件。

驾驶室操纵台(主控区)在司机座椅前方居中布置,包括经常用到的元件或驾驶列车需要的元件。而仪表板位于主操纵台的上部以便于司机观察,具体位置分布如图 5-26 所示;操纵台设备名称及功能见表 5-7。

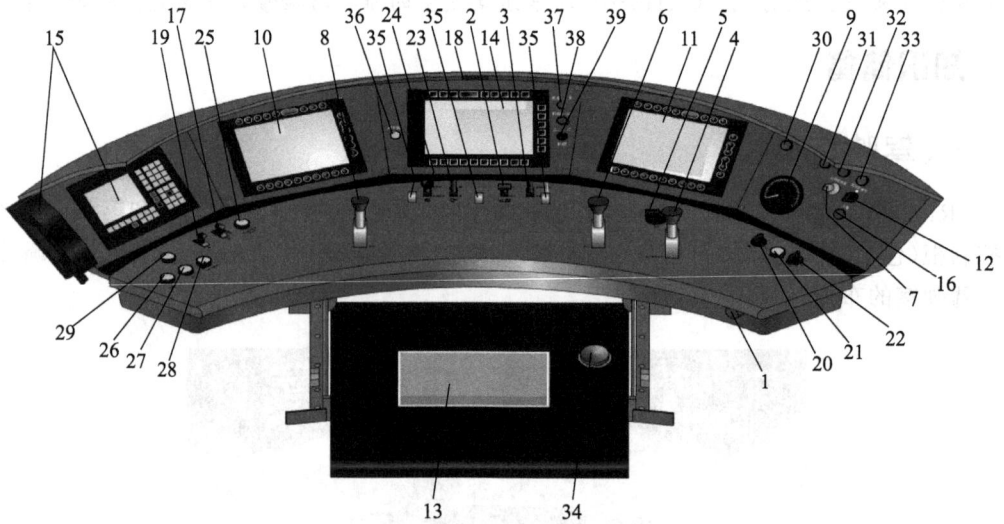

图 5-26　操纵台示意图

注:图中指示线应标示的内容,见表 5-7。

操纵台设备名称及功能　　　　　　　　　　　　　　　　　　　　　表 5-7

位置	说　　明	用　　途
1	"紧急停车"(-21-S01) 红色蘑菇行机构按钮	紧急停车指令,断开主开关,降弓
2	"受电弓"(-21-S02) 拨动开关	使列车中所有受电弓升起或降落。 设置:"升弓""降弓""降弓和撒沙"
3	"主断路器"(-21-S03) 拨动开关	操作主开关。 设置:"合""断"
4	"速度设定控制"(-21-S01)	在 0 和 V_{max} 之间设置列车运行速度
5	"行驶方向开关"(-22-S01) 方向开关	确定行驶方向。 设置:"F"前进;"0"无方向;"R"倒车。 当钥匙开关(-22-S04)处于"闭合"位置时,行驶方向开关才被启动
6	"牵引力控制器"(-22-S01)	使用电位计确定牵引力。 设置:"0"牵引力已使用,辅助变流器未计时;"EN"牵引力已使用,当列车静止时,牵引箱/牵引电机的风扇已启动,辅助变流器计时;"Po"至"Pmax"表模拟牵引力

续上表

位置	说　明	用　途
7	"钥匙开关" (-22-S04)	激活驾驶室。 设置:"开启""关闭"。 只有钥匙要关处于"关闭"的位置时,才可取出钥匙
8	"司机制动阀"(-28-S01)	激活制动。 设置:"OC"超控旅客激活紧急制动;"REL"运转位; "1A、1B、2、3、4、5、6、7、8"行车制动,其中 8 最大; "EB"紧急制动
9	"模拟式显示器"(-41-P04)	指示列车运行速度
10	"司机 HMI 左侧"(-42-K01) 用于车辆控制	用于控制和检测车辆,与右侧司机 HMI 互为冗余
11	"司机 HMI 右侧"(-42-K02) 用于车辆控制	用于控制和监测车辆,与左侧车辆 HMI 互为冗余
12	"指示灯调节"控制开关	用于调节指示灯的明亮度。 设置:"明""暗"
13	"ASD"踏板(-43-S27)	启动 ASD
14	"显示器 Trainguard 系统" (Trainguard-DMI) (-44-K24)	通告和操作
15	"GSM-R 列车无线点对讲机" (-48-T01)和"CIR HMI" (-48-T10)	司机通信的处理和显示
16	"火警"执行机构的照明按钮,红色	指示火警回路已触发
17	"前照灯/信号/远照灯" (-51-S11) 拨动开关	启动外部照明设备。 设置从上到下依次为:"远照灯""远照灯变暗""信号灯"(基本设置)、"信号灯变暗""关闭"
18	"时刻表灯"(-52-E99)	为司机台上的时刻表照明。 设置:"开启""关闭""变暗"
19	"驾驶室照明设备" 拨动开关	启动驾驶室照明设备。 设置:"1"开启,"0"关闭
20	"挡风玻璃刮水器" 旋转开关	启动挡风玻璃刮水器。 设置从左到右依次为:关闭、停止位置、间断刮水、连续刮水
21	"清洗" 按钮,白色	启动挡风玻璃刮水器的清洗装置
22	"刮水器速度"(-71-S06) 旋转开关	启动挡风玻璃刮水器的刮水速度(8 种速度设置)
23	"喇叭"(-71-S09) 拨动开关	手动启动喇叭。 设置:"高""低"
24	"撒沙"(-72-S01) 拨动按钮	启动撒沙功能。 设置:"前轮对"(行驶方向)、"全部轮对"

续上表

位置	说　　明	用　　途
25	"前车钩罩/ASC 2km/h" (-74-S06) 白色按钮点亮	打开车钩罩,激活 ASC 联挂模式
26	"左侧门释放"(-80-S01) 白色按钮点亮	释放列车左侧门
27	"关门"(-80-S02) 白色按钮点亮	关上列车左右侧门
28	"右侧门释放"(-80-S03) 白色按钮点亮	释放列车右侧门
29	"开门"(-80-S04) 白色按钮点亮	开门
30	"分相区间"(-44-S02) 点亮蓝色按钮	用于通过分相区间,而无 OCS
31	"GFX ON"(-44-P02) 点亮绿色按钮	GFX 准备运行指示
32	"GFX 故障"(-44-P01) 点亮红色按钮	GFX 系统故障指示
33	"GFX 分相区间"(-44-P03) 点亮蓝色按钮	指示一个分相区间信号(没有 ETCS)
34	"喇叭脚踏开关"(-71-K15)	同时脚踏激活两个麦克风
35	—	时刻表框
36	"ETCS 确认"(-44-S01) 点亮白色按钮	用于接收 ETCS 工作(DMI 菜单)
37	"TCR ON"(-44-P12) 显示器,绿色	TCR 功能可用
38	"TCR 制动"(-44-P11) 显示器,红色	发出危险区信号
39	"TCR 上/下"(-44-S12) 旋转按钮	改变方向(仅用于双方向运行)

注:表中"位置"一栏里的数字,见图 5-26。

课堂讨论5-3

　　　对比 CRH380A 型动车组和 CRH380B 型动车组驾驶室,讨论分析它们的操纵有什么区别? 牵引、制动手柄的设计有什么不同?

2.驾驶室右侧柜

　　驾驶室右控制柜布置在司机的右手侧,安装司机驾驶列车过程不常用的零部件;按照功能分右控制柜操作区又可以分为第二操作区(或辅助操作区)和故障面板区域,如图 5-27 所示。右控制柜操作区按键功能,见表 5-8。

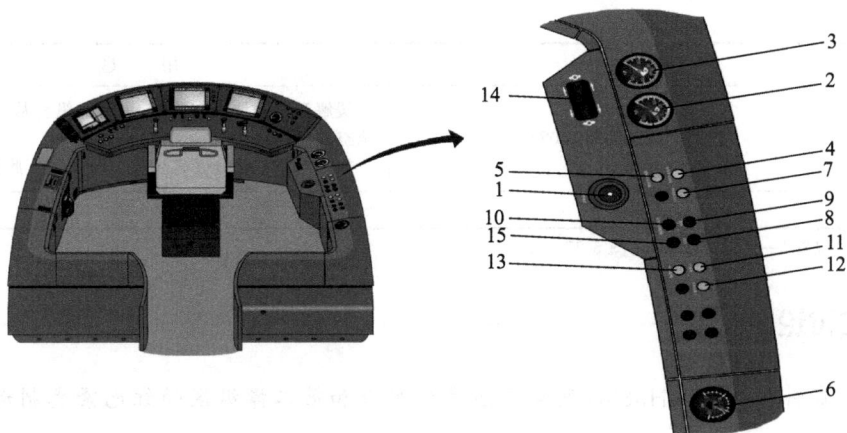

图 5-27　驾驶室右侧柜布置图
注:图中指示线应标示的内容,见表 5-8。

右控制柜操作区按键功能　　　　　　　　　　　　　　　　　　表 5-8

位置	说　明	用　途
1	"紧急制动阀" (-28-K02/N03) 红色操作按钮	紧急制动阀直接同制动管道通风、紧急制动回路也在阀打开时通过电气接触打开
2	"BP 和 MRP" (-28-P05/C06) 双压力计	显示主风缸管道(MRP,红色指针)和制动管道(BP,黄色指针)的压力
3	压力计(-28-P06/C03)	显示司机制动阀(C02)的控制压力
4	"Apply PB"(-28-S46) 实施停车制动 黄色传动装置按钮点亮	对整辆列车实施停车制动、实施全部制动时点亮按钮
5	缓解停车制动 白色传动装置按钮点亮	对整辆列车实施缓解停车制动。 在缓解全部制动时点亮按钮
6	电池电压表 (-32-P01)	显示当前的电池电压(110V)
7	监测指示灯(-42-S01)按钮	启用驾驶室中定义的指示灯以供测试用
8	温度调整(-62-S01)旋转开关	改变驾驶室中空调系统的温度设定值(9 个设定值)
9	"通风"旋转开关	设置驾驶室的风扇速度(7 个设置值)
10	"司机脚踏取暖"旋转开关	用于控制司机脚踏取暖设置
11	"已联挂"白色指示灯	机械联挂时指示灯将闪烁并且在整个联挂程序成功完成后指示灯点亮
12	"后车钩罩开"白色按钮点亮	断开列车另一端的车钩罩。车钩罩断开时指示灯点亮
13	近端解编(-74-S18) 白色传动装置按钮	触发近端驾驶室中的解编程序
14	辅助司机制动阀(C02)	电气直接制动失败时,制动可通过控制制动管道压力的司机制动阀进行控制(备用模式)。 设置:缓解制动、闭塞位;缓解制动;空挡;制动;制动、闭塞位。 空挡;缓解制动和制动闭塞位均设有凹槽。

续上表

位置	说　明	用　途
14	辅助司机制动阀（C02）	缓解和制动位没有凹槽，表示操纵杆从这些位返回至空挡位。 如果电空直接制动发生故障时才插入此操纵杆
15	备用开关	备用

注：表中"位置"一栏里的数字，见图 5-27。

课堂讨论5-4

　　查阅资料，思考 CRH380B 型动车组主操纵台和第二操纵区的红色紧急制动按钮有何区别？

　　故障面板位于驾驶室右控制柜的面板后，其区域布置了在维修期间或故障发生时需要的元件。故障面板的布置，如图 5-28 所示；各按键功能，见表 5-9。

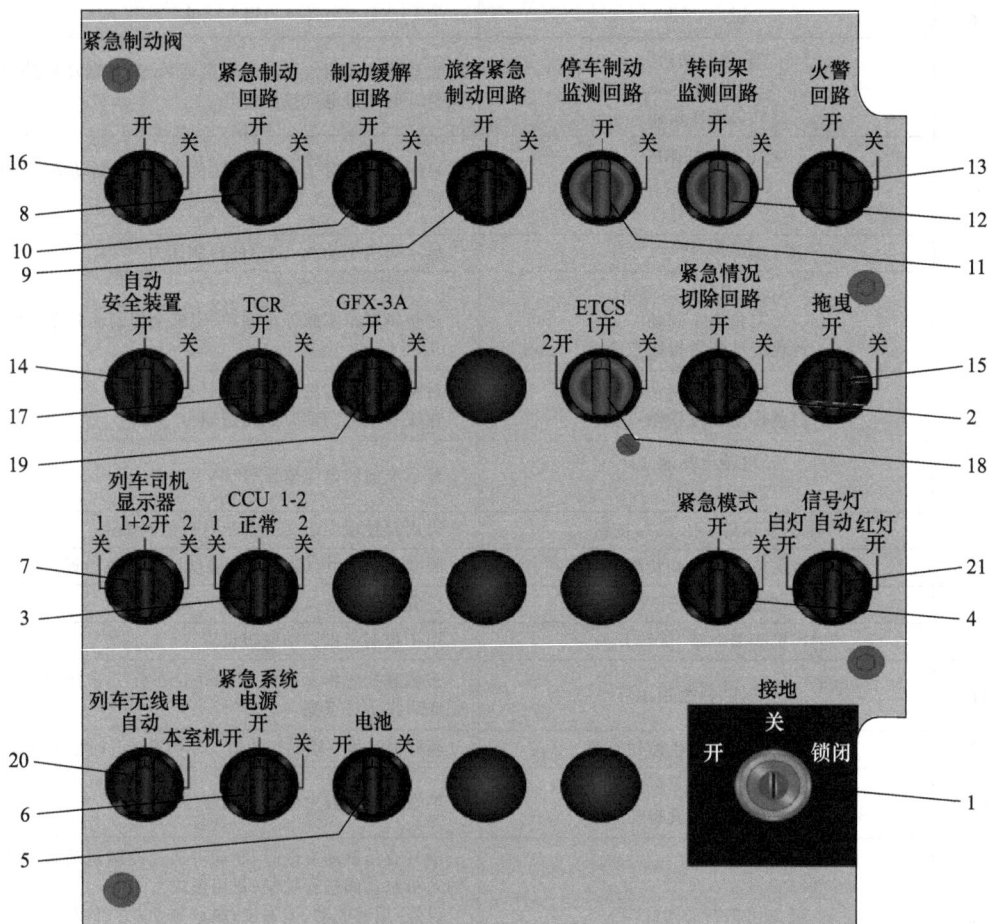

图 5-28　故障面板的布置图
注：图中指示线应标示的内容，见表 5-9。

故障面板按键的功能　　　　　　　　　　　　　　　　表 5-9

位置	说　　明	用　　途
1	"接地车辆 A 钥匙"钥匙开关	"开"列车处于就绪状态;"关"CCU 将主断路器断开并降落所有受电弓;"锁闭"与"关"功能相同,但执行接地程序的钥匙可从此位置拔出
2	"紧急停车回路"控制开关	用于旁通紧急停车回路(牵引单元 1/2 近端)
3	控制开关	禁用 CCU1 或 CCU2
4	"紧急模式开关"控制开关	启动紧急模式
5	"电池"控制开关	接通或切断整列列车的主电池接触器
6	"使用 BD 的紧急系统"控制开关	此开关启用后,紧急系统(紧急照明、列车无线电、固定对讲机站)均通过。"BD"电池母线供电,即与主电池接触器无关
7	"司机人机界面"控制开关	禁用左侧和右侧司机人机界面
8	控制开关	用于旁通紧急制动回路
9	控制开关	用于旁通旅客紧急制动回路
10	控制开关	用于旁通制动缓解回路
11	红色控制开关	用于旁通停车制动监测回路
12	"转向架监测回路"红色控制开关	用于旁通转向架监测回路
13	"火警监测回路"控制开关	用于旁通火警监测回路
14	控制开关	禁用 ASD 功能
15	"拖曳"控制开关	如果主电池接触器切断,禁用拖曳功能
16	"紧急制动阀"控制开关	禁用此车中的紧急制动器
17	"TCR"控制开关	禁用紧急停车
18	红色控制开关	CTCS1/CTCS2 关
19	"GFX-3A 开/关"控制开关	启用/禁用 GFX
20	"列车无线电"控制开关	启用空驾驶室内的列车无线电装置
21	"近前端或尾灯"控制开关	将前灯从"自动"(即前灯由车辆控制系统控制)模式切换为"白灯开""红灯开"

注:表中"位置"一栏里的数字,见图 5-28。

3.驾驶室左侧柜

驾驶室左控制柜操作区布置司机驾驶过程中不常使用的元件或设备,例如,打印机、垃圾箱、灭火器、杯托等,如图 5-29 所示。

4.喇叭

在 CRH380B 型动车组头车、尾车的车端都安装有两个喇叭,分别为高音和低音喇叭。启动喇叭的压缩空气储存在储气罐中,以防压力降低。通过关闭位于司机操作台下方的球阀,喇叭可以断开压缩空气。通过将"喇叭"拨动开关调至上端(高)或下端(低)来启动相应的喇叭。此外,通过操作位于司机台下方脚踏处的转子杠杆阀,可同时激活两个喇叭。

图 5-29　驾驶室左侧柜布置

5.挡风玻璃刮水器和清洗系统

在 CRH380B 型动车组头车、尾车配备了电控和电空挡风玻璃刮水及清洗系统,该系统通过球旋塞直接连接至列车管(MR)。

如果车辆速度大于 5km/h 时,无人端头车或尾车的刮水器臂将自动从中间位置移向停止位置,并使用气压将其保持在该位置。驾驶室的刮水器臂通常自动移向中间位置,清洗时,处于停止位置的所有刮水器臂都处于压力之下。

刮水器臂在紧急刮水模式中连续运作。只有存在压缩空气的时候,才可进行上述操作。

需要注意,当列车时速超过 200km/h 时,无法保证彻底清洁前挡风玻璃。通过司机操纵台上的挡风玻璃刮水器控制开关可启动以下手动功能。

0 位置:刮水器上无压力即刮水器可在前挡风玻璃上自由移动;Ⅰ(停止位置):刮水器臂上有压力,保持在停止位置(从驾驶室看,位于左侧);Ⅱ(间歇刮水):刮水器臂开始清洁,随后保持在停止位置直至时间间隔(8 种设置)结束,时间间隔可通过控制开关"刮水器速度"设置,共有 8 种设置;Ⅲ(刮水):刮水器臂持续刮水,使用控制开关"刮水器速度"可设置刮水器速度,共有 8 种不同的设置。使用按钮"清洗"可将含玻璃清洁剂或防冻剂的水喷至前挡风玻璃上。

使用球阀 1 从压缩空气断开风挡玻璃清洗系统。通过电压发生故障、故障信号或没有信号送至电气控制装置或电空装置故障,通过将紧急操作阀 2 的手柄从"正常运行"(OFF)转至"紧急运行"(ON)就可气动驱动刮水器。

三、驾驶室电器柜

CRH380B 型动车组的驾驶室电器柜分布于驾驶室的两侧及后墙四周(见图 5-30～图 5-33),采用半高的设计形式,与司机操纵台同高;电器柜门的设计也采用与司机操纵台柜门相同的形式,从而在视觉上形成一个统一的整体效果。

右后电器柜主要是列车线开关和 CCU,而左侧主要是 SIBAS KLIP 输入输出站辅助接触器断路器及应急座椅,如图 5-30～图 5-33 所示。

图 5-30 右驾驶室电器柜

图 5-31 右后驾驶室电器柜

图 5-32 左驾驶室电器柜

图 5-33 左后驾驶室电器柜

四、驾驶室座椅

1. 驾驶座椅

每个驾驶室里各设一个司机座椅。座椅主体结构材料为钢，填充的面料通气、耐磨损，避免静电、防火。司机座椅结构的强度设计可以保证在车辆加速及铁路员工使用等产生的各种力的影响下不会发生永久变形和损坏，对功能也不产生有害影响。在列车运行中司机座椅或其中的单个零件上不会产生破裂性的噪声或振动。司机的座椅结构，如图 5-34 所示；各组成部分名称及功能，见表 5-10。

2. 驾驶室辅助座椅

驾驶室辅助座椅位于左侧后壁柜上。司机将盖掀开折叠起来后可使用此座椅。

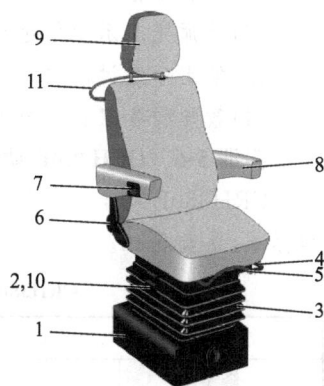

图 5-34 司机座椅

注：图中指示线应标示的内容，见表 5-10。

司机座椅组成名称及功能表　　　　表 5-10

位置	名　　称	功　　能
1	工具箱	工具箱中一个室用来存储工具，另一个室中存储应急梯。两个室中均有可锁定的盖罩
2	底座	此底座配有可牢固固定在不同位置的调节式气弹簧。坐在座椅上同时按下按钮可通过体重使座椅下降。座椅高度可在 130mm 范围内进行连续调节

续上表

位置	名　　称	功　　能
3	旋转附件	旋转附件在其行程方向被锁死。用力旋转可破坏此锁定
4	倾斜调节用把手	提升把手松开锁销。旋转区域为 2×3。一旦松开则此把手会立即自行固定。按住锁销同时向后倾斜将锁销解除
5	调节座椅长度的把手	提升把手为座椅上部可进行座椅高度调节。调节范围为 190mm，步进值为10mm。一旦松手，它将立即自行固定
6	靠背调节的旋钮	旋转旋钮(按照需要左/右)不断调节靠背倾斜度。松手后，它将立即自行固定在任意位置
7	调节靠背倾斜度的蝶形螺母	通过操作蝶形螺母可对靠背进行连续性调节
8	扶手向上折叠	扶手可向上折叠至极限位置(同靠背平行)并可自动固定就位
9	安全头枕	通过拉出或推入三步即可调节头枕的高度。头枕可使用拉出固定在最后一个锁销位置。将靠背盖下的弹簧夹向前推可解锁(在行程右后上方)
10	可连续调节高度的把手	提升把手将座椅高度调节制动装置释放，减轻对座椅的压力增加座椅高度。气动弹簧可以负载座椅的自重，为弹簧加负荷确定座椅高度
11	衣架	可将外套挂在此衣架上

注：表中"位置"一栏里的数字，见图 5-34。

🕐 任务实施

(1)下发任务单，明确任务内容，学生课前按要求完成预习任务。

(2)教师先演示操作过程及说明注意事项，学生分组模拟完成演练任务。

(3)学生分组讨论演练心得。

(4)教师和各组长担当本次任务的他人评价工作，评判同学们的任务完成情况。

实训 5-6　CRH380B 动车组驾驶室制动手柄电气接头检查

CRH380B 动车组驾驶室制动手柄电气接头检查的前期准备，见表 5-11；具体作业内容和标准，见表 5-12。

CRH380B 动车组驾驶室制动手柄电气接头检查前期准备　　　　表 5-11

维修项目：驾驶室制动手柄电气接头(C23)检查			
修程	二级修	周期	80 万 km/720 天
车厢号	01、00	供电条件	无电
作业人员	机械师 1 人	作业时间	15min/辆
作业工具	手电筒、十字螺丝刀、一字螺丝刀		
物料清单	无		
注意事项	①切断驾驶室制动阀(C23)的供风，并给所有相连的压缩空气管路和风缸排风。驾驶室制动阀(C23)处不允许再有压缩空气。②切断驾驶室制动阀(C23)和附加电子装置的供电并采取措施防止重新接通。驾驶室制动阀(C23)上不允许再有电压。③保证能接触到驾驶室制动阀(C23)的电气接口		
人员分工	一人作业，注意安全		

CRH380B 动车组驾驶室检查具体作业内容和标准　　　　　表 5-12

序号	作 业 项 目	作业内容、标准及图示
1	工前准备	①确认作业计划单中的作业车组号及股道。 ②确认作业股道接触网已断电,接地杆已挂。 ③按照工具清单清点工具
2	驾驶室制动手柄(C23) 检查	(1)打开驾驶室操纵台(见下图)盖板,将螺栓放置在材料存放盒中,将盖板稳固放置在漆布上。  司机操纵台 (2)检查驾驶室制动手柄(C23)(见下图)上电气接口外观状态良好,无松动、无损伤、无热负荷、无绝缘损坏、无变色等。 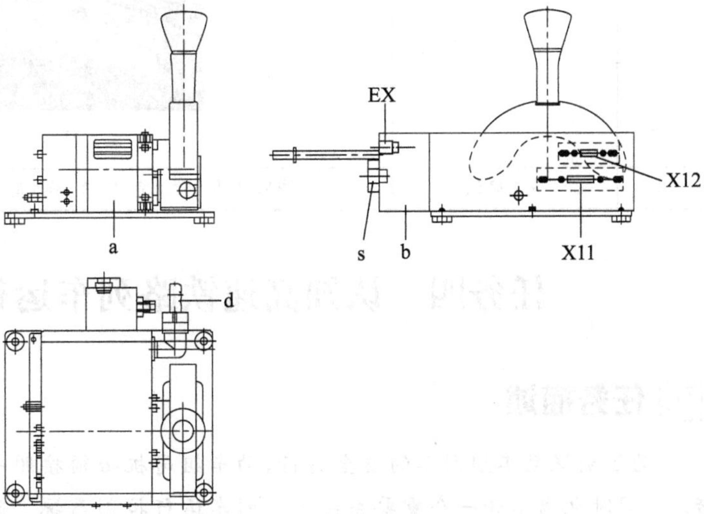 a　机械组件　　　　　　　　　S　控制空气接口 b　快速制动阀　　　　　　　　X11　连接插头 d　连至快速制动开关的线缆　　X12　连接插头 EX　排风口 制动阀(C23)示意图

序号	作业项目	作业内容、标准及图示
2	驾驶室制动手柄(C23)检查	（3）检查附加电子装置的位置正确，紧固件齐全、完整，无松动、无脱出、无缺失等（见下图）。  制动阀(C23) （4）检查完毕后，恢复驾驶室操纵台（见下图）盖板安装，确认安装牢固、到位  驾驶室操纵台
3	完工确认	作业完毕后，应做到"工完、料净、场地清"

任务四　认知高速铁路列车运行控制系统

📋 任务描述

　　为了确保动车组列车的安全运行，动车组司机必须按照一次作业标准正确操纵动车组列车，同时也离不开一个重要系统——列车运行控制系统。闭塞制式有哪些？我国主要采用的列车运行控制系统是什么？它的构成、应用等级、适用线路是什么？CTCS-3级列控系统的应用、结构、主要技术原则、工作原理是什么？驾驶室车载设备的主要工作模式又是什么呢？

🔧 知识储备

　　高速铁路列车运行速度快，乘坐舒适、快捷，保障高铁准点发车，按时到达。在风、雨、雪等极端天气条件下,高速铁路的安全平稳高速运行,都离不开列车运行控制系统。

列车运行控制系统是对列车运行全过程或一部分作业实现自动控制的系统。其特征为:列车通过获取的地面信息和命令,控制列车运行,并调整与前行列车之间必须保持的距离。列车运行控制系统(简称列控系统)保证列车按照空间间隔运行的技术方法,是靠控制列车运行速度的方式来实现的。

一、闭塞制式

运行列车间必须保持的空间间隔首先是满足制动距离的需要,同时还要考虑适当的安全余量和确认信号时间内的运行距离。列车间的追踪运行间隔越小,运输能力就越大。

从闭塞制式的角度来看,装备列车运行控制系统的自动闭塞可分为 3 类:固定闭塞、准移动闭塞(含虚拟闭塞)和移动闭塞。

1.固定闭塞

列控系统采取分级速度控制模式时,采用固定闭塞方式。运行列车间的空间间隔是若干个闭塞分区,闭塞分区数依划分的速度级别而定。一般情况下,闭塞分区是用轨道电路或计轴装置来划分的,它具有列车定位和占用轨道的检查功能。固定闭塞的追踪目标点为前行列车所占用闭塞分区的始端,后行列车从最高速开始制动的计算点为要求开始减速的闭塞分区的始端,这两个点都是固定的,空间间隔的长度也是固定的,所以称为固定闭塞。固定闭塞示意图,如图 5-35 所示。

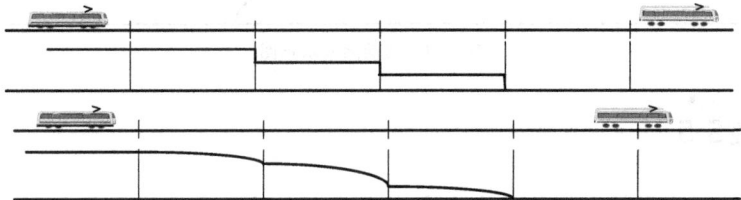

图 5-35　固定闭塞示意图

2.准移动闭塞

准移动闭塞方式的列控系统,采取目标距离控制模式(又称连续式一次速度控制)。目标距离控制模式根据目标距离、目标速度及列车本身的性能确定列车制动曲线,不必设定每个闭塞分区速度等级,采用一次制动方式。准移动闭塞的追踪目标点是前行列车所占用闭塞分区的始端,当然会留有一定的安全距离,而后行列车从最高速度开始制动的计算点是根据目标距离、目标速度及列车本身的性能计算决定的。目标点相对固定,在同一闭塞分区内不依前行列车的走行而变化,而制动的起始点是随线路参数和列车本身性能不同而变化的。空间间隔的长度是不固定的,由于要与移动闭塞相区别,所以称为准移动闭塞。准移动闭塞示意图,如图 5-36 所示。

虚拟闭塞是准移动闭塞的一种特殊方式,它不设轨道占用检查设备和轨旁信号机,采取无线定位方式来实现列车定位和占用轨道的检查功能;闭塞分区和轨旁信号机是以计算机技术虚拟设定的,仅在系统逻辑上存在有闭塞分区和信号机的概念。虚拟闭塞除闭塞分区和轨旁信号机是虚拟的以外,从操作到运输管理等,都等效于准移动闭塞方式。

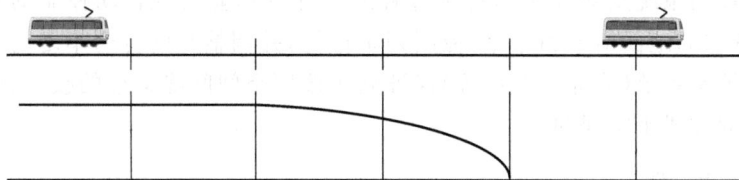

图 5-36　准移动闭塞示意图

3.移动闭塞

移动闭塞方式的列控系统,也采取目标距离控制模式。目标距离控制模式根据目标距离、目标速度及列车本身的性能确定列车制动曲线,采用一次制动方式。移动闭塞的追踪目标点是前行列车的尾部,当然会留有一定的安全距离,后行列车从最高速开始制动的计算点是根据目标距离、目标速度及列车本身的性能计算决定的。目标点是前行列车的尾部,与前行列车的走行和速度有关,是随时变化的,而制动的起始点是随线路参数和列车本身性能不同而变化的。空间间隔的长度是不固定的,所以称为移动闭塞。移动闭塞示意图,如图 5-37 所示。

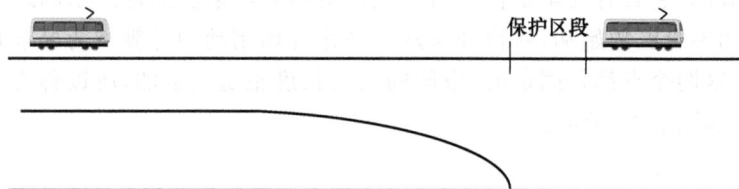

图 5-37　移动闭塞示意图

课堂讨论5-5

查阅资料,讨论分析我国的闭塞方式有哪些? 自动闭塞的三类闭塞方式有什么相同点和不同点?

二、列控系统的系统构成

我国编制的中国列车运行控制系统(简称 CTCS)的技术规范,即 CTCS 技术规范是参照欧洲列车运行控制系统(简称 ETCS)技术规范编制的。以下的介绍将以 CTCS 为主。

CTCS 系统由两个子系统构成,即地面子系统和车载子系统。

1.地面子系统

地面子系统可由以下部分组成:应答器、轨道电路、无线通信网络(GSM-R)、列控中心(TCC)/无线闭塞中心(RBC)、临时限速服务器(TSRS)。

(1)应答器,它是一种能向车载子系统发送报文信息的传输设备,既可以传送固定信息,也可连接轨旁单元传送可变信息。

(2)轨道电路,它具有轨道占用检查、沿轨道连续传送地车信息功能,应采用 ZPW-2000

系列轨道电路。

(3)无线通信网络(CSM-R),它是用于车载子系统和无线闭塞中心进行双向信息传输的车-地通信系统。

(4)无线闭塞中心(RBC),它是基于信号故障安全计算机的控制系统,属于 CTCS-3 级列控的核心部分。它根据地面子系统或来自外部地面系统的信息,如轨道占用信息、进路状态、临时限速等信息产生列车移动授权,并通过 GSM-R 无线通信系统传输给车载设备,保证其管辖范围内列车的运行安全。

(5)列控中心(TCC),它根据其管辖范围内各列车位置(轨道占用状况)、联锁进路以及线路限速状态等信息,对轨道电路发送编码信息,对车站有源应答器发送进路参数信息,向列车提供其所需的运行许可信息。

(6)临时限速服务器(TSRS),它根据调度员的临时限速操作命令,实现对各列控中心、无线闭塞中心分配和集中管理临时限速指令,保证限速计划的顺利实施。

2.车载子系统

车载子系统可由以下部分组成:CTCS 车载设备、无线系统车载模块。

(1)CTCS 车载设备,它是基于安全计算机的控制系统,通过与地面子系统交互信息来控制列车运行。

(2)无线系统车载模块,它用于车载子系统和列车控制中心进行双向信息交换。CTCS系统的结构,如图 5-38 所示。

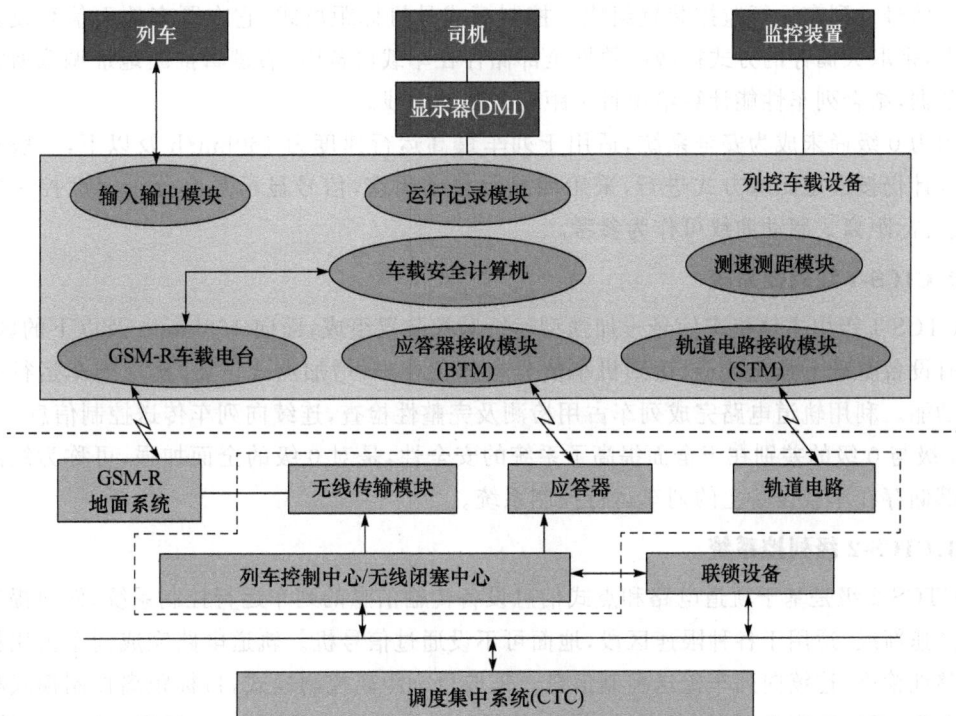

图 5-38 CTCS 系统的结构

三、CTCS 系统应用等级

CTCS 根据功能要求和设备配置,划分应用等级 0～4 级。

CTCS 应用等级 0(以下简称 C0):由通用机车信号＋列车运行监控装置组成,为既有系统。

CTCS 应用等级 1(以下简称 C1):由主体机车信号＋安全型运行监控记录装置组成;点式信息作为连续信息的补充,可实现点连式超速防护功能。

CTCS 应用等级 2(以下简称 C2):是基于轨道传输信息并采用车地一体化系统设计的列车运行控制系统。它可实现行指-联锁-列控一体化,区间-车站一体化,通信-信号一体化和机电一体化。

CTCS 应用等级 3(以下简称 C3):是基于无线传输信息并采用轨道电路等方式检查列车占用的列车运行控制系统。点式设备主要传送定位信息。

CTCS 应用等级 4(以下简称 C4):是完全基于无线传输信息的列车运行控制系统。地面可取消轨道电路,由 RBC 和车载验证系统共同完成列车定位和完整性检查,实现虚拟闭塞或移动闭塞。

同条线路上可以实现多种应用级别,C2、C3 和 C4 可向下兼容。

1. CTCS-0 级列控系统

为了规范执行,将目前干线铁路应用的地面信号设备和车载设备定义为 0 级。0 级由通用机车信号＋列车运行监控装置组成。控制模式是目标距离式,它在既有地面信号设备的基础上,采取大储存的方式把线路数据全部储存在车载设备中,靠逻辑推断地址调取所需的线路数据,结合列车性能计算给出目标距离式制动曲线。

因为 0 级尚未成为安全系统,适用于列车最高运行速度为 160km/h 及以下,一般自动闭塞设计仍按固定闭塞方式进行,采用四显示自动闭塞,信号显示具有分级速度控制的概念,其目标距离式制动曲线可作为参考。

2. CTCS-1 级列控系统

CTCS-1 级由主体机车信号＋加强型运行监控装置组成,面向 160km/h 及以下的区段,在既有设备基础上强化改造,达到机车信号主体化要求,增加点式设备,实现列车运行安全监控功能。利用轨道电路完成列车占用检测及完整性检查,连续向列车传送控制信息。

1 级与 0 级的差别在于全面提高了系统的安全性,是对 0 级的全面加强,可称为线路数据全部储存在车载设备上的列车运行控制系统。

3. CTCS-2 级列控系统

CTCS-2 级是基于轨道电路和点式信息设备传输信息的列车运行控制系统,面向提速干线和高速新线,适用于各种限速区段,地面可不设通过信号机。轨道电路完成列车占用检测及完整性检查,连续向列车传送控制信息。采取目标距离控制模式,目标距离控制模式根据目标距离、目标速度及列车本身的性能确定列车制动曲线,不设定每个闭塞分区速度等级,采用一次制动方式,闭塞方式称为准移动闭塞方式。

4. CTCS-3 级列控系统

CTCS-3 级是基于无线通信(如 GSM-R)的列车运行控制系统。轨道电路完成列车占用检测及完整性检查,点式信息设备提供列车用于测距修正的定位基准信息。无线通信系统实现地-车间连续、双向的信息传输,行车许可由地面无线闭塞中心产生,通过无线通信系统传送到车上。实现了地-车间连续、双向的信息传输,功能更丰富,实时性更强。

5. CTCS-4 级列控系统

CTCS-4 级是完全基于无线通信(如 GSM-R)的列车运行控制系统。它由地面无线闭塞中心(RBC)和车载设备完成列车占用检测及完整性检查,点式信息设备提供列车用于测距修正的定位基准信息。

各列控系统归纳总结,见表 5-13。

列车运行控制系统应用等级汇总表 表 5-13

应用等级	CTCS-0	CTCS-1	CTCS-2	CTCS-3	CTCS-4
控制模式	目标距离	目标距离	目标距离	目标距离	目标距离
制动方式	一次连续	一次连续	一次连续	一次连续	一次连续
闭塞方式	固定闭塞或准移动闭塞	准移动闭塞	准移动闭塞	准移动闭塞	移动闭塞或虚拟闭塞
地对车信息传输	多信息轨道电路+点式设备	多信息轨道电路+点式设备	多信息轨道电路+点式设备;或数字轨道电路	无线通信双向信息传输	无线通信双向信息传输
轨道占用检查	轨道电路	轨道电路	轨道电路	轨道电路等	五限定为应答器校正
列车运行间隔	按固定闭塞运行大于 L	设为对照值 L	L	L	小于 L
线路数据来源	储存于车载数据库	储存于车载数据库	应答器提供或数字轨道电路	无线电通信提供	无线电通信提供

四、CTCS-3 级列车运行控制系统的主要技术原则、结构及原理以及车载设备的工作模式

速度不超过 250km/h 的客运专线一般采用 CTCS-2 级列控系统;速度达到 350km/h 的客运专线通常采用 CTCS-3 级列控系统。CTCS-2 级列控系统作为 CTCS-3 级的后备模式,当CTCS-3 级列控系统发生故障时,可以降级到 CTCS-2 级列控系统,而不影响列车正常运行。

列控系统是确保高速列车运行安全,提高行车效率的核心设备。总结世界各国的高速铁路列车控制系统的特点,结合我国铁路的需求和发展规划,我国通过系统集成和自主创新,建立符合中国国情的路型,建立具有自主知识产权的 CTCS-3 级列控技术体系。

CTCS-3 级列控系统包括车载设备和地面设备。车载设备包括 GSM-R 无线通信模块及天线、轨道电路信息接收单元及天线、应答器信息接收模块及天线、车载安全计算机、人机界面 DMI。地面室外设备主要有应答器,ZPW-2000A 轨道电路 GSM-R 无线基站;室内设备包括行车指挥中心无线闭塞中心 RBC、GSM-R 移动交换中心、车站联锁、车站列控中心。

1.CTCS-3 级列控系统的主要技术原则

(1)CTCS-3 级列控系统应用于速度 300～350km/h 的客运专线和高速铁路,满足列车正向运行最小追踪间隔时间 3min 的要求。

(2)CTCS-3 级列控系统按兼容 CTCS-2 级列控系统的要求,统一配置车载及地面设备。CTCS-2 级作为当 CTCS-3 级无线通信系统故障的备用系统使用。无线闭塞中心(RBC)或无线通信发生故障时,可降级使用 CTCS-2 级列控系统控制列车运行。

(3)CTCS-3 列控系统车载设备采用目标距离连续速度控制模式,设备制动优先的方式控制列车安全运行。300km/h 及以上动车组不装设列车运行监控装置。

(4)CTCS-3 级列控系统采用轨道电路进行列车占用检测及列车完整性检查,列车正向按自动闭塞追踪运行,反向按自动站间闭塞运行。

(5)CTCS-3 级列控系统满足跨线运行的运营要求,全线 RBC 设备集中设置。动车段及联络线均安装 CTCS-2 级列控系统地面设备。

(6)GSM-R 无线通信覆盖包括大站在内的全线所有车站。

(7)在 300km/h 及以上线路,CTCS-3 级列控系统车载设备速度容限规定为超速 2km/h 报警、超速 5km/h 触发常用制动、超速 15km/h 触发紧急制动。

(8)RBC 向装备 CTCS-3 级车载设备的列车,应答器向装备 CTCS-2 级车载设备的列车分别发送分相区信息,实现自动过分相。

2.CTCS-3 级列控系统的结构及原理

CTCS-3 级列控系统是我国高速铁路的重要技术装备,是保证高速列车运行安全、可靠、高效的核心技术之一。CTCS-3 级列控系统是基于 GSM-R 无线网络实现车地双向传输信息、无线闭塞中心生成行车许可的列控系统。CTCS-3 级列控系统,包括地面轨旁设备和车载设备;地面轨旁设备又分轨旁设备和室内设备两部分。CTCS-3 级列控系统的结构,如图 5-39 所示。

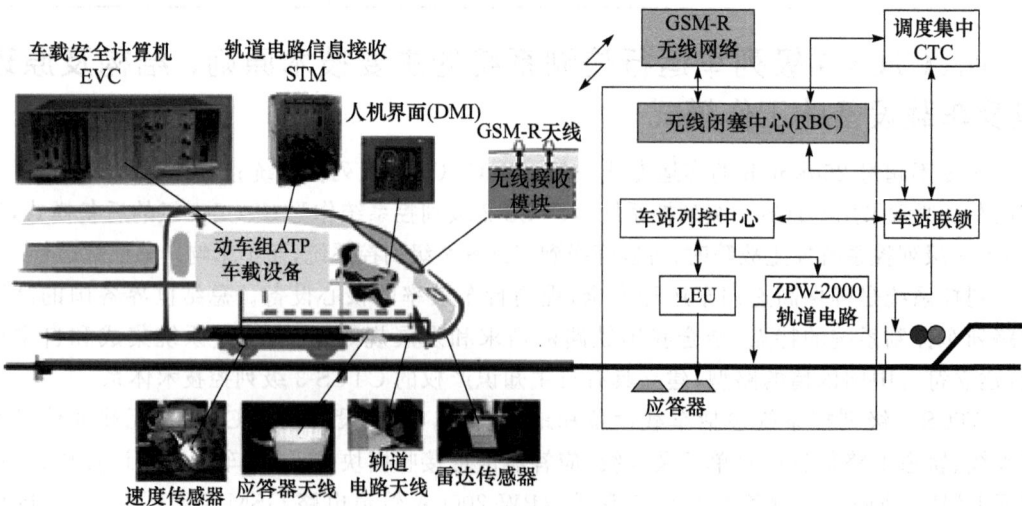

图 5-39　CTCS-3 级列控系统的结构

地面轨旁设备主要有应答器、ZPW-2000 轨道电路、GSM-R 无线基站;地面室内设备包括行车指挥中心 CTC、无线闭塞中心 RBC、GSM-R 移动交换中心、车站联锁、车站列控中心 TCC。

车载设备包括 GSM-R 无线通信模块及天线、轨道电路信息接收单元及天线、应答器信息接收模块及天线、车载安全计算机、人机界面 DMI 等。

CTCS-3 级列控系统是基于 GSM-R 无线传输技术的列车运行控制系统,通过应答器实现列车定位,利用 ZPW-2000 轨道电路实现列车占用检测和完整性检查,即车地信息传输采用 GSM-R 无线传输方式和轨道电路加应答器的传输方式。车载设备通过 GSM-R 无线网络从 RBC 获取行车许可和线路参数等信息,并通过车载安全计算机计算后生成目标距离-连续速度控制模式,按照 DMI 显示规范,在 DMI 上显示允许运行速度等信息,并根据列车运行情况,发送不同的语音提示降低司机的劳动程度,确保行车安全。行车指挥中心对列车运行状态实行监控,并根据不同情况下达调度命令,CTC 操作终端设置临时限速,行车指挥中心与车站联锁通信,控制排列进路;列控中心根据车站联锁的进站信息和临时限速信息,结合区段占用情况,控制有源应答器和轨道电路发码。

1)ZPW-2000 轨道电路

客运专线 ZPW-2000 轨道电路也称为 ZPW-2000K 轨道电路,是在既有 ZPW-2000A 无绝缘轨道电路的基础上,针对客运专线的应用进行了适应性改进,它保留了既有 ZPW-2000A 轨道电路稳定、可靠的特点,具有我国自主知识产权,适用于客运专线列控系统。客运专线 ZPW-2000A 轨道电路用于完成列车占用检测和列车完整性检查、连续向列车传送控制信息。其电路结构,如图 5-40 所示。

站内道岔区段轨道电路采用"分支并联"送受轨道电路结构,以实现道岔弯股的分路检查防护和车载信号信息的连续性传输。

2)应答器

应答器地面设备由无源应答器、有源应答器、地面电子单元(LEU)组成。

(1)无源应答器(固定报文应答器)

无源应答器与外界无物理连接,向列车传送自身预存的固定信息,如图 5-41 所示。当列车经过无源应答器上方时,无源应容器接收到车载天线发射的电磁能量后,将其转换成电能,使地面应答器中的电子电路工作,把存储在地面应答器中的数据循环发送出去,直至电能消失(即车载天线已经离去)。

无源应答器发送的固定不变的数据,包括线路坡度、线路最大允许运行速度、列车最大允许速度轨道电路参数、列控等级转换等信息。

(2)有源应答器(可变报文应答器)

有源应答器通过专用电缆与地面电子单元(LEU)连接,用于发送来自 LEU 的实时变化的信息;其信息对应于车站联锁排列的进路、临时限速服务器或 CTC/TDCS 下达的临时限速命令。LEU 周期接收来自车站列控中心(TCC)的报文,并将其连续不断地向有源应答器发送,如图 5-42 所示。

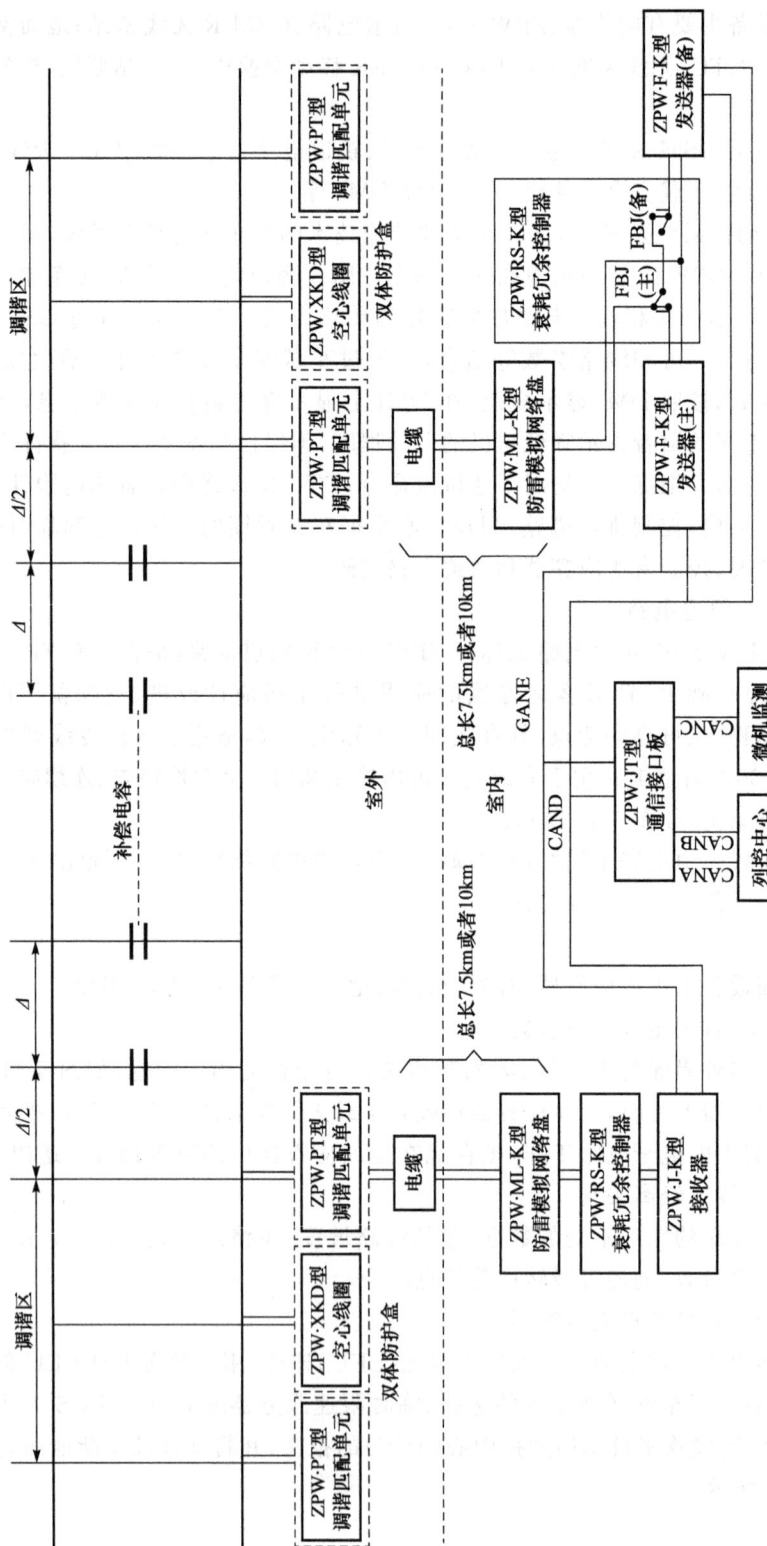

图 5-40 ZPW-2000 轨道电路的结构

图 5-41 无源应答器

图 5-42 有源应答器

当列车经过有源应答器上方时,有源应答器接收到车载天线发射的电磁能量后,将其转换成电能,使地面应答器中发射电路工作,将 LEU 传输给有源应答器的数据循环实时发送出去,直至电能消失(即车载天线已经离去)。

当与 LEU 通信故障时,有源应答器变为无源应答器工作模式,发送存储的固定信息(默认报文)。

3)车载主机

车载主机是列控车载设备的核心部件,包括车载安全计算机(VC)、轨道信息接收模块(STM)、应答器信息接收模块(BTM)、列车接口单元(TIU)、运行记录单元(DRU)等,组成一体放在机柜内,便于设备的安装、维护及管理。

4)人机界面(DMI)

列控车载设备的操作和显示界面,通过声音、图像等方式将车载装置的状态通知司机。司机可以通过 DMI 上的按键来切换 ATP 装置的运行模式或是输入必要的信息。

5)速度传感器

速度传感器安装在车辆两端车头第 23 轴上,通过车轮的转动产生脉冲信号,并输入至安全计算机,用于测量列车运行速度。

6)STM 天线

STM 天线感应钢轨中的轨道电路信号,传输至 STM 模块进行解码处理。STM 轨道电路天线是由感应线圈、固定支架和线缆组成。它是 STM 的前端信号感应部件,安装于机车前部。

7)BTM 天线

BTM 天线接收来自地面应答器,传输至 BTM 模块进行信息解调处理。它安装在距离车头一定范围内的车体底部的横向中心线上。

车载设备通过 GSM-R 无线通信系统向 RBC 发送司机选择输入和确认的数据(如车次号、列车长度),列车固有性质数据(列车类型、列车最大允许速度牵引类型等),车载设备在 RBC 的注册、注销信息,车载设备通过应答器获取列车的位置信息,定期向 RBC 报告列车位置、列车速度列车状态(正常时)和车载设备故障类型(非正常时)信息,列车限制性信息以及文本信息等。

同时,车载设备接收 RBC 发送的行车许可(包括车载设备识别号、目标距离、目标速度以及可能包括的延时解锁相关信息防护区相关信息、危险点相关信息),紧急停车(无条件紧急停车和有条件紧急停车),临时限速,外部报警信息以及文本信息等。

　　查阅资料,讨论CTCS-2级列控系统主要适用线路是什么？对比分析CTCS-2级列控系统与CTCS-3级列控系统的组成、工作原理有何区别？

3.车载设备的工作模式

CTCS-3级列控车载设备(含CTCS-2级功能)有9种主要工作模式。其中通用的模式有7种,即完全监控模式(FS)、调车模式(SH)、引导模式(CO)、目视行车模式(OS)、待机模式(SB)、隔离模式(IS)和休眠模式(SL)等;仅适用CTCS-2级的模式有2种,即部分监控模式(PS)和机车信号模式(CS)。

1)完全监控模式(FS)

当车载设备具备列控所需的全部基本数据(包括列车数据、行车许可和线路数据等)时,列控车载设备生成目标距离连续速度控制模式曲线;并通过人机界面(DMI)显示列车运行速度、允许速度、目标速度和目标距离等信息,监控列车安全运行。

2)部分监控模式(PS)

部分监控模式仅用于CTCS-2级控车。在CTCS-2级,当车载设备接收到轨道电路允许行车信息,而缺少应答器提供的线路数据时,列控车载设备产生一定范围内的固定限制速度,监控列车运行。

3)调车模式(SH)

当进行调车作业时,司机按压调车按钮,列控车载设备按固定限制速度40km/h(顶棚)监控列车前进或折返运行。当工作在CTCS-3级时,经RBC同意,列控车载设备转入调车模式(SH)后与RBC断开连接,退出调车模式(SH)后再重新与RBC连接。

4)引导模式(CO)

当开放引导信号或出站信号机开放且列车前端距离出站信号机较远(大于250m)发车时,列控车载设备生成目标距离连续速度控制模式曲线;并通过DMI显示列车运行速度、允许速度、目标速度和目标距离等,车载设备按固定限制速度40km/h监控列车运行,司机负责在列车运行时检查轨道占用情况。

5)目视行车模式(OS)

当地面设备故障、列控车载设备显示禁止信号且列车停车后需继续运行时,根据行车管理办法,经司机操作,列控车载设备按固定限制速度40km/h监控列车运行,列车每运行一定距离(200m)或一定时间(50s)司机需确认一次。

6)待机模式(SB)

当列控车载设备上电时,需在停车情况下,执行自检和外部设备测试正确后自动处于待机模式,车载设备禁止列车移动。

当司机开启驾驶台后,列控车载设备中的 DMI 投入正常工作。

7)隔离模式(IS)

当列控车载设备停用时,需在停车情况下,经操作隔离列控车载设备的制动功能。在该模式下,车载设备不具备安全监控功能。列控车载设备应能够监测隔离开关状态。

8)休眠模式(SL)

休眠模式用于非本务端列控车载设备。在该模式下,列控车载设备执行列车定位、测速测距记录、等级转换及 RBC 等级切换信息等功能。

非本务端升为本务端后,车载设备可自动进入正常工作状态。

9)机车信号模式(CS)

机车信号模式仅用于 CTCS-2 级控车。当列车运行到地面设备装置为装备 CTCS-3/CTCS-2 级控制系统的区段时,根据行车管理办法(含调度命令),经司机操作后,列控车载设备按固定限制速度 80km/h 监控列车运行,并显示接车信号。当列车越过禁止信号时触发紧急制动。

CTCS-3 级列控系统控车模式之间的转换,见表 5-14。

CTCS-3 级控车时的模式转换表　　　　　　表 5-14

控车模式	调车模式(SH)	引导模式(CO)	目视行车模式(OS)	待机模式(SB)	隔离模式(IS)	休眠模式(SL)	完全监控模式(FS)
完全监控模式(FS)	—	停车&调车键&RBC授权	RBC授权&降低到允许速度&司机确定	停车&越行键	停车&关闭驾驶台	停车&隔离开关→隔离	—
调车模式(SH)	—	—	—	—	停车&(退出调车键或关闭驾驶台)	停车&隔离开关→隔离	—
引导模式(CO)	接收到FS的行车许可	停车&调车键&RBC授权	—	停车&越行键	停车&关闭驾驶台	停车&隔离开关→隔离	—
目视行车模式(OS)	接收到FS的行车许可	停车&调车键&RBC授权	RBC授权&停车&司机确定	—	停车&关闭驾驶台	停车&隔离开关→隔离	—
待机模式(SB)	接收到FS的行车许可	停车&调车键&RBC授权	RBC授权&停车&司机确定	停车&越行键	停车&隔离开关→隔离	停车&隔离开关→隔离	他端车载设备激活为本务端&关闭驾驶台
隔离模式(IS)	—	—	—	—	停车&隔离开关→正常	—	—
休眠模式(SL)	—	—	—	—	车载设备激活作为本务端或所有驾驶台关闭	停车&隔离开关→隔离	—

复习思考题

一、填空题

1. 操纵台台面左边设置操纵手柄为_____，右边设置操纵手柄为_____和_____。

2. CRH380A 型动车组驾驶室可划分为三个区域，分别是_____、_____和_____。

3. CRH380A 型动车组驾驶室遮阳帘由_____、_____、_____组成。

4. CRH380B 型动车组驾驶室操纵台主要包括_____、_____、_____。

5. 从闭塞制式的角度，自动闭塞可分为：_____、_____、_____。

二、选择题

1. CRH380A 型动车组驾驶室分布在(　　)车，是司机对动车组的主要操纵平台。
   A. 1、8　　　　　　B. 2、6　　　　　　C. 1、16　　　　　　D. 2、15

2. CRH380A 型动车组驾驶室操控区主要包含(　　)两部分。
   A. 电气柜和操纵台　　　　　　　　B. 操纵台和司机座椅
   C. 司机座椅和电气柜　　　　　　　D. 操纵台和照明

3. 当列车时速超过(　　)km/h 时，无法保证彻底清洁前挡风玻璃。通过司机操纵台上的挡风玻璃刮水器控制开关可启动手动功能。
   A. 250　　　　　　B. 300　　　　　　C. 350　　　　　　D. 200

4. CTCS 系统由两个子系统构成，即(　　)。
   A. 室内设备和轨旁设备　　　　　　B. 轨旁设备和车载设备
   C. 地面设备和车载设备　　　　　　D. 室内设备和车载设备

5. 仅适用于 CTCS-2 级列控系统车载设备的工作模式有(　　)。
   A. PS 和 FS　　　　B. PS 和 CS　　　　C. SB 和 CS　　　　D. CS 和 CO

三、简答题

1. 简述 CRH380B 型动车组驾驶室的布局。
2. 简述什么是 CTCS-3 级列控系统？

P 项目六 Project six 动车组车内其他电气设备维护与检修

项目描述

通过本项目学习,使学生熟知动车组旅客信息系统、烟火报警系统、照明系统的组成、作用及布局,并能遵守安全操作规程进行车内其他电气设备的检查与维护作业。

教学目标

【知识目标】

(1)掌握动车组旅客信息系统的组成和功能。

(2)掌握动车组烟火报警系统的组成和功能。

(3)掌握动车组照明系统的布置原则和分类。

【技能目标】

(1)能说出车内其他电气设备的组成和功能。

(2)能正确使用作业工具。

(3)能对动车组旅客信息系统进行检修维护。

(4)能对动车组烟火报警系统进行检修维护。

(5)能对动车组照明系统进行检修维护。

【素质目标】

(1)培养安全作业意识。

(2)培养细致认真的职业态度。

任务一 动车组旅客信息系统维护与检修

任务描述

旅客信息系统包含哪些设备?它能为旅客提供哪些信息?这里的广播系统有什么特

别之处？信息显示系统分布在哪些位置？影视系统的功能与座席级别有差异吗？动车组旅客信息系统设备的维护与检修作业会用到哪些工具？其维护与检修作业又有哪些注意事项和作业步骤呢？

知识储备

一、旅客信息系统概述

旅客信息系统是个能够随时给旅客提供一些重要信息的系统。动车组能够及时发送列车当前到站、前方到站、正晚点情况，当前时间、运行速度、临时停车等信息。旅客信息系统包括信息显示、车内标识、列车运行信息与自动报站、列车广播、电视、列车通话系统等。本节以 CRH380A 型动车组为例讲解旅客信息系统的结构和功能。

动车组旅客信息系统主要由广播系统、显示器（包括侧面目的地显示器、车号显示器、车内信息显示器）、影视系统组成。

广播系统实现了车载的自动广播、半自动广播、人工广播等功能；实现了司机对讲、乘客紧急报警对讲、乘务人员车内通信联络；实现广播优先级控制、广播监听、音量自动/人工调节；实现预录紧急广播、媒体伴音播放等。

信息显示系统由侧面目的地显示器、车号显示器、车内信息显示器 3 部分构成。显示信息可由系统总控单元的人机界面环境输入、编辑、储存，待显示信息由系统的数据通信总线从系统总控单元传输到客车车辆控制器（CCT），最终在对应车辆的内外显示器上显示。

影视系统对车辆多媒体信息进行集中控制、智能播控、同步播放；实现地面到车辆的直播、车辆本地录播；实现显示终端的分区播放、叠加列控信息播放；实现节目更新的断点续传、集中更新、自动同步等功能；在高铁车辆上实现 VIP 座椅、一等座等特殊座席的音视频点播、FM、MP3 等娱乐播放。

二、广播系统

（一）系统概述

CRH380A 型动车组广播系统广播联络装置的设计，以 LON 网络作为依托平台，实现了以下主要功能：

(1)司机与司机之间的专线联络通话。

(2)乘务员之间的联络通话。

(3)司机与乘务员之间的联络通话。

(4)通话可以被强插或监听。

(5)提供一路通话通道，可以多方同时通话。

(6)通话权限可以通过软件进行设定。

(7)司乘人员对全车进行广播。

(8)司乘人员对定点车厢进行广播。

(9)广播功能可以通过软件进行设定。

(10)与车上 MON 之间的通信。

(11)MON 对广播的控制。

(12)自动报站和手动报站。

(13)对系统内的设备状态进行监视,故障自动报警。

系统采用模块化设计,各功能相同的装置之间可以完全互换,功能的不同由软件设定。操作符合日常习惯。

系统与 MON 的接口部分和通信协议与 200EMU 动车组上的 MON 相同。

(二)系统组成及功能

1.控制放大器

全车共设有 9 台控制放大器,除 5 车设有 2 台外,其余的每车厢 1 台。各个控制放大器的外形尺寸、安装尺寸以及所用的接插件完全相同。控制放大器实现的功能如下:

(1)网络通信功能。控制放大器通过网络总线实现与其他控制放大器、联络装置、自动广播装置及呼唤显示屏的相互通信。

(2)通话联络功能。各个控制放大器之间可以通过装置上的话筒拨打不同的控制放大器呼叫号码进行通话。呼叫时,控制放大器发出振动铃声,提示司乘人员有人呼叫。全车仅提供一路通话链路。但驾驶室内的控制放大器在任何状况下,都可以通过司机联络专线进行通话,而不占用通话链路。当使用专线通话时,只有两车端的联络装置和驾驶室内的控制放大器会振铃、通话。

(3)全体通话功能。所有控制放大器均可以同时呼叫所有放大器并通话。

(4)通话的强插、监听功能。在两个控制放大器进行通话时,有强插权限的控制放大器,可以通过操作面板,强行插入,进行通话。有监听权限的控制放大器,可以通过操作面板对通话进行监听。

(5)广播功能。所有控制放大器均可以通过话筒对全车进行广播。支持同时有多个控制放大器进行广播。

(6)定点广播功能。每个控制放大器均有定向广播的功能,即该控制放大器可以通过输入某一个车号或某几个车号的方式,实现单独向这个或这几个车厢广播的功能;当进行定向广播时,被广播车辆的 1141B、1142B 触点闭合。

(7)音量调节功能。联络和广播音量可以通过前面板音量调整按钮进行调节。

(8)权限设定功能。通话的强插、监听和广播功能均可以通过控制放大器面板进行权限设定。没有设定功能权限的控制放大器,将自动屏蔽相应的功能。

(9)地址设定功能。控制放大器的呼叫号码可以通过前面板进行设定。在设定完成后,将自动保存。

(10)状态显示功能。控制放大器面板设有液晶屏,用来显示通话、广播、呼叫的工作状态。显示的内容包括是否广播、广播音量的大小、是否有呼叫、主叫号码、呼叫类型(个别、群呼）、通话链路是否占用、是否有强插或监听权限、呼叫号码的设定。

（11）MON 接口。在每个控制放大器上，均设有一个开关量输入信号和一个输出信号与 MON 装置的系统相接。输入信号用于在两列编组时，通知控制放大器现在处于连挂状态，呼叫号码需要变更。输出信号用于在通知 MON 装置控制放大器是否出于广播状态。

2．输出放大器

全车共设有 8 台 P. AMP，每个车厢 1 台。所有输出放大器的外形尺寸、安装尺寸，以及所用接插件均完全相同。输出放大器包括以下功能：

（1）MON 控制功能。输出放大器设有一个开关量输入接口。当 MON 发出控制信号时，输出放大器可以关闭输出，实现关闭广播功能。

（2）输出区域控制。座车的 P. AMP 有一路输入，两路输出，输入音源由影视主机提供，一路输出对应客室扬声器，另一路输出对应卫生间、通过台、走廊等区域的扬声器。在正常情况下一路输出（客室扬声器）播放视频伴音，二路输出静音。当进行列车广播时，由影视系统自动切换为广播内容，一路、二路输出均播放广播内容；当广播结束后，自动切换为原来的状态。

餐车的 P. AMP 有一路输入，两路输出，输入音源由影视主机提供，一路输出对应休闲区、餐厅区扬声器，另一路输出对应通过台、走廊等区域的扬声器。在正常情况下一路输出（休闲区、餐厅区扬声器）播放视频伴音，二路输出静音。当进行列车广播时，由影视系统自动切换为广播内容，一路、二路输出均播放广播内容；当广播结束后，自动切换为原来的状态。

3．自动广播装置

全车在 7 车内设有 1 台自动广播装置，它的外观如图 6-1 所示。自动广播装置通过网络总线与控制放大器、联络装置进行通信等功能。

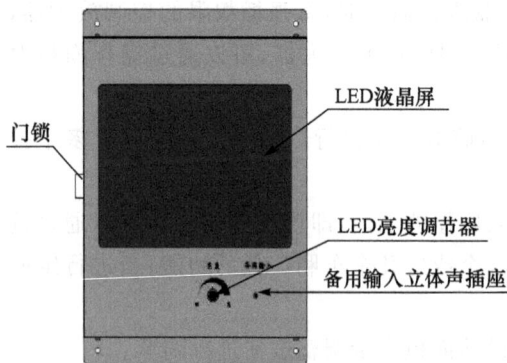

图 6-1　自动广播装置的外观

（1）触摸屏。自动广播装置设有一块 10.4 英寸液晶触摸屏，装置的所有操作，均通过触摸屏来完成。

（2）自动报站功能。自动广播装置通过电流环与车辆信息系统的通信获得里程、车站代码等自动报站所需的信息；然后参照预存在装置中的车站代码、线路数据，自动判断列车的出发、到站状态，实现自动报站功能。

（3）手动报站功能。通过自动广播装置的手动报站界面实现手动报站功能。手动报站时，可以分别选择出站广播、到站广播、广播停止。

（4）手动设定功能。自动广播装置有手动设定功能，设定范围包括：设定运行线路、始发站、终点站、下一停靠站、发出站。

（5）广播优先级功能。自动广播装置的广播设有优先级，当在低优先级的广播进行中，有高优先级的广播,低优先级的广播将被打断,直到高优先级的广播完成后再恢复。

广播的优先顺序:外部广播(控制放大器广播)＞自动广播(手动广播)＞收音机广播＞备用广播。

在发生外部广播插入时,自动广播装置在显示屏上是显示外部正在广播。外部广播结束时,将恢复成原来的状态。也可以通过操作屏上的全取消按钮手动切除自动广播装置的全部对外广播(包括对影视系统的广播输出)。

此外,自动广播装置还具有收音机广播功能、备用输入广播功能、音量调节功能、广播控制功能等。

4. 车门音声控制器

全车在每个车厢里各设有一个车门音声控制器,当接收到来自左右门开闭继电器的信号时,将控制并输出开关门的提示声音。

三、信息显示系统

(一)侧面目的地显示器

1. 概述

侧面目的地显示器为 LED 显示器,分别设置在每辆车两个侧墙靠近车门处,用于显示车次信息、起始站名和终点站名、列车类别等信息。为了不显示误接收到的信息和数据,通常情况下需要连续 2 次接收到同样的数据后,才能作为正规的数据来输入。从列车信息控制系统收到数据后、对于需要显示的数据(车号、目的地、始发、类别)有变化的时候,先消除显示、然后显示重新接收的数据内容。

2. 显示内容

侧面目的地显示器的显示画面包括上段和下段两部分,上段进行车号(英文字母最多 4 个、数字最多 6 位)的定中心固定显示、显示颜色为绿色,显示内容由列车信息控制系统传来的英文字母显示数据和数字显示数据来决定;下段为滚动显示、显示颜色为琥珀色,用于显示始发站名、目的地站名、列车类别等信息显示。侧面目的地显示器的构成,如图 6-2 所示。

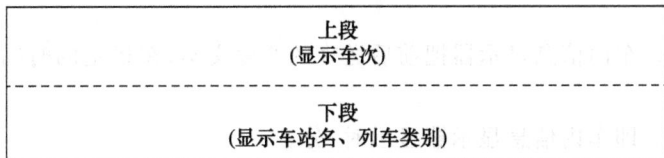

图 6-2　侧面目的地显示器的构成

显示内容由乘务人员通过列车信息控制系统,使用工作卡输入。车辆电源闭合后,在列车信息控制系统中设定列车类别、始发站名、目的地名、车号信息,然后向侧面目的地显示器发送。

列车在停车中或停车前(当列车信息控制系统检测到 30km/h 以下的速度时),侧面目的地显示器接收列车信息控制系统发出的车号信息、列车类别、目的地名、始发站名等数据(此时相关显示内容的有效字节为 on)并进行显示。

行驶中(当列车信息控制系统检测到 30km/h 以上的速度时),列车信息控制系统不再向侧面目的地显示器发送始发、目的地、列车类别、车号等数据(此时相关显示内容的有效比特为 off),所以侧面目的地显示器无显示。

另外,60s 内没有从列车信息控制系统接收到信息数据时,侧面目的地显示器上、下段显示的内容将消除。

侧面目的显示器还设置了显示功能的诊断试验模式,在进行试验模式时,从列车信息控制系统接收到试验指令后,显示试验模式。显示内容为斜线(琥珀色)的滚动显示。

(二)车号显示器

车号显示器为 LED 显示器,每辆车有两个;车号显示器的显示颜色均为琥珀色,设置在车门旁边。

车厢号的编排同样是通过列车信息控制系统来确定的。电源闭合时、车号显示器根据内置的控制电路板的旋转开关的设定,以及列车信息控制系统发出的加挂(车辆)指令(在连接销编号 2 号输入 DC 100V、GND 和电源相同),显示车号。

开关的设定和显示:拨码开关左(+)、右(−),每拨动一次车号相应加减 1。

(三)车内信息显示器

1.概述

动车组在客室的两端,通道的门上框部分,分别设置了车内信息显示器,用于显示当前到站、中途的停车站、前方到站、正晚点情况、当前时间、运行速度、实时新闻、禁烟标志和厕所有人无人等旅客信息。其显示方式为滚动或固定显示。

2.显示内容

显示文本内容依赖于自动广播装置的传送信息,有如下的滚动或固定显示模式。

(1)实时文本显示。车内信息显示器显示实时的文本。

(2)插入显示。车内信息显示器消去正在显示中的文本,显示消去后接收到的新的文本。

(3)交替显示。车内信息显示器把前后送来的 2 段文本,在指定的时间内显示或每次交替显示。

(4)时刻显示。即车内信息显示器显示时、分。

课堂讨论6-1

　　请查阅相关资料,完成信息显示系统的图片收集,并说出属于哪种显示器?

四、影视系统

(一)概述

影视系统由干线以太网络贯穿全列,在 5 号车影视机柜内布置一台主控制机作为全列影视系统的管理中心及数据存放中心实现集中控制。车厢内各液晶屏独立播放影视内容,CRH380A 型动车组影视系统,如图 6-3 所示。

影视系统在每节车厢均有影视系统箱,其中餐车配有一台影视系统主机箱,一等车和二等车每车厢各配有一台影视系统设备箱。影视系统监视屏是系统的管理中心及数据存放中心,通过列车干线以太网络(干线以太网络带宽100M)将流媒体音视频信号非实时地发送到各

图 6-3　CRH380A 型动车组影视系统

车,由干线网络交换机车内网络(网络带宽 100M)传送到各液晶屏的播放板加以存储,液晶屏播放板具有能够存放至少两套节目的缓存,播放节目由缓存中读取,同时非实时地从列车干线以太网络接收将要播放的下一套节目。

(二)系统功能

用于影视系统的播放,系统在实现乘客影视娱乐的基本功能外,兼顾实现了与列车广播系统的切换对接。每车的广播系统在其本身内部提供无源常开触点进行控制。系统功能根据座席级别的差异有所不同。

一等座席:能通过座椅音频娱乐单元选择收听 MP3、视频伴音、FM 广播等音频节目;通过车载电视收看视频节目。

二等座席:能通过车载电视收看视频节目,通过客室区扬声器收听视频伴音、背景音乐或 FM 广播。

一等座椅、二等座椅音视频节目采用集中管理本地播放方式,监控屏是全车娱乐系统的人机操作界面;监控屏能够预览音、视频节目,监听、监播当前正在播放的音视频节目。一等车音频通过座椅接收器播出;二等车音频由影视娱乐的音频功放输出给广播系统由客室扬声器播出。

影视系统在实现影视娱乐的基本功能外,兼顾实现与列车广播系统的切换对接。正常状态下 2～8 车扬声器播放视频伴音,1 号车扬声器静音。当进行全列车背景音乐广播时,由 5 号车乘务员室内的影视系统监控屏选择背景音乐的音源,3 路 MP3 或 FM。当选择某一路 MP3 作为背景音乐时,监控屏通过列车干线以太网络总线控制 1～8 号车影视系统将MP3 音频信号给到广播系统,由车厢扬声器播出,此时一等车座椅耳机不进行切换。当选择 FM 作为背景音乐时,监控屏通过 RS-485 总线下发控制指令给广播系统。广播系统接收到 FM 播放功能指令后,执行 FM 广播音频播放,此时 1～8 号车扬声器及一等车座椅耳机

各频道都切换到 FM 广播,FM 播放优先级高于影视媒体伴音。当广播系统本身有广播需求时,执行广播系统自身的广播播放功能,广播完毕后继续执行影视系统 FM 播放功能,直至影视系统取消 FM 播放需求。

当 PIS 系统公共广播时,视频伴音被切断,但其视频继续播放。

任务实施

(1)下发任务单,明确任务内容,学生课前按要求完成预习任务。

(2)教师先演示操作过程及说明注意事项,学生分组模拟完成演练任务。

(3)学生分组讨论演练心得。

(4)教师和各组长担当本次任务的他人评价工作,评判同学们的任务完成情况。

实训 6-1　CRH380A 动车组视频装置检查

以 CRH380A 动车组视频装置检查为例进行介绍。

1.修程:二级修。

2.维修周期:30 天。

3.作业人员:机械师 1 名。

4.作业时间:15min/辆。

5.供电条件:有电。

6.作业工具:基本工具。

7.作业程序:

1)通电前的检查。

(1)清洁 LCD 屏幕,清洁风扇,清理机柜内的灰尘;机壳表面沾有灰尘时,用柔软的干布擦拭,严禁使用酒精或以石油为基料的清洁剂。

(2)检查影视系统各设备及主机柜内部产品是否紧固,各个插头有无错接、松动,符合安装指导书的规定。

(3)外部电源是否符合要求。

(4)检查影视系统车端连接器是否松动。

(5)初始点检:当系统长期不使用时,应定期(如每周/每月)对系统进行点检。在列车运行之前的准备工作时,也可以进行点检。

2)系统上电。

(1)开通总电源,系统中全部设备正常上电。

(2)外观检查。全部设备电源指示灯工作正常,自检测指示工作正常,全部设备正常完成复位功能。

(3)系统运行。视频显示正常,音频输出正常。

(4)系统下电。关闭总电源,全部设备下电。

(5)系统反复上下电。重复试验准备步骤 1)～4)三次,系统工作状态正常。

3)影视系统通电后的检查。

(1)检查主机柜风扇是否正常运转。

（2）检查电源输入输出是否在允许的波动范围之内。

（3）系统中全部设备正常上电。

（4）从打开电源到系统开始播出节目，响应时间不大于5s。

（5）本车厢内全部LCD播放一体机正常播放，画面清晰。

（6）3、4号车厢的一等座椅耳机播出立体声伴音，音质清晰，无杂音，耳机音量可手工调节。其他车厢的扬声器播出为单声道伴音。

（7）全系统只播放1路音视频节目。系统的视频、音频、视频及其伴音做到同步播出。

（8）影视主机可以进行播放、暂停、快进、快退；节目选择、功放具有音量的调节功能。

（9）模拟插播广播，视频及其伴音自动转为暂停；广播结束后，音视频自动切换为原来的状态。

（10）关闭电源，系统正常下电。

任务二　动车组烟火报警系统维护与检修

任务描述

动车组烟火报警系统的设备组成、分布是怎样的？在卫生间吸烟、喷香水会不会触发火灾报警呢？万一触发报警，会导致列车停车吗？动车组烟火报警系统的维护与检修作业又是怎样的呢？

知识储备

一、概述

高速动车组的安全防护工作是不容忽视的重要工作。高性能的烟火报警系统作为保障动车行车安全的重要组成部分，可以大大减少火灾事故的发生，有效降低火灾造成的损失。

CRH380A型动车组烟火报警系统全列只设一台烟火报警主机，每车厢设一个车厢控制器，客室、驾驶室、电气柜、厨房、卫生间及其他重点防火区域设置感烟探测器。此外，每个车厢中设有一个线性热探测器，用于监控车下牵引变流器或辅助变流器区域，因该区域容易受到灰尘的污染，不适合利用光学烟气探测器监测火灾。所有烟气探测器、线性热探测器及车厢烟火报警控制器，均通过1个CAN总线信号回路连接。烟火报警系统各设备的布置，见表6-1。

烟火报警系统各设备的布置　表6-1

设备名称	T1	M1	M2	M3	M4	M6	T2
报警主机	0	0	0	0	1	0	0
车厢控制器	1	1	1	1	1	1	1
烟气探测器	5	4	4	4	3	4	4
线性热探测器	1	1	1	1	1	1	1
矩形连接器	1	2	2	2	2	2	1
报警指示灯	1	0	0	0	0	0	1

课堂讨论6-2

请查阅资料,介绍一下你所了解的因为烟火报警导致列车晚点的案例。

二、烟火报警主机

烟火报警主机采用菜单驱动监视和控制所有的系统功能,其结构如图 6-4 所示。烟火探测系统是基于菜单操作的系统。它通过不同的菜单,用户可以进入到系统的所有功能。整个控制盘分为系统指示灯、操作控制区和数字键盘区 3 个部分。

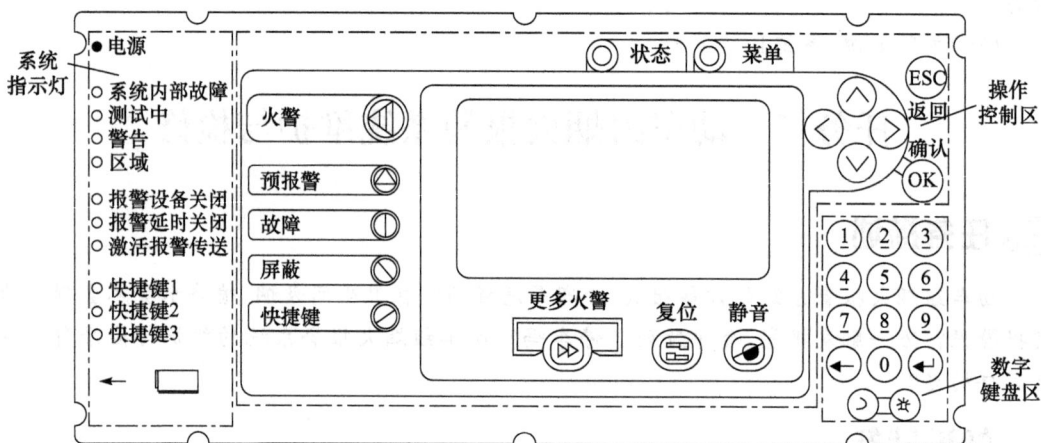

图 6-4　烟火报警主机的结构图

(一)系统指示灯

系统指示灯,见表 6-2。

系 统 指 示 灯　　　　　　　　　　　　　　　　　表 6-2

序号	设备名称	现　象	说　明
1	power 电源	绿色常亮	控制面板电源正常
2	系统内部故障	黄色闪烁	系统存在一个严重的硬件故障
3	测试	黄灯常亮	至少有一个区域被设置在测试模式
4	警告	黄色常亮	系统至少存在一个警告
5	区域	黄色常亮	系统至少有一个探测器或区域被屏蔽
		黄色闪烁	系统至少有一个探测器或区域处于故障状态 (优先于屏蔽状态显示)
6	报警设备关闭	黄色常亮	系统至少一个报警输出,如主机到警铃的输出被关闭
		黄色闪烁	系统至少一个报警的输出有故障
7	报警延时关闭	黄色常亮	报警延时功能关闭
8	激活报警传送	黄色常亮	报警传送功能已激活
9	快捷键 1～快捷键 3	LED 发光颜色由系统配置决定	快捷键功能已启用
10	USB	—	USB 数据接口

(二)操作控制区

1.主要指示灯

操作控制区各指示灯的作用和指示内容,见表6-3。

操作控制区各指示灯的作用和指示内容　　　　　　　　　表6-3

主要指示灯	作　　　用	指　示　内　容
Fire alarm 火警	按火警键直接进入火警清单	红色闪烁灯光——系统存在未被消声的火警
		红色常亮灯光——所有被确认消声的火警
Pre-alarm 预报警	按预报警键直接进入预报警清单	橙色闪烁灯光——系统存在未被消声的预报警
		橙色常亮灯光——所有被确认消声的预报警
Fault 故障	按故障键直接进入故障清单	黄色闪烁灯光——系统存在未被消声的故障
		黄色常亮灯光——所有被确认消声的故障
Disablements 屏蔽	按屏蔽键直接进入屏蔽清单	橙色常亮灯光——系统至少存在一个被屏蔽功能的部件
Shortcuts 快捷键	按快捷键直接进入用户设定的清单	橙色常亮灯光——快捷清单和对应的指示灯(快捷键1、快捷键2和快捷键3)由定义文件定义

2.状态

"状态"这个键直接进入系统状态,包含报警(火警和预报警),维护(故障和警告)以及屏蔽(活动的和周期性的)。

3. Menu 菜单

"菜单"这个键直接进入主菜单和系统功能入口。

4. 导航和命令键

箭头键用于菜单的操纵和多选菜单的选择。如图6-5所示。

(1)ESC返回。返回键用来返回最开始的屏幕。

(2)OK确认。确认键用来选中一个多选菜单或者接受一个功能。确认键同样用来显示一个选中项目的详细情况。

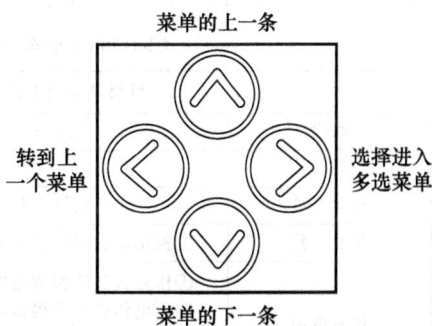

菜单的上一条

转到上一个菜单　　选择进入多选菜单

菜单的下一条

图6-5　箭头键

5. 显示屏

数字字母显示屏是一个带背光的 4.3″,480×272,16 位彩色屏幕。

6.报警键

报警键的作用,见表6-4。

报　警　键　的　作　用　　　　　　　　　　表6-4

名　　称	作　　用
多个报警	按此键在不同的报警之间滚动,如果30s内没有键操作,将返回到第一个火警的地方
复位键	该红色按键用来复位一个选定的报警或者复位一个屏蔽项
静音键	该绿色按键用来静音(确认)一个报警

（三）数字键盘区

数字键盘区的作用，见表 6-5。

数字键盘区的作用　　　　　　　　　　　　　表 6-5

名　称	作　用
数字键 0~9	数字键用来向系统输入信息
删除键	用来删除文字显示中的字符
回车键	用来确认一个多选菜单或确认一个功能项。回车键还可以用来从一个选定的项目中选择详情
白昼模式	设置控制盘指示灯的亮度/对比度到白昼模式
夜间模式	设置控制盘指示灯的亮度/对比度到夜间模式

⏰ 任务实施

（1）下发任务单，明确任务内容，学生课前按要求完成预习任务。

（2）教师先演示操作过程及说明注意事项，学生分组模拟完成演练任务。

（3）学生分组讨论演练心得。

（4）教师和各组长担当本次任务的他人评价工作，评判同学们的任务完成情况。

实训 6-2　CRH380A 动车组火灾、紧急蜂鸣器功能检查

以 CRH380A 动车组火灾、紧急蜂鸣器功能检查作业为例进行介绍。其前期准备，见表 6-6；其具体作业内容和标准，见表 6-7。

CRH380A 动车组火灾、紧急蜂鸣器功能检查前期准备　　　　　　表 6-6

维修项目：CRH380A 动车组火灾、紧急蜂鸣器功能检查			
修程	二级修	周期	3 万 km 或 30 天
车厢号	每车	供电条件	有电
作业人员	机械师 2 人	作业时间	5min/辆
作业工具	主控钥匙、通用钥匙、对讲机		
注意事项	①作业人员应按规定穿戴劳保用品。 ②无电作业前应确认动车组受电弓已降下，接触网已断电，接地杆已挂，止轮器已设置。 ③作业时防止磕碰伤。 ④作业过程中作业工具、材料及配件定置摆放		
人员分工	1 号负责驾驶室操作；2 号负责操作按钮		

CRH380A 动车组火灾、紧急蜂鸣器功能检查的作业内容和标准　　　　表 6-7

序号	作业项目	作业内容和标准
1	工前准备	
1.1	人员准备	2 名作业者（1、2 号）按规定穿戴防护用品（工作服、劳保鞋、安全帽）
1.2	工具、物料状态确认	1 号清点配送的作业工具和物料
1.3	作业手续办理	①工长确认作业车组号及股道正确，停放制动已施加，送电完毕后到现场值班室领取有电作业牌，办理有电作业手续。 ②工长通知 1 号可以开始有电作业

续上表

序号	作业项目	作业内容和标准
2	升弓送电	
2.1	升弓送电,闭合 VCB	1号插入主控钥匙右旋,将 BV 手柄至快速位,旋转受电弓升起旋钮。待在 MON 屏确认受电弓升起后,按压 VCB,完成送电
2.2	打开蜂鸣器	1号将蜂鸣器切断开关(BZS)打到常位,确认单元显示灯及事故显示灯没有亮灯、蜂鸣器不鸣响
3	火灾蜂鸣器功能检查	
3.1	车端"火灾""紧急"按钮功能检查	2号按压车内"火灾""紧急"按钮后通知1号,1号在驾驶室确认蜂鸣器报警,单元表示灯"火灾"闪亮,MON 屏弹出火灾或紧急报警信息(行驶状态栏下方火灾、紧急报警,具体车号火灾、紧急报警)
3.2	配电柜"火灾""紧急"按钮功能检查	2号按压组合配电柜(1、0 车运行配电柜内)火灾、紧急复位按钮复位后通知1号,1号在驾驶室确认蜂鸣器未报警,"火灾""紧急"熄灭,通知状态画面变成白色
3.3	依次试验	2号逐辆对火灾、紧急蜂鸣器功能进行检查,1号对驾驶室进行确认
4	换端试验	1号将制动手柄移到"拔取"位置,将主控钥匙左旋拔出。至另一端驾驶室进行上述检查项目
5	完工确认	1、2号检查确认配电柜闭合良好
6	整理工具物料	1、2号将工具和物料整理齐全,确认作业区周边环境干净无杂物
7	办理销号手续	1号通知工长作业结束

任务三　动车组照明系统维护与检修

任务描述

动车组照明系统与家用照明有区别吗?它的设备组成、分布是怎样的?万一设备供电故障,客室会断电吗?动车组照明系统的维护与检修作业又是怎样的呢?

知识储备

一、概述

(一)动车组常用电光源

1.荧光灯

荧光灯也称日光灯,传统型荧光灯即低压汞灯,是利用低压汞蒸气在通电后释放紫外线,从而使荧光粉(主要是卤磷酸钙)发出可见光的原理发光,因此它属于低气压弧光放电光源,通常由镇流器、灯丝、启辉器、荧光灯管等组成。

新型荧光灯则采用直径较小的玻璃管弯曲成圆环形、双曲形、H 形或双 D 形等形状,如

图 6-6 所示。在灯管内壁上涂有三基色荧光粉,可发出近似于白炽灯(钨丝灯)的光色,但发光频率比白炽灯要高,因此也称为节能灯。

图 6-6　新型荧光灯

2.卤素灯

传统的卤素灯又称为钨卤灯、石英灯,是白炽灯的一个变种,是在灯泡内注入碘或溴等卤素气体。高温下,升华的钨丝与卤素进行化学作用,冷却后的钨会重新凝固在钨丝上,形成平衡的循环,避免钨丝过早断裂。因此卤素灯泡比白炽灯更长寿。卤素灯供电电压通常分为 AC 220V、DC 12V、DC 24V 等。

金属卤化物灯简称金卤灯,因灯泡中填充了金属卤化物而得名,其基本构造与发光原理大致与荧光灯相似,不同之处在于弧光放电点灯时产生的高热,用于使金属卤化物升华成为蒸气,并由此直接发出可见光,可节能 80% 至 90%。

金卤灯是继白炽灯、卤素灯之后当今世界崛起的第 3 代绿色照明光源,具有光效高、显色性好、使用寿命长等优势,与普通白炽灯相比,金卤灯节能效果惊人,市场空间巨大,已有近 40% 的普及率。

3.LED 灯

LED 灯通过发光二极管直接将电能转化成光能,用银胶或白胶将 LED 固定到支架上,然后用银线或金线连接芯片和电路板;四周用环氧树脂密封,起到保护内部芯线的作用,最后安装外壳。LED 灯具有光效高、能耗小、寿命长、稳定性高、抗震性能好、响应时间短、适用性强、对环境无污染等特点。

(二)动车组照明系统的布置原则

动车组照明系统的布置,一般遵循以下原则:

(1)当灯具的悬挂高度较低(4m 及以下)且要求有较好的视觉条件时,多采用荧光灯。为防止眩光和照度分布不均匀,不宜采用大功率光源。

(2)当照明灯开闭频繁、照度要求较低时,宜采用白炽灯,因白炽灯的开关次数对其使用寿命影响较小。

(3)普通照明灯一般单独使用,有时也可与应急照明灯、值班照明灯同时使用,但必须由相互独立的线路分开控制。

(4)应急照明灯是在普通照明灯因故障无法使用时启用,用来保证动车组基本的照明需求,以及为人员安全疏散照明,因此必须使用瞬时点燃可靠性较高的光源,一般采用白炽灯或钨卤灯。

(5)保证照明质量。照明灯的数量应能保证合适的照度(或亮度);同时应解决眩光以及光的颜色及阴影等问题。

(6)为保证光源的显色性和色温,宜采用显色指数较高的光源,并匹配合适的色温,来调节光线的冷暖感。

(7)保证照度稳定,避免乘客及动车组工作人员尤其是司机因照度不稳而导致视觉疲劳。电源电压的波动、光源的老化、灯具脏污,以及灯具的摆动都会引起照度不稳定。

二、CRH380A 型动车组照明系统

CRH380A 型动车组照明系统全部采用 LED 灯具。它主要包括客室照明、通过台照明、卫生间及盥洗室照明、驾驶室照明等。

动车组照明系统采用 DC100V 电源,主要照明灯具照度均不低于 200lx。客室顶灯采用额定功率为 30W 的 LED 组合灯条,其中部分顶灯兼作应急照明用;通过台顶灯采用额定功率为 20W 的 LED 组合灯条;走廊、盥洗室、机械师室、乘务员室、配电室均采用平面光源 LED 顶灯。普通照明顶灯灯体内设有两条电源线路,两条线路交叉布置;应急照明顶灯设有专用的应急照明电源线。

驾驶室顶部安装有 3 盏 LED 筒灯,为驾驶室提供照明,同时也可作为驾驶室应急照明灯使用。驾驶室操纵台的中间位置设有阅读灯。动车组司机在夜间上车时,在操作车辆前,应先将应急灯打开,再操作车辆。

三、CRH380B 型动车组照明系统

CRH380B 型动车组照明系统采用 DC 110V 直流母线和蓄电池作为电源。其照明设备包括前照灯、信号灯、客室主照明灯、阅读灯、顶部射灯、驾驶室照明灯等。

(一)前照灯及信号灯

CRH380B 型动车组在两端车上安装有 3 个前照灯和两个信号灯。其中一个前照灯安装在前挡风玻璃下方,另外两个前照灯安装在驾驶室空气动力学车头鼻部位置,可通过前照灯主开关控制,还可通过前照灯模式选择器对前照灯的照度进行控制。其中两个信号灯位于车头鼻部前照灯下方,如图 6-7 所示。

图 6-7　CRH380B 型动车组前照灯和信号灯

(二)客室主照明灯

客室主照明灯采用 LED 灯带,安装在行李架正下方。

（三）阅读灯

动车组一等车和 VIP 客室座椅附近安装有通过单独按钮开关控制的阅读灯。阅读灯与按钮开关集成在一起，可由与之对应座位上的乘客单独调节。阅读灯采用 DC 12V、10W 的 LED 作为光源，并附带有专用的直流变压器（DC 110V/DC 12V）。

（四）顶部射灯

动车组的走廊、通过台和卫生间等区域采用顶部射灯，可加强灯光照明效果，同时也可以通过灯光照度变化打造一个可变的照明环境。射灯光源为 LED，分为 5W（DC 110V）、5W（DC 12V）、20W（DC 110V）、20W（DC 12V）等规格。对于 DC 12V 规格的射灯，需要采用附带的直流变压器供电。

（五）驾驶室照明灯

驾驶室设有 6 盏 DC 12V、20W 的射灯，采用卤素灯作为光源，既可用于普通照明，还可用于应急照明。

课堂讨论6-3

查阅资源，在你所了解的各型动车组之中，哪一车型的灯光照明系统让你印象最深刻？谈谈你的理由。

🕐 任务实施

(1)下发任务单，明确任务内容，学生课前按要求完成预习任务。

(2)教师先演示操作过程及说明注意事项，学生分组模拟完成演练任务。

(3)学生分组讨论演练心得。

(4)教师和各组长担当本次任务的他人评价工作，评判同学们的任务完成情况。

实训 6-3　CRH380B 型动车组灯罩检查

1.修程：二级修。

2.周期：6 个月。

3.作业时间：30min/辆。

4.供电条件：无电。

5.作业人员：2 人。

6.检修工具：动车组检修基本工具一套，头灯、洁净水、干布等。

7.防护用品：安全帽、手套。

8.作业程序

(1)检查并确认所检查的灯具附近没有高压设备，灯具电源已切断。

(2)检查灯罩外观是否破损，对破损处应进行修复或更换新的灯罩。

（3）如外观良好,则检查灯罩表面有无划痕和积垢,如有,则拆下灯罩固定螺栓后手动扣开灯罩面板,用柔软的干布予以清除;完成后将灯罩重新安装固定好。

（4）按照上述方法检查全车所有灯具,检查完成后接通照明系统电源,打开所有照明灯,逐一检查各照明灯的工作状况。

复习思考题

一、填空题

1.信息显示系统由_____、_____、车内信息显示器3部分构成。

2.当照明灯开闭频繁、照度要求较低时,宜采用_____,因白炽灯的开关次数对其使用寿命影响较小。

3.CRH380A型动车组广播系统全车共设有_____台控制放大器,5车设有_____台外,其余的每车厢_____台。

4.影视系统监视屏是全列车影视系统的_____中心及_____中心。

5.CRH380A型动车组照明系统全部采用_____灯具。

二、选择题

1.CRH380A型动车组影视主机和影视系统监控屏设置在（   ）号车上。

A.1   B.7   C.5   D.8

2.CRH380B型动车组客室主照明灯采用LED灯带,安装在（   ）。

A.车顶板上   B.行李架正下方   C.车顶两侧   D.行李架上方

3.CRH380A型动车组在每个车厢中设有一个（   ）探测器,用于监控车下牵引变流器或辅助变流器区域。

A.线性热   B.烟气   C.可燃气体   D.火焰光学

4.CRH380A型动车组全车在（   ）车内设有1台自动广播装置。

A.8   B.1   C.5   D.7

5.CRH380A型动车组客室顶灯采用额定功率为（   ）的LED组合灯条。

A.30W   B.20W   C.50W   D.100W

三、简答题

1.简述动车组照明系统的布置原则。

2.简述动车组旅客信息系统的组成。

参 考 文 献

[1] 中国铁路总公司.高速动车组技术(上)[M].北京:中国铁道出版社,2016.

[2] 中国铁路总公司.高速动车组技术(下)[M].北京:中国铁道出版社,2016.

[3] 中国铁路总公司劳动和卫生部,中国铁路总公司运输局.CRH2C 二阶段 CRH380A(L) 型动车组机械师[M].北京:中国铁道出版社,2015.

[4] 中国铁路总公司劳动和卫生部,中国铁路总公司运输局.CRH3C、CRH380B(L)、 CRH380CL 型动车组机械师[M].北京:中国铁道出版社,2015.

[5] 时蕾,石高山.高速铁路动车组辅助设备维护与检修[M].成都:西南交通大学出版社, 2018.

[6] 中国铁路总公司劳动和卫生部,中国铁路总公司运输局.CRH380A(L)型动车组机械师 [M].北京:中国铁道出版社,2016.

[7] 孙帮成.CRH380BL 型动车组[M].北京:中国铁道出版社,2014.

[8] 田光超,马得银.高速铁路列车运行控制系统[M].北京:人民交通出版社股份有限公 司,2017.